统计分析系列

问卷调查及统计分析方法
——基于 SPSS

朱红兵 编著

電子工業出版社
Publishing House of Electronics Industry
北京 · BEIJING

内 容 简 介

本书以问卷调查的实例为前提，根据一般问卷调查的特点，着重讲述了问卷调查设计中应注意的基本要求，以及针对不同题型的常用统计分析方法。全书内容共9章，包括问卷调查法概述、一般问卷调查中的抽样方法、在SPSS中建立一般问卷调查的数据文件、一般调查问卷的信度分析方法、适用于名义题的常用统计分析方法、确定选项间重要程度的常用统计分析方法、对选项进行分类题型的常用统计分析方法、计量(分)题型的常用统计分析方法、综合多种(或多个相同)题型的多因素统计分析方法。为便于学习，本书提供所有例题的数据文件和电子课件，读者可登录华信教育资源网www.hxedu.com.cn免费下载。

本书例题丰富，实用性强，且提供对分析结果的科学解释，可作为高等院校相关专业本科生和研究生的教材或教学参考书，也可供从事相关行业的工作者学习参考。

图书在版编目(CIP)数据

问卷调查及统计分析方法：基于SPSS/ 朱红兵编著. —北京：电子工业出版社，2019.5
ISBN 978-7-121-33919-6
Ⅰ. ①问…　Ⅱ. ①朱…　Ⅲ. ①统计方法－高等学校－教材　Ⅳ. ①C81
中国版本图书馆CIP数据核字(2018)第060693号

责任编辑：秦淑灵
印　　刷：三河市君旺印务有限公司
装　　订：三河市君旺印务有限公司
出版发行：电子工业出版社
　　　　　北京市海淀区万寿路173信箱　　邮编：100036
开　　本：787×1092　1/16　印张：12.75　字数：323千字
版　　次：2019年5月第1版
印　　次：2023年10月第10次印刷
定　　价：39.00元

凡所购买电子工业出版社图书有缺损问题，请向购买书店调换。若书店售缺，请与本社发行部联系，联系及邮购电话：(010)88254888，88258888。

质量投诉请发邮件至zlts@phei.com.cn，盗版侵权举报请发邮件至dbqq@phei.com.cn。

本书咨询联系方式：qinshl@phei.com.cn。

前　言

不可否认，问卷调查法是调查研究中一种最常用的研究方法，它在现代研究的数据收集工作中有着极其广泛的应用。如何设计问卷？对问卷调查收集到的资料如何进行统计分析？这是很多研究人员迫切需要了解的。

关于特殊问卷——量表、试题库制作方面的研究，已有不少著作加以讨论，不是本书关注的重点。

而为了解各领域现状而产生的一般性的问卷调查，它的设计并不是无序的，相反，是有规律可循的。只要将研究课题一步步细化到一个个具体的需要讨论、研究的细节，就可一一列出问卷调查中所要询问的问题，对所列问题按问卷设计的要求对题项及其选项进行内容和文字提炼，按问卷的一般结构要求，制成初步问卷，再经专家多次审定，来确保最终定型的问卷的有效性。

对一般性问卷的效度检验、不同题项之间的关联分析等统计分析工作，需要用到统计分析软件。到目前为止，SPSS 仍是最常用的统计分析软件之一，因此，我们选用它作为辅助分析工具。问卷调查中所用到的各种统计分析方法，散布在 SPSS 软件的各个分析过程中，如何快捷、有效地架起这两者之间的桥梁，使得对问卷调查结果选用适宜的统计分析方法变得更加有迹可循？这也是我们统计工作者多年来孜孜不倦地追求的目标。

在多年从事研究生统计课程教学及实际研究的基础上，我们也基本了解到研究者对问卷调查结果进行数据处理过程中的烦恼所在。因此，在对问卷调查数据进行分析之前，我们的首要任务是建立问卷调查的数据文件，理顺问卷调查中的题型与 SPSS 中设计的变量数量、录入数据编码的方式以及定义变量测度类型之间的关系。这是确保后续统计分析方法能正确选用的关键所在。

实际上，在 SPSS 中，除一次可选多个选项结果的多选多的各种需要处理成有特定要求的多个变量以外，其他大部分类型的题项基本是一个问题创建一个相应的变量。

问卷调查中的各种题型，在 SPSS 中同样可归结为三种变量类型，即名义变量、有序变量和尺度变量。SPSS 提供的各种统计分析方法与这三种变量类型是直接关联的。因此，选用何种统计分析方法，与研究分析的目的有关，而相应的统计分析方法远不止一种，选用的统计分析方法正确与否，与变量的分布类型有关。

例如，要讨论一个尺度变量在一个名义变量中不同类别的均值间有无差异的问题，首先要确定尺度变量的分布是否服从正态分布，据此，再根据名义变量所分类别的多少，来确定选用 T 检验(尺度变量为正态，名义变量分为两个类别)，单因素方差分析(尺度变量为正态，名义变量分为两个以上的类别)，还是非参数假设检验中两个或多个独立样本中相应的检验方法(尺度变量为非正态，名义变量分为两个或两个以上的类别)。

顺着这样的思路，我们以题型为线索来罗列章节顺序，编写了本书。目的只有一个——

希望读者能快速了解问卷调查中常用的统计分析方法，建立起题型与统计分析方法间的对应关系，从而较为充分地挖掘问卷调查中的宝贵信息。

本书共 9 章，第 1 章主要介绍问卷调查的种类、一般程序，以及问卷设计中的一些基本原则。第 2 章介绍一般问卷调查中的抽样方法。第 3 章介绍将问卷调查的结果在 SPSS 中建立数据文件的方法。第 4 章介绍一般问卷调查信度检验中常用的一些方法。第 5 章介绍适用于名义题的常用统计分析方法。第 6 章介绍确定选项间重要程度的常用统计分析方法。第 7 章介绍对题项的选项进行分类题型的常用统计分析方法。第 8 章介绍计量(分)题型的常用统计分析方法。第 9 章介绍综合多种(或多个相同)题型的多因素统计分析方法。

本书是针对非统计专业的本科生、研究生及做问卷调查的读者编写的，以 SPSS 为统计分析平台，可以作为问卷调查及其统计分析课程的教材或教学参考书。

在本书的编写过程中，编著者得到了家人、同事和学生们的大力帮助，在此一并感谢。

由于编著者水平有限，书中错误之处在所难免，敬请读者批评指正，若有反馈意见，请发电子邮件至 zhuhongbing@cupes.edu.cn。

编著者

2018 年 4 月于北京

目　录

第1章　问卷调查法概述

科学研究立足于对信息的分析和处理，而实验或调查则是获取信息的主要途径。在科学研究中，收集信息资料的方法很多，如文献资料法、观察法、访谈法、测量法、问卷调查法及实验法等。实验法通常称为实验研究法，而其前面几种方法则可统称为调查研究法。

一般而言，在社会科学研究中，通常采用调查研究的方法来收集信息资料。但仔细观察后不难发现，在很多领域，调查研究法都越来越多地成为收集信息资料的一种常用方法，即便在教育研究中也不例外。在美国，曾有一名学者在教育研究中对收集信息资料过程中采用的方法进行研究，在随机抽取的 581 篇论文中，他发现近四分之一的论文(143 篇)是全部或局部采用问卷调查法来获取信息的。如今，问卷调查法已成为现代社会学研究中最常用的信息资料收集方法，因而美国社会学家艾尔·巴比称："问卷是社会调查的支柱。"英国社会学家莫泽则说："10 项社会调查中就有 9 项是采用问卷调查法进行的。"可见，问卷调查法在社会学研究中的作用十分突出。

在调查研究中，用得最多的方法首推问卷调查法，但这并不意味着问卷调查法可以包罗万象，是调查研究中所必不可少的，虽然它可以单独进行，但它也只是社会调查中的一种方法，一种用得较多的方法而已，必要时应同其他研究方法结合起来进行研究，这样效果更佳。

1.1　问卷调查法的定义

什么是问卷调查法？仁者见仁，智者见智，在不同的领域，不同的学者对问卷调查法有着不完全相同的定义，至今尚未形成较为统一的定义。

有的学者给出的定义为，问卷调查法(又称问卷法)是研究人员运用统一设计好的结构化、标准化的问卷，向随机选取的被调查者了解情况或征询意见的一种书面或网上的调查方法。而在教育领域，有学者做出如下定义：问卷调查法是一种传统的评定教学工作的方法，主要通过设计问卷、测试题、量表等对被评价者(在正常状态下)进行测试，以获得评价的资料，并做出判断。

而在科普中国里，有学者将调查问卷定义为，以问题的形式，系统地记载调查内容的一种印件。

不同的定义，意味着后续进行分析时，可能会使用截然不同的统计分析方法。因此，有必要给出本书中有关问卷调查法的具体含义。

简单而言，问卷就是一堆问题的集合。而量表是专门研制的、做了标准化处理后形成的特殊问卷，它是为特定目的研制的可以定量化的测量工具。测试题是测定被调查者某方面能力、水平或属性的特殊问题，它也是一种可以量化的测量工具。

在实际研究中，从问卷调查的目的来看，大体可分为以下两种。

一种目的是对被调查者在某方面的属性、能力或水平等进行客观性评定。例如，使用专用的量表、测试题等对被调查者进行调查研究，专用的量表是，通过专门的设计，其书面或网上问卷的题项经过数轮测试和修改，通过主成分分析进行归类，与特定目标有很高的关联度，并且通过了测量学上的信度、效度检验，从而形成的专用的书面(网上)问卷。它们都是经过标准化的测量工具，相对于测量长度的有形尺子，它们可谓“隐形的尺子”。量表与测试题相比，前者更像可以重复使用的尺子，而后者更像一次性使用的尺子。

另一种目的是收集被调查者对一些问题的基本看法或态度。这里的态度指个体对特定对象(人、观念、情感或者事件等)所持有的稳定的心理倾向。这种心理倾向蕴含着个体的主观评价，以及由此产生的行为的倾向性。

量表、测试题的研制已有专门的书籍(如心理统计学、教育统计学等)加以论述，而使用量表、测试题得到的调查结果又是明确的，因此，本书中将不再对它们进行讨论。本书所指的问卷调查法，是一种狭义的问卷调查法，指通过一般问卷调查方式来收集信息资料的调查方法。

1.1.1 问卷调查法的种类

问卷调查法，按照问卷填答者的不同，可分为自填式问卷调查法和代填式问卷调查法；按照与被调查者交谈方式的不同，可分为访问问卷调查法和电话(微信)问卷调查法；按照问卷传递方式的不同，还可分为报刊问卷调查法、网上在线问卷调查法、邮政问卷调查法和送发问卷调查法。

1.1.1.1 自填式问卷调查法

1. 报刊问卷调查法

报刊问卷调查法是随报刊传递分发问卷，请报刊读者对问卷做出书面应答，并在规定的时间内将问卷通过邮局寄回报刊编辑部的一种书面调查方式。由于被调查人群局限于特定的人群，故此种调查一般仅限于报刊部对特定的问题进行调查。

2. 网上在线问卷调查法

网上在线问卷调查法是调查者将事先编制好的问卷文档上传某种网络平台，向自愿参与的被调查者进行调查的一种网上在线调查方式。由于被调查人群局限于特定的上网人群，故此种调查也仅限于对特定人群的特定问题进行调查。

3. 邮政问卷调查法

邮政问卷调查法是调查者通过邮局向选定的被调查者寄发问卷，请被调查者按照规定的要求和时间答卷，然后再通过邮局将问卷寄还给调查者的一种书面调查方式。一般问卷调查多采用此方式。

4. 送发问卷调查法

送发问卷调查法是调查者派人将问卷送给指定的被调查者，等被调查者填答完，再派人回收调查问卷的一种书面调查方式。由于此种调查表示出了对被调查者的足够尊重，故专家调查多采用此方式。

1.1.1.2 代填式问卷调查法

代填式问卷调查法通常在访问问卷调查法和电话(微信)问卷调查法中使用。

访问问卷调查法和电话问卷调查法，就是调查者按照统一设计的问卷向被调查者当面或通过电话(微信)提出问题，然后再由调查者根据被调查者的口头应答填写问卷的一种代填式问卷调查法。

这几种问卷调查法的利与弊可简略地概括如下，见表 1-1。

表 1-1 几种问卷调查法的利弊

项　目	自填式问卷调查法			代填式问卷调查法	
	报刊问卷(网上在线问卷调查法)	邮政问卷调查法	送发问卷调查法	访问问卷调查法	电话问卷调查法
调查范围	很广	较广	窄	较窄	可广可窄
被调查者	难控制和选择，代表性差	有一定控制和选择，代表性难以估计	可控制和选择，但过于集中	可控制和选择，代表性较强	可控制和选择，代表性较强
影响应答的因素	无法了解、控制和判断	难以了解、控制和判断	有一定了解、控制和判断	便于了解、控制和判断	不便了解、控制和判断
回收率	很低	较低	高	高	较高
应答质量	较高	较高	较低	不稳定	很不稳定
投入人力	较少	较少	较少	多	较多
调查费用	较低	较高	较低	高	较高
调查周期	较长	较长	短	较短	较短

1.1.2 问卷调查法的特点

问卷调查法不受时空限制，它既可以通过与被调查者见面的现场应答方式，也可以通过网络或电话、邮寄等与被调查者不见面的方式对远距离的被调查者进行调查，有很强的灵活性。

问卷调查法的成本很低，基本费用只有问卷印制费、双向邮寄费等，因此，它为大样本调查的实施创造了有利的条件。很多时候问卷调查法无须被调查者署名，因此，被调查者应答时没有顾虑，容易获得比较客观真实的信息。与其他调查研究方法相比，问卷调查法是一种在获取大量客观信息的同时，又能节省时间和研究经费的经济实惠的研究方法。它可以实现以下功能：

① 设计良好的调查问卷重点突出，不但能使被调查者乐于参与其中，还能正确反映研究的问题或调查的目的；

② 能如实记录被调查者的应答情况，提供研究所需的正确信息；

③ 统一的问卷格式有利于资料的统计和整理，便于定量化分析。

1.1.3 问卷调查法的局限性

许多初次使用问卷调查法的研究人员在看其他研究人员用问卷调查法所做的文献资料时，可能认为问卷调查法是一件非常简单的事，似乎不用学习，只要简单模仿即可做问卷设计与调查，但他这样做时却发现，他所设计出来的问卷只是问题的简单堆砌，想到什么就列什么，问卷中会出现与实际研究不相关的问题，而且遗漏的问题还可能很多，整个问卷设计得既不规范，也不系统。

事实上，问卷调查法成功与否，关键在于问卷设计的质量。而问卷设计并不轻松，首先它很麻烦，要经过很多环节及多次修改才能完成。其次，问卷设计得好坏，会直接影响获取信息的质量，例如，对一些特殊问题的提问方式，如果不经深思熟虑，随意给出，则可能出现被调查者故意回避事实的应答，从而影响信息的准确性；此外，太厚的问卷会使被调查者产生厌烦情绪，导致有去无回，降低问卷的回收率。

所有这些，采用调查问卷的研究人员事先都要有足够的了解，并做好充分的事前准备。

1.2 问卷调查法的一般程序

1.2.1 设计调查问卷

根据研究课题的研究目的，确定本次调查的目的，以调查目的为总目标，将其进行细化，设计出能反映总目标的各层调查内容，即子目标及子目标的子子目标等，在此基础上设计出与调查目的相关联的具体可操作的调查问题，再结合专家调查法，来确认所设计问题能否真实地测出调查目的的有效性。然后，进一步筛选、调整问题的内容和数量，按问卷设计的原则，确定问题的措辞、应答方式和编排结构，设计成规范的调查问卷。

1.2.2 选择被调查者

围绕研究目的，确定研究总体，制订抽样框，确定相应的抽样方法，查阅历史资料或进行小范围预抽样，计算出总体离中趋势参数的估计值，确定对应各题精度要求下抽样的样本量，按最大原则确定调查中的最小样本量，然后，用相应的抽样方法确定被调查者。详细的抽样方面的内容参见第 2 章。

1.2.3 预先测试和修订

在确定的小部分被调查者中，先对设计好的调查问卷进行一次预调查，以便对问题的提法和设计的答案进行评估，然后对在预调查中发现的不妥之处再次进行修订。

1.2.4 准备最后的问卷并实施

打印正式的调查问卷，做好最大可能回收问卷的各项准备，确定发放日期、回收日期，整理问卷并对问卷调查结果进行统计分析和理论研究。

1.3 问卷的设计

1.3.1 问卷设计的原则

为能更好地提高问卷调查中所发问卷的回收率、调查效率和应答质量，在做问卷设计时应遵循以下原则。

1.3.1.1 必要性原则

在做调查问卷之前，应先做研究计划，对论文或研究报告中所要涉及的各项论题有一个全面的了解，只有这样，在做问卷设计时，才可真正做到有的放矢。调查问卷中除少数几个必须涉及背景的题目外，其余题目应与研究主题直接关联。切忌在问卷中出现与研究主题无关的问题。不是必需的问题，不要刨根问底，以免被调查者厌烦，而不予应答。

1.3.1.2 总量控制原则

必须严格控制问卷中问题的数量，要牢记被调查者是没有义务应答你的问题的，他们的时间很宝贵，之所以会应答你的问题，可能是被你的研究目的、研究意义所打动，是你的运气使然和被调查者的礼貌所致，因此要将被调查者的应答时间尽可能控制在 30 分钟以内，且越短越好，所以控制好问题的总量很关键。

1.3.1.3 礼貌性原则

问卷的指导语中要用敬语，要对被调查者的配合表示诚挚的谢意。在调查问卷中，要尽量避免涉及个人隐私或不太可能了解到真实情况的问题，例如询问收入来源的问题、询问运动员是否服用兴奋剂的问题等；还要避免那些会给被调查者带来社会或职业压力的问题，以免使人不满。问题的措辞要礼貌、诚恳，要给被调查者以好感，这能增大被调查者合作的可能性。

1.3.1.4 简便性原则

调查问卷中题目的形式要尽量方便被调查者应答，被调查者应答时无须浪费过多笔墨，更不会感到无从下手，花费很多时间，似乎在做思考题。因此，问题的形式应尽可能为选择题。

1.3.1.5 用词适宜原则

调查问卷中问题的表达风格和用词应与被调查者的身份一致。因此，在题目编制之前，研究者要考虑到被调查者群体的实际情况。如果被调查者的身份具有多样性，则问题的用词要尽量大众化；如果被调查者是青少年、儿童，则问题的用词要活泼、简洁、明快；如果被调查者是专家、学者，那么问题的用词要科学、准确，此时可适当使用一些专业术语。

1.3.1.6 印证可靠性原则

一次成功的问卷调查已不容易，不要指望再重复一次同样的问卷调查。因此，变通的做法是，在问卷中设计一两道较为隐蔽的反向题穿插其中，这样可为分析问卷的可靠性做准备。

1.3.1.7 可行性原则

调查问卷中的问题必须符合被调查者能自愿真实应答的设计原则。凡是被调查者不可能自愿真实应答的问题，以及超越被调查者理解能力、记忆能力、计算能力、回答能力的问题，都不应该正面提出。

1.3.2 问卷的一般结构

为使首次接触问卷调查的读者，对问卷的一般结构有一个感性认识，我们将结合实例，来说明问卷的组成。

问卷的结构一般包括标题、指导语、正文、结束语四个部分。

1.3.2.1 标题

标题是对整个问卷的概括性表述，要用精练、准确的语言反映问卷的目的和内容。例如问卷的标题“北京市民互联网使用情况调查表”，它一目了然地反映了本次调查的目的——了解北京市民使用互联网的基本情况。

1.3.2.2 指导语

指导语又称卷首语，主要说明调查的目的和潜在价值、对被调查者承诺保密，以及提出回答问题的基本要求等。

在指导语中，要以适当的称谓、问候开始，以表达对被调查者的尊重。同时，要简要说明调查人员的来历，调查的内容、目的，以及应答的意义或重要性。要有保密承诺，保证调查结果只用于统计的综合分析，不会涉及被调查者个人资料的对外扩散等，一般用匿名方式进行调查，以消除他们的顾虑。请求被调查者的支持与合作，以及感谢合作，是问卷调查成功的必要保证，所以，说明词的语气一定要谦逊，态度要诚恳，口吻要亲切，文字要简洁明了，具有可读性。在指导语的结尾处，如有必要，应说明问卷交回的方式。

指导语一般放在问卷第一页的上面，也可单独作为一封信放在问卷的前面。

以上就是问卷调查开头的指导语在设计时需要注意的几个要点，依据这些要点设计问卷有助于激发人们参与调查的兴趣。

例如，某校在对学生进行科学素质状况调查时，设计的指导语如下。

尊敬的同学：

您好！我们受学校科协的委托，正在全校范围内对我校同学进行科学素质状况调查，这将有助于科协有针对性地安排下一阶段的科普活动，但这可能要耽误您几分钟的时间，希望能够得到您的大力支持与合作。本调查不记名，请按各题的提示如实填写或选择您认为最符合您现状的选项。完成答卷后，请将调查问卷放入科协办公室门前的信箱中，最终的调查结果将在学校网站上公布。非常感谢您在紧张的学习之余，提供您的看法与意见。能倾听您的意见，我们感到十分荣幸。谢谢！

北京XX中学学生会
XXXX年XX月

1.3.2.3 正文

问卷的正文是问卷的主体部分，主要包括被调查者信息、调查项目，以及就问卷本身征询被调查者意见的内容。

1. 被调查者信息

被调查者信息属于背景性问题，主要用来了解被调查者个人或/和其家庭的一些基本情况，是对问卷进行分析研究时的重要依据，一般包括被调查者的性别、年龄、职业、受教育程度、父母受教育程度等。了解被调查者的基本信息，旨在分析时对被调查者进行分类，给出不同年龄段、性别、文化程度的群体对待被调查事物的态度差异，甚至针对不同群体多层次、多角度地写出有针对性的调查报告。

例如，被调查者的信息可以设计成如下形式。

您的性别：________，年龄：________，职业：________，目前受教育程度：________。

2. 调查项目

调查项目是调查问卷的核心内容，指组织单位将所要调查了解的内容，具体化为的一些问题和备选答案。

1) 调查项目中问题的种类

调查项目中的问题大体可分为以下三类。

(1) 客观性问题

客观性问题指已经发生和正在发生的各种事实和行为，如：

你的运动等级是: A. 健将级 B. 一级 C. 二级 D. 三级 E. 其他

(2) 主观性问题

主观性问题指人们的思想、感情、态度、愿望等一切主要世界观状况方面的问题，如：

你喜欢怎样的进修方式? A. 函授 B. 脱产 C. 半年 D. 一年 E. 短训

在下列牌号牙膏中，请根据您喜爱的程度，以序号 1，2，3，4，5，6，7 进行排序。

A. 洁银（ ） B. 黄芩（ ） C. 中华（ ）

D. 两面针（ ） E. 美加净（ ） F. 芳草（ ） G. 永南双氟（ ）

(3) 检验性问题

检验性问题为检验应答是否真实、准确而设计的问题，一般安排在问卷的不同位置，通过互相检验来判断应答的真实性和准确性。

2) 问题的结构

问题的结构指调查项目中问题的排列组合方式，是问卷设计中的另一个重要课题。为便于被调查者应答问题，同时也便于调查者对资料进行整理和分析，设计的问题一般可采取以下几种排列方式。

(1) 问题要有序出现

要按问题的性质或类别进行排列，不要把不同性质和类别的问题混杂在一起。

(2) 要按问题的难易程度进行有序排列

一般而言，要先易后难，由浅入深；先客观性，后主观性；先一般性，后特殊性。特别是敏感性强的问题，更要安排在问卷的后面。

(3) 要按问题的时间先后顺序排列

一般而言，要按调查事物的过去、现在、将来的历史顺序排列问题。无论是由远及近还是由近及远，问题的排列在时间顺序上都应该有连续性、渐进性，而不应该来回穿梭，影响被调查者回答问题的思路。

(4) 问题的排列要有逻辑性

在特殊情况下，也不排除对某些问题做非逻辑安排。检验性问题也应设计在问卷的不同部位，否则难以起到检验作用。

3) 问题表述的原则

(1) 单一性原则

一个题项只询问一个问题，不能兼问。

例如，“你是否赞成增加高中的学术性课程并实行教师竞争上岗制度?”这是一道复合题，有违单一性原则，应该拆分成两个单一性问题分别表述。又如：

你和配偶的文化程度是:

A. 小学及以下　　　　B. 初中　　　　　C. 高中　　D. 大专及以上

这也是在一个问题中同时询问两个人的情况，会让应答者无法应答。

(2)通俗性原则

问题的表述力求简单明了，避免使用模糊的或专业技术性很强的术语，避免应答者可能不明白的俗语或生僻的用语。例如，“你对 PPO 的意见是什么？”对于物理学家或医院管理者这类专业人员而言，优先提供者组织(Preferred Provider Organization)的缩写 PPO 的含义可能很清楚，但对一般公众而言，可能由于不知道 PPO 的含义而被迫放弃对本题的应答，更有可能由此产生对本问卷的反感。

(3)准确性原则

措辞要准确、完整，不要模棱两可。例如，经常询问的收入问题应对收入的内容进行界定，是税后收入还是税前收入？是否包括第二职业收入、投资收益、转移收入？等等。

(4)中立性原则

调查者要尽量运用中性词，避免使用导向性或暗示性语言，用语必须保持中立。所提出的问题应该避免隐含某种假设或期望的结果，避免题目中体现出某种思维定式的导向。如：

湿地保护很重要，你认为有进行湿地保护的必要吗？

A. 有　　　　　　B. 没有　　　　　　C. 说不清

这种带有明显诱导性的问题是不应该出现在问卷中的。

另外，不要用“你愿意……吗?”“你会干……吗?”这样的句型，而应用“你是否愿意……?”“你会不会干……?”这样的句型。

(5)简明性原则

调查问卷中每个问题都应力求简洁而不繁杂、具体而不含糊，文字通俗易懂，不使用生涩字眼，以免超出被调查者的理解能力，要尽量使用简短的句子。

例如，某保险公司调查顾客对本公司业务的印象时，在问卷中询问：

请问您对本公司的理赔时效是否满意？A. 满意　B. 不满意

请问您对本公司的展业方式是否满意？A. 满意　B. 不满意

这看起来符合简明性原则，但问题中的“理赔时效”和“展业方式”对公众而言是陌生的，超出一般被调查者的理解能力，即便得到答案，也没有太大意义。

再如，“请您估计一下，您平均一个月在音像制品上花多少钱？”看似简明，但常用词语“音像制品”的范围太大，被调查者会对其所含物品种类产生异议，另外，这里的“花多少元钱”，可以指购买，也可以指租借，不同人的理解不同。

(6)定量准确原则

如果要收集数量信息，则应要求被调查者答出准确的数量，不要使用通过运算才能得到数量的概念(如平均数)。

例如，“在您的班级中六岁入学的有________人”，这可使您获取班级中六岁入学儿童的准确数量，但如果用“在您的班级里学生平均________岁入学”，则很可能无法得到准确信息。

(7)非否定性原则

非否定性原则指要避免使用否定句形式表述问题，如：

我从不迟到：A. 是　B. 否

当偶然迟到时，答案也只能选 B，但这与经常迟到是有极大区别的。

4) 特殊问题的表述方式

特殊问题指关于被调查者的私人问题，或不为一般社会道德所接纳的行为或态度，或有碍个人声誉的问题。一般不问，如果要问也不宜直接询问，须做如下特殊处理。

(1) 释疑法

在问题前面写一段消除疑虑的功能性文字，如：

本调查采用无记名方式，因此，您不用担心会泄露您个人的应答结果。

(2) 假定性

用一个假言判断作为问题的前提，然后再询问被调查者的看法，如：

当看到路边有人抢劫时，往往有不少人，包括我自己都不敢上前捉拿抢劫犯，如果遇上的是你，那你会和我一样吗?

A. 是　　　B. 否

(3) 转移法

把应答问题的人转移到别人身上，然后再请被调查者对别人的应答做出评价。

例如，在调查运动员对服用兴奋剂的看法时，如果直接提问，则答案就是一致的，都会认为不能服用。因此，必须转换一种问法，转移其注意力后，方有可能了解运动员的真实想法。

现在社会上流行一句话“查出来的是兴奋剂，查不出来的就是高科技”，对此，您的评价是:

A. 有道理　　　B. 说不清楚　　　C. 没有道理

(4) 模糊法

对某些敏感问题设计一些比较模糊的答案，以便被调查者做出真实的应答。

例如，在调查大学生上大学期间是否有过作弊经历时，设计如下问题：

A. 您在上大学期间是否有过作弊经历？　B. 您的出生月份是 6 月吗?

答题要求：两个问题中有一个答案为是的，请答“是”，否则答“否”。

5) 应答的基本类型

对问题的应答有三种基本类型，即开放型应答、封闭型应答和混合型应答。

(1) 开放型应答

开放型应答指对问题的应答无须研究者事先提供任何具体答案，而完全由被调查者自由填写的一种应答设计方式。

开放型应答的最大优点是，具有很强的灵活性和适应性，因此特别适合于答案比较复杂、事先无法确定各种可能答案的问题。它有利于发挥被调查者的主动性和创造性，使他们能够自由表达意见。相对而言，开放型应答比封闭型应答能提供更多的信息，有时还能得到一些具有启发性的答案。但开放型应答也有缺陷，那就是答案五花八门，标准化程度较低，整理和分析比较困难。由于它要求被调查者有较强的文字表达能力，而且要花费较多时间来思考、填写，所以有可能降低问卷的回收率和有效率。

(2) 封闭型应答

封闭型应答指将问题的几种主要答案，甚至一切可能的答案全部列出，然后由被调查者从中选取一种或几种答案作为应答的一种应答设计方式。一般要对应答方式做某些指导或说明，这些指导或说明多用括号括起来，附在有关问题的后面。

封闭型应答常用的有以下几种方式。

① 填空式，它是在问题后面的横线上或括号内填写答案的应答方式。如：

您的性别：（　　）。

A. 男　　　B. 女

② 列举式，是在问题后面设计若干条填写答案的横线，由被调查者自己列举答案的应答方式。如：

您对幸福的理解是＿＿＿＿＿＿＿＿＿＿＿＿＿＿＿＿＿＿＿＿＿＿＿＿＿＿＿＿。

③ 选择式，是列出多种答案，由被调查者自由选择其中一项或多项答案的应答方式。如：

您每月用在健身方面的开支：

A. 50元以下　　B. 大于等于50元且小于100元

C. 大于等于100元且小于150元　　D. 大于等于150元且小于200元

E. 200元及以上

④ 排序式，是列出若干种答案，由被调查者给各种答案排列先后顺序的应答方式。如：

对下列品牌牙膏，请根据您的喜爱程度，以序号1，2，3，4，5，6，7进行排序。

A. 洁银（　　）　B. 黄芩（　　）　C. 中华（　　）

D. 两面针（　　）　E. 美加净（　　）　F. 芳草（　　）　G. 永南双氟（　　）

⑤ 等级式，是列出不同等级的答案，由被调查者根据自己的意见或感受选择答案的应答方式。如：

您对莫言的作品：（　　）。

A. 非常喜欢　B. 很喜欢　C. 喜欢

D. 不太喜欢　E. 很不喜欢　F. 非常不喜欢

⑥ 矩阵式，是将同类的几个问题和答案排列成一个矩阵，由被调查者对比着进行应答的方式。如：

(填写说明)假设指标A_k的下层指标的元素是$B_1, B_2, \cdots, B_n$，按照对上层指标A_k的相对重要性赋予$B_1,B_2,\cdots, B_n$相应的权重。针对上层指标A_k，下层两个因素B_i和B_j哪个重要？重要多少？需要您赋值如下：若B_i和B_j同等重要，您就在相应的空里填1；若B_i比B_j稍重要，您就在相应的空里填3……若B_i和B_j相比，等级差别介于同等重要和稍重要之间，您就在相应的空里填2……指标i与指标j重要性之比为a_{ij}，则指标j与指标i重要性之比为$1/a_{ij}$。(具体操作中的解释见表1-2。)

表1-2　标度1～9的含义

标　度	含　义
1	两个指标相比，同等重要
3	两个指标相比，一个比另一个稍重要
5	两个指标相比，一个比另一个重要
7	两个指标相比，一个比另一个明显重要
9	两个指标相比，一个比另一个绝对重要
2,4,6,8	两个指标相比，差别在上述两个相邻等级之间，取中间值
取倒数$(1,\frac{1}{2},\frac{1}{3},\frac{1}{4},\frac{1}{5},\frac{1}{6},\frac{1}{8},\frac{1}{9})$	若指标i与指标j重要性之比为a_{ij}，则指标j与指标i重要性之比为$1/a_{ij}$

对于总目标——普通高校高水平田径运动队评估指标体系值A，其一级指标B层之间相对影响程度的比较矩阵［即(A-B)］为

排序位	A	B1	B2	B3	B4	B5	B6
	B1：组织领导						
	B2：运动队管理						
	B3：教练员队伍建设						
	B4：条件保障						
	B5：办队效果						
	B6：校园体育文化建设						

⑦ 表格式，是将同类的几个问题和答案列成一个表格，由被调查者应答的方式。如：

请在下述各项上，给自己的水平和能力进行如实的评价(在选择项上打✓)。

	很好	较好	一般	不好	很不好
专业知识水平					
计算机水平					
英语水平					
语言表达能力					
示范能力					
教学训练能力					

封闭型应答的答案是预先设计的、标准化的，因此它不仅有利于被调查者正确理解和高效率地应答问题，提高问卷的回收率和有效率，而且有利于对应答进行统计和定量分析。封闭型应答还有利于询问一些敏感问题，被调查者对这类问题往往不愿写出自己的看法，但对已有的答案却有可能进行真实的选择。

同样，封闭型应答也有缺陷，例如，对于比较复杂的、答案很多或不太清楚的问题，很难进行完美设计。一旦设计有缺陷，被调查者将无法正确应答问题；另外，它的应答方式比较机械，难以适应复杂的情况，难以调用被调查者的主观能动性。

(3) 混合型应答

混合型应答指将封闭型应答与开放型应答结合起来的一种半封闭、半开放的应答类型。这种应答方式不但集开放型应答和封闭型应答的优点于一身，还避免了二者的缺点，因而具有非常广泛的用途。

6) 选项设计的原则

答案的设计与问题的提问方式有直接关系，在不同的提问方式下，设计选项时应注意以下几个原则。

(1) 相关性原则

设计的答案与问题必须具有相关关系，不能张冠李戴。如：

你喜欢怎样的进修方式?

A. 函授　　B. 脱产　　C. 半年　　D. 一年　　E. 短训

该问题的答案之间界限模糊，有的根据时间分，有的根据是否脱产分，总体上与进修方式不全关联，属于张冠李戴，令被调查者无从下手。如果根据是否脱产来分，设计成“A. 在职 B. 脱产”，就具有相关关系了。

(2) 同层性原则

设计的答案必须具有相同层次的关系。如：

您对手机的了解渠道：（　　）。

A. 电视　　B. 报纸　　C. 网络　　D. 同学或朋友之间的互相交流
E. 宣传单　　F. 宣传活动　　G. 卖场广告　　H. 其他

(3) 选项互斥性原则

选项之间不能出现相互重叠、相互包含或交叉的情况，即对同一个问题，只能有一个选项适合被调查者。如：

您在学校的职务：（　　）。

A. 行政领导　B. 科室主任　C. 教师　D. 工作人员　E. 其他

由于"双肩挑"情况的存在，对某些人而言，本题中的前三个选项就可能存在交叉的问题。又如：

您每月用在健身方面的开支：（　　）。

A. 50 元左右　B. 100 元左右　C. 150 元左右　D. 200 元左右　E. 高于以上数字

如果您的每月开支正好为 75 元，就难以在 A、B 两项中选择了。因此，正确的提法应为"A. 50 元以下　B. 大于等于 50 元且小于 100 元　C. 大于等于 100 元小于且 150 元　D. 大于等于 150 元且小于 200 元　E. 200 元及以上"。

(4) 选项穷尽原则

选项在逻辑上应是排他的，在可能性上应是穷尽的。因此，所列出的选项应包括所有可能的情况，不能有遗漏，不至于出现部分被调查者因为所列答案中没有合适的选项而放弃应答的情况。对于无法穷尽的问题，可以在列出的若干选项后加上"其他"或"其他(请说明________)"。如：

你的婚姻状况：（　　）。

A. 已婚　B. 未婚

本题与"你是否结过婚：（　　）。A. 是　B. 否"是不等价的，在婚姻状况中，已婚和未婚只是可能选项中的两种，而非全部，把"离婚""丧偶"两种情况考虑进来才是全面的，否则将导致部分被调查者无法应答，使得有效信息流失。

为避免选项中没有穷尽的情形出现，虽然可加"其他"来弥补，但须注意，若一项调查结果中选择"其他"的比例较高，则说明选项设计得不恰当，有些重要的具有普遍性的类别没有一一列出，难以达到调查目的，应考虑重新设计选项。

(5) 对称性原则

在提供带有对比性的选项时，要全面考虑，避免片面化，否则设计出的问卷无法客观反映被调查者的观点和态度。特别是在遇到有对比意义的选项时，设计的选项数目要对称，应为奇数，这样可防止误导。

例如，询问消费者关于某一滋补保健品的效果时，选项可以设计成如下对称性五段量表：

A. 好　　B. 较好　　C. 一般　　D. 较差　　F. 差

但如果将选项设计成：

A. 很好　　B. 好　　C. 较好　　D. 一般　　F. 差

那么它就是非对称性量表了。一般不这样设计。

(6) 非诱导性原则

非诱导性原则指选项要设置在中性位置，没有提示语，用词不会影响被调查者独立、客观地进行应答。如：

你认为这种化妆品对你的吸引力在哪里？

A. 色泽　　B. 气味　　C. 使用效果

D. 包装　　E. 价格　　F. 容量　　G. 其他

这种设置是客观的。若换一种选项设置，如：

A. 迷人的色泽　　B. 芳香的气味　　C. 满意的效果

D. 精美的包装　　E. 低廉的价格　　……

则这种选项的设置就具有了诱导性和提示性，从而在不自觉中掩盖了事物的真实性。

(7) 可能性原则

选项必须是被调查者能够应答且愿意应答的。如：

您家属于以下哪种类型：

A. 核心家庭　　B. 单身家庭　　C. 联合家庭　　D. 主干家庭　　E. 其他

选项中出现了较多不为一般被调查者所了解的概念，被调查者有概念考试的感觉，很可能选择不回答，故该答案选项不满足可能性原则。

(8) 梯度性原则

在问卷中涉及渐进性的问题时，应该设计若干具有梯度的选项，而且梯度间距应该合理。如：

你去年阅读了几部长篇小说？（　　）

A. 0 部　　B. 1 ~ 10 部　　C. 11 ~ 20 部　　D. 21 部以上

初看起来，本题的答案是梯度递进的，似乎满足梯度性原则，但选项之间梯度太大，所以绝大多数被调查者可能选择前两项。而选项 B，1～10 之间间距太大，对于估算一年究竟阅读了多少部长篇小说，它也无太大实际意义。所以，应该缩小间距。可以考虑将选项改为“A. 未读或不足 1 部　B. 1～2 部　C. 3～4 部　D. 5 部以上”。

7) 编码

对每份问卷和问卷中的每个问题、每个答案编定唯一的代码，并以此为依据对问卷进行数据处理。

编码的主要任务：

① 给每份问卷、每个问题、每个答案确定唯一的代码；

② 根据被调查者、问题、答案的数量编定每个代码的位数；

③ 设计每个代码的填写方式。

1.3.2.4 结束语

结束语在调查问卷最后，简短地向被调查者强调本次调查活动的重要性并再次表达谢意，如：

为了保证调查结果的准确性，请您如实回答所有问题。您的回答对于我们得出正确的结论很重要，希望能得到您的配合和支持，谢谢！

此外，对于大型的问卷调查，还应附上调查者信息，用来证明调查作业的执行、完成和调查人员的责任等情况，便于日后进行复查和修正。一般包括调查者姓名、电话，调查的时间、地点，以及被调查者当时的配合情况等。

1.4 提高问卷回复率的基本技巧

一份设计良好的调查问卷，在很大程度上可以影响问卷的回复率和有效率，但影响回复率的因素远不只问卷设计质量这一个，所以，只有设计质量高的调查问卷还不行，调查者还须从以下几方面努力，来达到提高问卷回复率的目的。

① 要选好课题。课题的吸引力本身就能影响被调查者的回答兴趣和愿望，因而对回复率有重大影响。

② 调查方式对问卷的回复率有重大影响，要重视。实践表明，报刊问卷的最终回复率仅在 10%～20%之间，邮政问卷的最终回复率也只有 30%～60%，电话问卷的最终回复率一般可达 50%～80%，而访问问卷和送发问卷的最终回复率接近 100%。因此，应尽可能采取电话问卷、访问问卷和送发问卷的方式进行调查。

③ 要争取由名师推荐或争取知名度高、权威性大的机构支持。问卷调查主办者的权威性和知名度，会影响被调查者对问卷调查的信任程度和回答意愿。

④ 在送发问卷中，最好把贴好邮票的回寄的信封准备好，随信准备一些小礼物更好。

1.5 一般调查问卷的效度检验

效度是一个来自测量学的概念，指测量工具的精度；在问卷调查中，通常指问卷的有效性和正确性。

前面提到的量表、试题等特殊形式的“问卷”，实际上是当作测量工具来使用的，它们使用无形的、内在的一种特定“尺子”来测量被调查者内在的特定方面的特征，或测量被调查者某个领域知识面的宽窄、认知能力的高低等。量表测试精度可利用被调查者外在的行为特征来加以验证，而试题测试精度则可通过测试各知识点的题项与课程大纲中要求的各知识点的吻合程度来加以比对。

心理学量表设计专家 Spitzer 教授提出，如果满足以下 5 个条件，问卷就是有效的：

① 问卷有内容效度和结构效度；

② 在问卷制订阶段请有关人员提出宝贵意见，供修改和提高内容效度；

③ 问卷经过反复使用，证明了其可靠性；

④ 如果有金标准存在，则以金标准为准；

⑤ 无金标准时，由判别效度代替。

这里提到的问卷不是普通意义上的问卷，而是专用的心理学量表问卷，各题项对应的选项是可以用分值 1，2，3，4，5 来加以度量的。

通常，被调查者在量表或试题上的得分高低本身并不能反映量表或试题的精度，被调查者在某个题项上的得分，只能反映量表或试题中的题项有没有区分度。

一把尺子能不能测长度，与其测试的精度是两个不同的概念。在不同地区的两人，使用刻度标准相同的尺子测量后，我们一定会知道两人谁高谁矮，但两人究竟多高，两人身高究竟相差多少，涉及用于测量的尺子的精度问题，与被调查者本身的高矮无关。测量尺子的精度只有通过与公认的标准尺度的刻度进行比对，才能加以核实。

在一般的调查问卷中，很多题项只是为了了解被调查者对某个特定事物的主观看法等，而非被调查者内在的、固有的、客观的气质、性格特征等，各题项中的选项，通常不能转换成分值来测度，因此，常见于量表、试题中评价效度的方法，对一般调查问卷中的多数题项并不一定适用。

一般的调查问卷，不是用来做量表或试题的，所以，我们更多关注的是问卷本身可能会对被调查者产生的影响，"通过这张问卷能不能得到被调查者真实的应答"是问卷调查的关键。如果你(问卷设计者)、问卷设计方面的专家、使用方(将来使用这张问卷调查者)都确信"能"，那么，这张问卷就是有效的。

一般调查问卷，从初稿、预调查到定稿，一般要经过多次修改、补充和完善，这期间专家的帮助必不可少，因此，对一般调查问卷信度检验最有效的办法，目前仍为专家评定法，尚无其他捷径可走。

一般调查问卷信度检验主要包括以下两方面。

(1)表面效度

通俗而言，表面效度是指，你提供给专家检验的一般调查问卷，从问卷表面的文字、一般结构来看，是否符合 1.3.1 节中问卷设计的原则，是否符合 1.3.2 节中问卷的一般结构的要求，像不像一张标准的调查问卷。

(2)内容效度

内容效度又称逻辑效度，是指一般调查问卷中所提出的问题与研究主题的适当性与相符性。你想测定距离，但你拿的是秒表，即使测出了距离，所测距离的有效性也是难以保证的。

问卷设计者在请专家评定的调查问卷中，应清晰地指出，向被调查者发放的一般性调查问卷主要用来剖析研究主题的哪些方面，以及所要剖析的研究主题的各个方面与一般调查问卷中题项的对应关系。

专家根据其独有的经验，来判定一般调查问卷中所列题项是否能够真正反映研究主题的各个方面，以及对应各个方面的题项的构成比是否恰当。

思　考　题

1. 简述问卷调查的种类及其特点。
2. 简述问卷调查的一般程序。
3. 试述问卷调查应遵循的基本原则。
4. 简述问卷的一般结构。
5. 何谓问题结构？设计的问题一般可采用几种排列方式？
6. 问题表述时应遵循哪些原则？
7. 封闭式回答中有哪些常见的方式？
8. 设计答案时，应遵循哪些原则？
9. 简述提高问卷回复率的基本技巧。
10. 一般问卷调查的信度检验主要包括哪些方面？

第2章　一般问卷调查中的抽样方法

如果要对被调查群体(总体)中的每位成员都发放问卷调查表，那么可以跳过本章内容，因为所做的是普查。如果只对被调查群体中的一些成员(部分个体)发放问卷调查表，那么应该考虑选择这些成员的方法是否科学，所选取成员的数量是否足够。因为它决定了所选取的成员能否有效代表他们所隶属的群体，同样也决定了所得到的研究课题结论的有效性。在这种情况下，在本章花些时间，了解一下本章内容是有必要的。

2.1　样本对总体具有较好代表性的两个必要条件

总体是指研究对象的全体。每个研究对象称为个体。总体由同质的个体组成。抽取总体中部分个体所组成的集合称为样本。因此，单从概念上来说，样本不一定能很好地反映其所隶属的总体。

样本对总体要具有较好的代表性，须满足如下两个必要条件：

第一个必要条件是随机抽样，即从总体中抽取个体的方式不能是人为指定的，必须是随机的。只要能保证总体中每个个体都有相同的机会入选到样本中来，这就满足了抽样是随机的要求，称这种抽样方式为随机抽样。

第二个必要条件是，样本量可使研究精度达到要求。样本对总体代表性的好坏，除受抽样方式影响外，还取决于样本量的大小。一般而言，大样本量的样本对总体的代表性，优于小样本量的样本。样本量太小，样本便不能很好地代表其所隶属的总体。样本量越大，样本对总体的代表性越好。但这并不等于样本量越大越好。因为，样本量越大，在研究中所需投入的人力、物力也会越大，研究经费也会成倍增加。在实际研究工作中，事半功倍才是最佳的。

样本量的大小取决于下列因素：

① 研究的类型和范围。当问卷调查中涉及的问题既有定性的，又有定量的时，显然，定量问题的研究范围更广，样本量要比研究范围较窄的定性问题所需的样本量大，应以各项所需的最大样本量作为问卷调查研究中所需的样本量。

② 研究精度与允许的误差限。研究精度越高，允许的误差限越小，则问卷调查中需要的样本量越大。

③ 总体容量。通常情况下，问卷调查研究中遇到的总体容量越大，所需要的样本量也越大。

④ 总体的同质性。总体的变异性越小，则问卷调查中需要的样本量就越小；反之，样本量就要适当增大。

⑤ 研究经费。研究经费宽松时，可适当增大样本量；研究经费紧张时，只要满足最低需求的样本量即可。

总之，为获取有代表性的样本，在抽样(从总体中抽取样本的方式)实施之前，研究者应事先了解研究课题涉及的背景资料、被调查者的分布情况、调查的复杂程度等，以此来确定抽样时要不要对总体进行分层、分群；再根据实际研究精度，在抽样阶段合理选用下面提到的各种抽样方法，科学地做好抽样设计方案，即对获取完整样本的过程进行周全的设计，给出一个考虑周全的方案。只有按照抽样设计方案科学地进行抽样，才能确保样本具有良好的代表性。

2.2 抽 样 方 法

在抽样调查中，按抽样方式是否随机，可以将抽样分为非随机抽样和随机抽样两种。

非随机抽样是指在抽样时不遵从随机性原则，而是由调查者根据调查目的和要求，用其主观设立的某个标准，从总体中抽取样本的抽样方式。它主要包括方便抽样、判断抽样、配额抽样和滚雪球抽样等。例如，做图书馆使用情况的满意度调查时，研究者只将问卷调查表发放给在图书馆看书的读者，以此作为样本，这就是典型的方便抽样。非随机抽样抽取的样本有较大偏差，不能代表总体的特征，因此，抽样设计中要予以避免。

随机抽样能使总体中每个个体都有相同的机会入选到样本中，在用样本来推断总体的过程中，以概率论中的大数法则和中心极限定理为理论依据，可以事先计算和控制抽样误差。因此，在问卷的抽样调查中，应以随机抽样的方式来确定被调查者。

随机抽样方法包括简单随机抽样、简单系统(等距)抽样、分层随机抽样、整群随机抽样和多阶随机抽样。

在这些抽样方法中，分层随机抽样、整群随机抽样和多阶随机抽样是适用于大规模复杂局面的抽样调查中用到的抽样方法。而其中最基本的抽样方法是简单随机抽样，其他方法都是在它的基础上，考虑到总体中各单元不处在同等地位时，通过调整各单元的抽样概率而改良发展来的。

限于篇幅，这里只介绍简单随机抽样和分层随机抽样。

2.3 简单随机抽样

当对研究总体的背景资料知之甚少，只有总体中各个单元的名录，没有总体中哪些个体更加重要的辅助信息，而只能将它们一视同仁时，也就是在总体仅有一个简单的抽样框时，通常采用简单随机抽样。

抽样框是指对可以选为样本的总体单位列出的名册或序号，用来确定总体的抽样范围和结构。所以，抽样框还称为“抽样框架”或“抽样结构”。有了抽样框，便可采用抽签的方式或按照随机数表来抽取必要的单位数。如果缺少抽样框，就不能计算样本单位的概率，也就无法进行概率选样。一个好的抽样框应是完整且不重复的。街道派出所里的居民户籍册、学校里的学生花名册、工商企业名录、意向购房人信息册等都是常见的抽样框。当没有现成的名册作为抽样框时，调查者要自己编制抽样框。即使在利用现有的名单作为抽样框时，调查者也要先对该名录进行核查，避免重复、遗漏的情况，以提高所抽样本对总体的代表性。

简单随机抽样是在总体的 N 个有限个体(抽样单元)中取 n 个样本时，使每个样本出现的概率均等于 $1/C_N^n$ 的一种基本的抽样方法。它是其他抽样方法的基础，其他抽样方法可以看成对它的修正。具体实施非常简单——从总体的 N 个个体中，无放回且机会均等地逐次选取个体，直至选满 n 个个体为止。

2.3.1　按绝对精度确定样本量

如果问卷调查表的问题中涉及定量问题，并有估计的绝对误差要求时，可以使用本方法来计算所需的样本量。

1. 由正态分布区间估计理论推得的样本量 n 的计算公式

$$n=\frac{\left(\mu_{1-\frac{\alpha}{2}}\right)^2 S^2}{d^2+\frac{1}{N}\left(\mu_{1-\frac{\alpha}{2}}\right)^2 S^2}$$

式中，d 为绝对精度，α 为显著性水平，$\mu_{1-\frac{\alpha}{2}}$ 是 $1-\frac{\alpha}{2}$ 处标准正态分布的位置值，S 为标准差。

当总体容量 N 很大时，$n\approx\frac{\left(\mu_{1-\frac{\alpha}{2}}\right)^2 S^2}{d^2}$。

由上式可知，当总体容量 N 很大时，样本量 n 与总体容量 N 的关系不大，而取决于总体方差。

2. 实例分析

例 2.1　要抽样调查某社区居民每月每户用于食物的消费支出，现已知该社区有居民 400 户，共 1500 人，那么在要求平均每月每户用于食物的消费支出的估计绝对误差不超过 30 元的前提下，应调查多少户？

题析：已知条件为 $d=30$，N=400，但总体 S^2 未知，因此，首先需要获取 S^2 的一个粗略估计值，有以下几种常用方法。

(1) 查阅资料法

如果所研究的总体以前被调查过，那么通过查阅有关资料，可以将以前获得的 S^2 的估计值作为其粗略估计值。

(2) 预先调查法

在没有现成资料可查的情况下，可以先从所要调查的总体中随机抽取一个样本量较小的样本，通过该样本得到方差，用它作为总体方差 S^2 的粗略估计值，再用该值确定所需的样本量。如果这个确定的样本量小于预先抽取的样本量，则预调查就成为正式调查。否则，补充调查不足部分的样本单元，使之达到所需的样本量即可。

(3) 类推法

如果运气不错，通过查阅有关资料，能找到与所要研究的目标量 Y 高度关联的指标量 X 的信息，$\bar{X}$ 和 S_X^2 有估计值，且 X 与 Y 的变异系数接近，那么，只须预先抽取一个样本量较小的样本，就可得到 $\bar{Y}$ 的估计值，再根据 $S_Y/\bar{Y}\approx S_X/\bar{X}$，便可推算得到 S^2 的粗略估计值。

在没有先前资料可查，也无法用类推的方法获取 S^2 的一个粗略估计值时，可选用预先调查法来实现样本量的估计。

本题的解题步骤如下：

第一步，在 SPSS 中，用简单随机抽样法，在 400 户中随机抽取 35 户(这个户数是预估数，50 户、30 户或其他较小的值均可)，具体做法如下。

① 在 SPSS 数据编辑窗口中，用数字编码的方式，建立如图 2-1 所示的 400 户编号的抽样框数据文件，见 data02-01.sav。

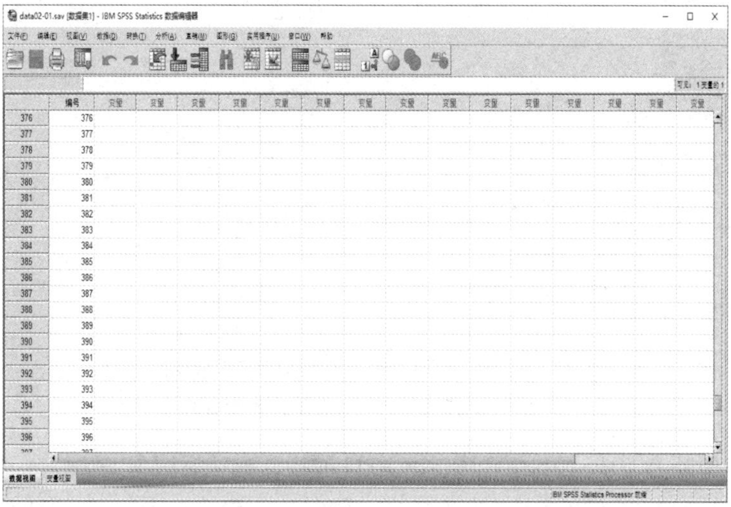

图 2-1　400 户编号的抽样框数据文件

② 按【分析→复杂抽样→选择样本】顺序，打开【抽样向导】对话框，见图 2-2。

由于还没有抽样方案，在 SPSS 的复杂抽样过程中要从头做起，所以在【抽样向导】对话框中，选择【设计样本】选项，将插入点定位在其后【文件】的文本框中，通过直接输入“E: \第 2 章 一般问卷调查常用的抽样方法\data2-01.csplan”来定义抽样方案文件名，也可以通过单击【浏览】按钮，在弹出的对话框中，逐级选择存放路径并最后定义文件名的方式来完成。

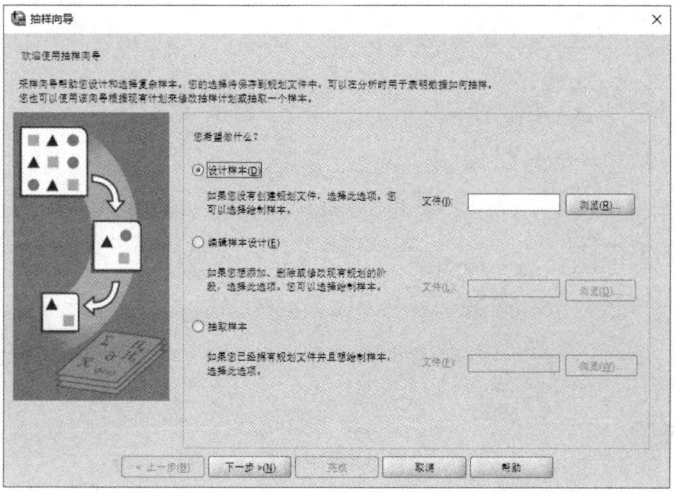

图 2-2　【抽样向导】对话框

③ 单击【下一步】按钮，进入【阶段 1：设计变量】对话框，见图 2-3。该对话框由三部分主要内容组成。

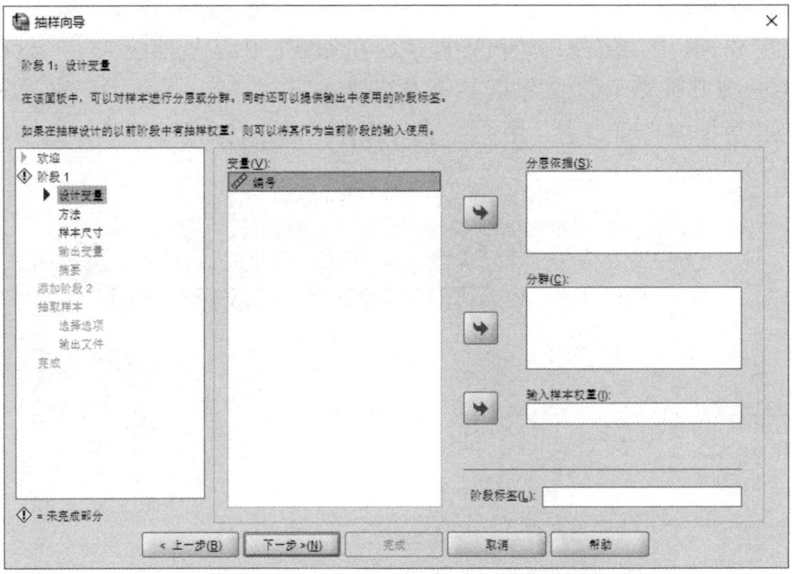

图 2-3 【阶段 1：设计变量】对话框

本例中，要做的是只有一个变量的简单随机抽样，因此，该变量就是抽样单元，所以，在中间的【变量】框中选择“编号”，单击右侧第二个右移箭头，将“编号”移入【分群】框，定义“编号”为第一阶群变量，由于后面不再有二阶抽样，所以它也是最终的抽样单元。至此，本阶段设定已经完成。

④ 单击【下一步】按钮，进入【阶段 1：抽样方法】对话框，见图 2-4。在该对话框中可以定义抽样方法和规模度量。

在【方法】的【类型】下拉菜单中，共有 9 种抽样方法供选择，见图 2-5。由于系统默认抽样方法选项为【简单随机抽样】，抽样方式选项为【不放回】抽样，故在本选项框中可不做任何选择。

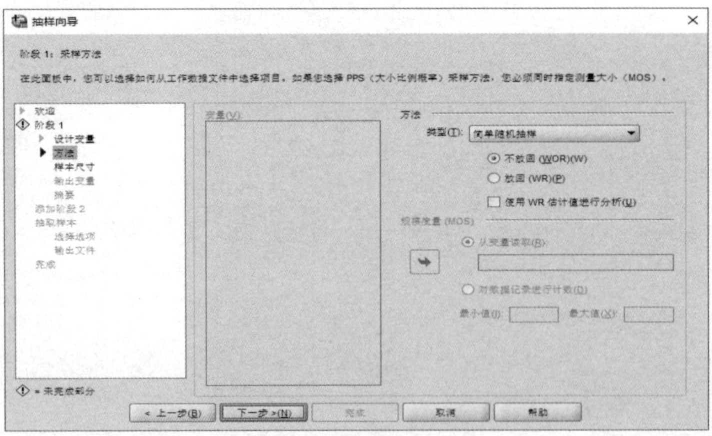

图 2-4 【阶段 1：抽样方法】对话框

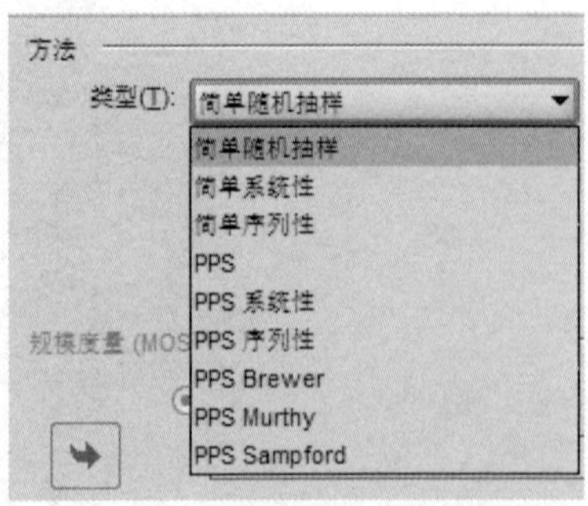

图 2-5 【方法】的【类型】下拉菜单

⑤ 单击【下一步】按钮或在左侧矩形框中单击【样本大小】，可打开【阶段 1：样本大小】对话框，见图 2-6。在本对话框中可以设定样本量。

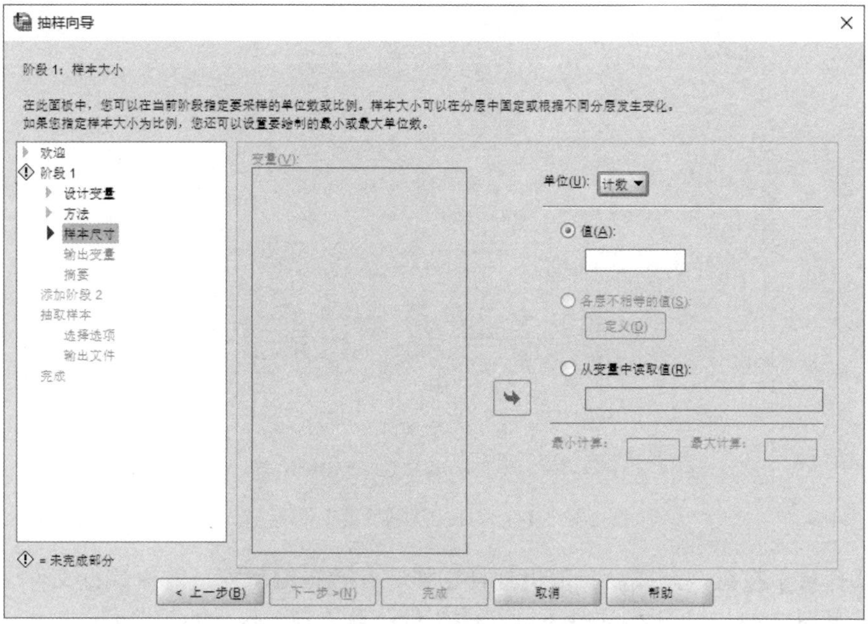

图 2-6 【阶段 1：样本大小】对话框

在【单位】下拉列表的【计数】【比例】选项中，选择系统默认的【计数】选项。选中【值】选项，并在文本框中输入 35，表示在本阶段选择 35 个样本单元。在做简单随机抽样时，无须考虑本对话框中的其他选项。

⑥ 单击【下一步】按钮，进入【阶段 1：输出变量】对话框，见图 2-7。

在该对话框中的四项全部选择，要求在数据文件中存取群体大小（总体容量）、样本大小（样本量）、样本比例和样本权重变量。

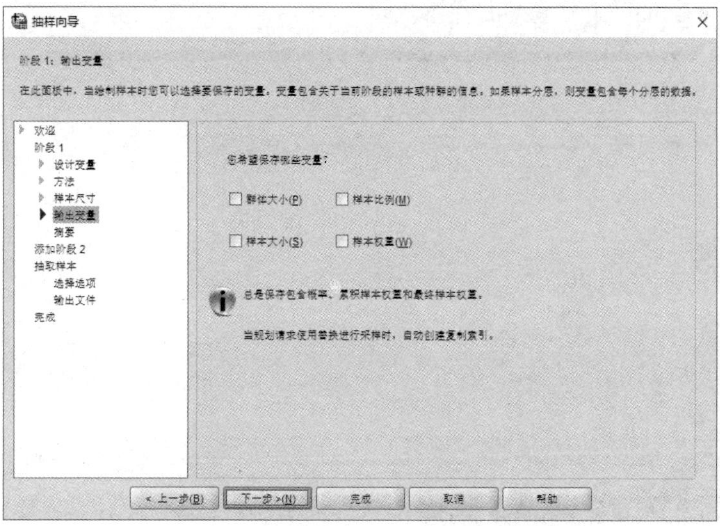

图 2-7 【阶段 1：输出变量】对话框

⑦ 单击【下一步】按钮，进入【阶段 1：规划摘要】对话框，见图 2-8。查看一下抽样设计。

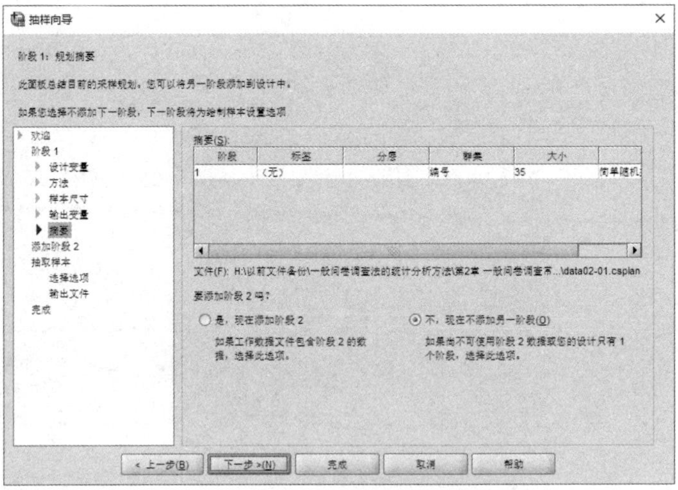

图 2-8 【阶段 1：规划摘要】对话框

单击【完成】按钮，完成简单随机抽样工作。在数据编辑窗口的原数据文件中出现本次抽样结果，见图 2-9。7 个新增的带下画线的变量已存放到工作的数据文件中。

新增变量说明如下：

InclusionProbability_1_——第一阶段体现的抽样概率值。

SampleWeightCumulative_1_——第一阶段样本权重累积。

PopulationSize_1_——总体容量。

SampleSize_1_——样本量。

SamplingRate_1_——抽样比例。

SampleWeight_1_——样本权重。

SampleWeight_Final_——最终的样本权重。

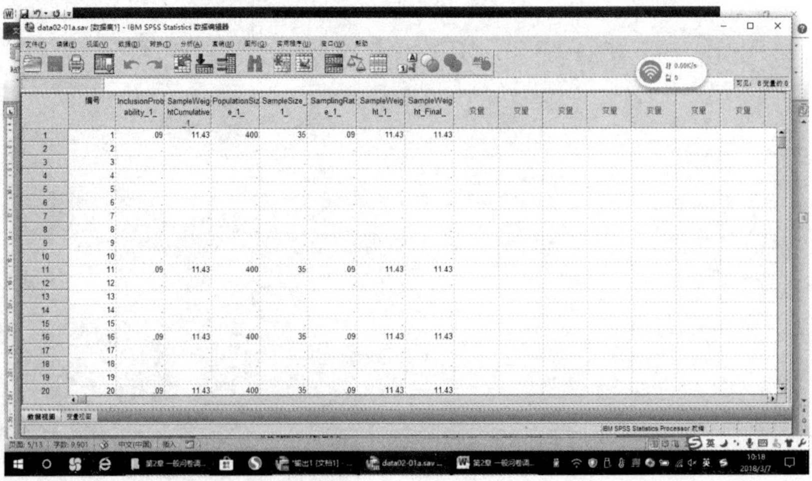

图 2-9 抽样结果

在图 2-9 中，包含这 7 个新增变量值的样品被选入样本，而这 7 个新增变量值为系统缺失值的样品则不在样本之列。

将包含抽样框的资料及抽中的 35 户的入样概率、抽样权重、总体容量等相关资料的数据文件另存为 data02-01a.sav。

第二步，获取 35 户原始信息，并在 SPSS 中建立相应的数据文件。

向所选择样本中该社区对应编号的居民发放问卷，收集包括户人数、人均月收入和户月食物支出三个指标在内的样本数据资料，以便获取每月每户用于食物的消费支出信息。

将获取的资料存放在数据文件 data02-02.sav 中。

第三步，在 SPSS 中计算样本方差，用样本方差作为总体方差的粗略估计值。

按【分析→描述统计→描述】顺序，展开【描述性】对话框，见图 2-10，从左侧源变量框中选择“户月食物支出”变量，移入【变量】框，单击【选项】按钮，弹出如图 2-11 所示的【描述：选项】对话框。选择【均值】【标准差】【方差】作为输出项。

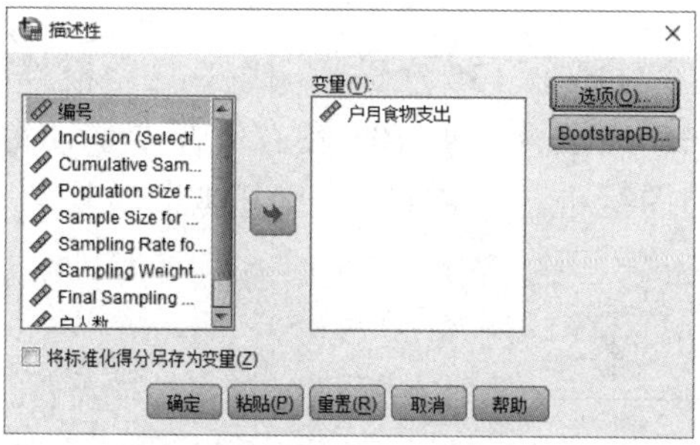

图 2-10　【描述性】对话框

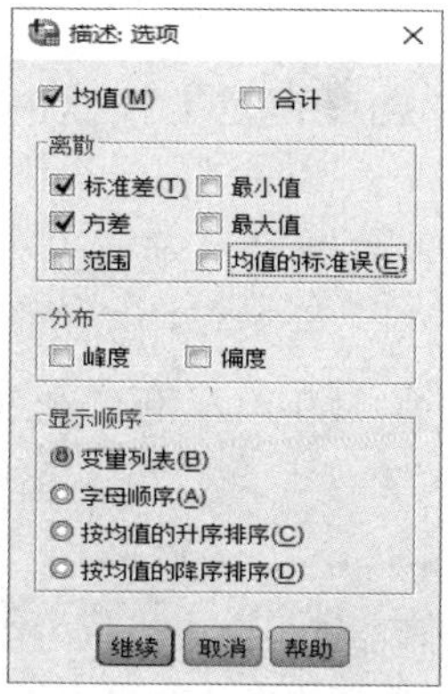

图 2-11　【描述：选项】对话框

单击【继续】按钮，返回【描述性】对话框。

单击【确定】按钮，在输出窗口得到统计结果，见表 2-1。

由此可得总体方差 S^2 的粗略估计值，为 47419.328。

第四步，在 SPSS 中计算所需绝对误差限下所需的样本量。

① 按【文件→新建→数据】顺序，打开新的数据编辑窗口。建立数据文件 data02-03.sav，其中变量名为总体容量、绝对误差限和方差，其观察值分别为 400、30 和 47419.328。

表 2-1　描述统计结果

	N	均值	标准差	方差
户月食物支出	35	895.7143	217.75979	47419.328
有效的 N（列表状态）	35			

② 按【转换→计算变量】顺序，展开【计算变量】对话框，如图 2-12 所示。

③ 在【目标变量】框中输入“样本量”，在【数字表达式】框中输入以下双引号中的表达式：

“IDF.NORMAL (0.975,0,1) *IDF.NORMAL (0.975,0,1) *方差/(绝对误差限*绝对误差限+1/总体容量*IDF.NORMAL (0.975,0,1) *IDF.NORMAL (0.975,0,1) *方差) ”

函数中，第一个参数 0.975 由 1–0.05/2 计算得到，第二个和第三个参数 0，1 为标准正态分布的均值和方差。

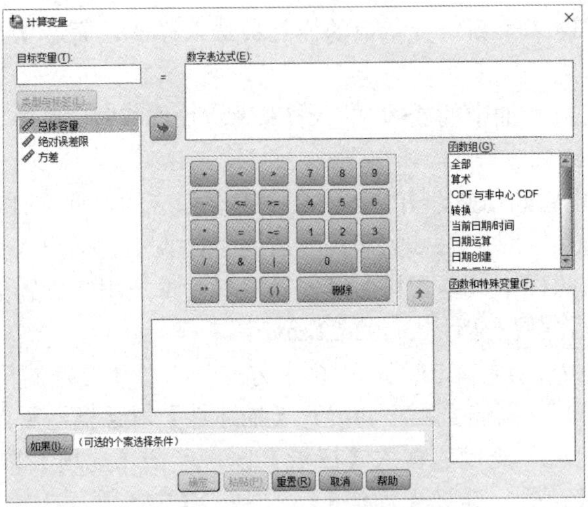

图 2-12 【计算变量】对话框

④ 单击【确定】按钮，在数据文件中增加一个新变量——样本量，及其计算结果值 134.40。

这说明，要满足绝对误差限的要求，至少要抽取 135 户进行调查。这是概算结果，在实际调查中，为确保研究精度，一般应在此基础上再增加 10%左右的样本量，也就是说，本例应调查 150 户左右。在实际发放问卷的调查中，只需在 35 户基础上增补调查 115 户即可。

在总体容量很大时，就可以使用公式 $n \approx \dfrac{\left(\mu_{1-\frac{\alpha}{2}}\right)^2 S^2}{d^2}$ 来近似估计简单随机抽样需要的样本量。

例 2.2 为调查上海市家庭网络普及率与使用情况，拟在上海市进行一次家庭问卷抽样调查，如果要求所估计的百分比误差不超过 0.5%，那么要抽取一个简单随机样本，应调查多少户家庭？

题析：上海市家庭户数达到数百万户，属于总体容量很大的情形，又知 d 值为 0.5%，在测算样本量时，就可以用 $n \approx \dfrac{\left(\mu_{1-\frac{\alpha}{2}}\right)^2 S^2}{d^2}$ 来计算。本例的关键是求得 S^2 的一个粗略值。

假设上海市家庭网络普及率为 P，$P=\dfrac{N_1}{N}$，N_1 为上海市开通网络的家庭总数(只开通手机网络功能进行上网的除外)，N 为上海市家庭总数，则根据总体方差的定义可知：

$$S^2 = \frac{N_1}{N-1}\left[N_1 - \frac{N_1^2}{N}\right] \approx P(1-P)$$

根据样本量的推算公式可知，抽样时需要的最大样本量，可在 $S^2 \approx P(1-P)$ 取最大值时求得，显然此时的 $P=0.5$，故 $S^2 \approx P(1-P) = 0.5 \times 0.5 = 0.25$。

在 SPSS 中计算样本量的具体步骤如下：

① 按【文件→新建】顺序，打开新的数据编辑窗口。建立数据文件 data02-04.sav，其中变量名为“绝对误差限”和“最大方差”，其观察值分别为 0.005 和 0.25。

② 按【转换→计算变量】顺序，展开【计算变量】对话框。

③ 在【目标变量】框中输入“样本量”，在【数字表达式】框中输入以下双引号中的表达式：

“IDF.NORMAL(0.975,0,1)*IDF.NORMAL(0.975,0,1)*最大方差/(绝对误差限*绝对误差限)”函数中，第一个参数 0.975 由 1–0.05/2 计算得到，第二个和第三个参数 0，1 为标准正态分布的均值和方差。

④ 单击【确定】按钮，在数据文件中增加一个新变量——样本量，及其计算结果值 38414.59。这说明，要满足绝对误差限 0.5%的要求，至少要调查 38415 户。

2.3.2 按相对精度确定样本量

当问卷调查的问题中涉及定量问题，并有估计的相对精度要求时，可以使用本方法来计算所需的样本量。

1. 由正态分布区间估计理论推得的样本量 n 的计算公式

在给定相对精度 h 和 $1-\alpha$ 的置信度时，

$$n=\frac{\left(\mu_{1-\frac{\alpha}{2}}\right)^2 S^2}{(\bar{Y}h)^2+\frac{1}{N}\left(\mu_{1-\frac{\alpha}{2}}\right)^2 S^2}=\frac{\left(\mu_{1-\frac{\alpha}{2}}\right)^2 C^2}{h^2+\frac{1}{N}\left(\mu_{1-\frac{\alpha}{2}}\right)^2 C^2}$$

式中，$C=S/\bar{Y}$，为变异系数，当总体容量 N 很大时，可取

$$n\approx\frac{\left(\mu_{1-\frac{\alpha}{2}}\right)^2 C^2}{h^2}$$

2. 实例分析

例 2.3 前几年的抽样调查结果表明，北京市的家庭汽车普及率为 25%～35%，为了解目前北京市家庭汽车普及情况，拟在北京市进行一次家庭问卷抽样调查，要求所估计的相对误差不超过 5%，则在简单随机抽样条件下，至少应抽取一个多大样本量的样本？

题析：北京市是大都市，家庭户数达百万级，故可用 $n\approx\frac{\left(\mu_{1-\frac{\alpha}{2}}\right)^2 C^2}{h^2}$ 来测算所需的样本量。已知估计的相对误差 h 为 5%，只需知道 C^2 的一个粗略估计值，即可计算 n。

假定北京市家庭汽车普及率为 P，则变异系数 $C=\sqrt{(1-P)/P}$。从变异系数的计算公式可见，当 P 从 0 到 1 增大时，$1-P$ 的值减少；而当 P 取最小值时，C 取最大值。由于北京市早已采取了限制汽车牌照发放的办法，市民一般不会主动放弃已有的汽车牌照，所以可以肯定现在北京市的家庭汽车普及率，不会低于前几年的抽样调查结果 25%。故最大的 $C^2=(1-0.25)^2/0.25=0.75^2/0.25=2.25$。

根据以上分析，计算样本量，在 SPSS 中的操作步骤如下：

① 按【文件→新建】顺序，打开新的数据编辑窗口。建立数据文件 data02-05.sav，其中变量名为“相对误差”，其观察值为 0.05。

② 按【转换→计算变量】顺序，打开【计算变量】对话框。

③ 在【目标变量】框中输入“样本量”，在【数字表达式】框中输入以下双引号中的表达式：

“IDF.NORMAL(0.975,0,1)*IDF.NORMAL(0.975,0,1)*0.75*0.75/0.25/(相对误差*相对误差)”

④ 单击【确定】按钮，则在编辑窗口的数据文件中增加一个新变量——样本量，及其计算结果值 3457.31。

这说明，至少要调查 3458 户，才可满足相对误差 5%的要求。

2.4 分层随机抽样

分层随机抽样是将总体分成若干个不重叠的小总体，称每个小总体为一个层。分层随机抽样是在总体不重叠的小总体或层中挑选独立样本。例如，层可以是种族、年龄组、工作类别等。使用分层随机抽样的方法，可以保证重要子群的样本量，改进全部估计的精度，并且在层与层之间可以使用不同的抽样方法。

2.4.1 分层样本量的确定

2.4.1.1 无法给定总样本量时，使用研究费用的最佳分配法来确定分层样本量

分层随机抽样的费用一般可用以下公式来计算：

$$C = C_0 + \sum_{i=1}^{k} n_i C_i$$

式中，C_0 为问卷调查中的基本费用，$C_i(i=1,2,\cdots,k)$ 为第 i 层中调查一个样本单元所需的费用，k 为分层的层数。

理论上可以证明，在分层随机抽样中，固定费用 C 使 $V(\overline{y}_{st})$（方差）最小，或者使 $V(\overline{y}_{st})$ 为固定值，而使费用 C 最小的各层样本量为

$$n_i \propto \frac{W_i S_i}{\sqrt{C_i}} \quad (i=1,2,\cdots,k)$$

式中，$W_i = \frac{N_i}{N}$，N 为总体容量；S_i 为第 i 层样本的标准差；N_i 为第 i 层的单元数；W_i 为各层单元数占总体容量的百分比。

而此时的总样本量为

$$n = \frac{C - C_0}{\sum_{i=1}^{k} \sqrt{C_i} W_i S_i} \cdot \sum_{i=1}^{k} \frac{1}{\sqrt{C_i}} W_i S_i$$

总样本量可以由研究经费决定，但费用和精度是一对矛盾的两个方面，省钱就会减少样本量，从而牺牲研究精度；要提高研究精度，就得多调查一些研究单元，多花一些研究经费。所以，在申报课题的研究设计中，尽可能多地做足这部分预算，才是根本。这就要求研究人员在做课题的研究计划时，预先查阅一些相关资料，对研究问题的背景有大体了解，或做些

预研究，先确定好研究精度，才能在各层按简单随机抽样法，算出各层所需的分层样本量，才能做出科学、合理的课题研究经费计划。也就是说，当研究人员拿到课题时，抽样调查研究中所需要的样本量，应是一个已经确定的值了，而不是课题开始做了，才临时抱佛脚，开始计算抽样所需的样本量。

2.4.1.2 在给定总样本量 n 的前提下，分层样本量的确定方法

在给定总样本量 n 的条件下，常用的分层随机抽样各层样本量的分配方法有以下三种。

1. 等额样本

在每层都抽取样本量相等的样本，各层的样本量均为 $n_i=\dfrac{n}{K}$。其中 K 为所分的层数。此时的分层随机抽样称为**不成比例的(不等概)分层随机抽样**。

2. 按比例分配

样本量按总体中各层个体单元的数量所占的比例来分配，$n_i=n\cdot\dfrac{N_i}{N}$。当各层的个体单元数量 N_i 已知，而其他信息很少时，通常采用这种分配方案。此时的分层随机抽样称为**成比例的(等概)分层随机抽样**。

3. 奈曼(Neyman)最优分配

分层随机抽样中，$n=\sum\limits_{i=1}^{K}n_i$ 固定，使 $V(\overline{y}_{st})=\sum\limits_{i=1}^{K}W_i^2\left(\dfrac{1}{n_i}-\dfrac{1}{N_i}\right)S_i^2$ 达到最小的样本量分配方案为

$$n_i=n\frac{W_iS_i}{\sum\limits_{j=1}^{K}W_jS_j}=n\frac{N_iS_i}{\sum\limits_{j=1}^{K}N_jS_j}\quad(i=1,2,\cdots,K)$$

式中，$W_i=\dfrac{N_i}{N}$，N 为总体容量；S_i 为第 i 层样本的标准差；N_i 为第 i 层的单元数；W_i 为各层单元数占总体容量的百分比。

因此，在给定总样本量时；建议采用等概的按比例分配的抽样方法。

2.4.1.3 实例分析

例 2.4 要了解某地区 904 家出口企业的经营情况，由于各出口企业的生产规模相差较大，现要求分层随机抽取 200 家进行调查，那么各层应如何分配抽样单元数？可以参考的以往出口经营情况的资料见表 2-2。

表 2-2 某地区 904 家出口企业的分布情况

类别	以往出口额(万美元)	企业数量	平均出口额(万美元)	方差
1	2600～000	40	3503.4	356554.26
2	1400～2600	74	1895.78	119535.6
3	700～1400	115	1036.38	34141.69
4	250～700	226	419.31	16565.56
5	50～250	449	123.26	3110.05

各层的抽样单元数取决于选用的分配方法，这里只介绍按比例分配法，因为这种分配法常常可以获得精度很好的估计结果。

首先，在 SPSS 数据编辑窗口，将表 2-2 中的数据建成 SPSS 数据文件，见 data02-06.sav，并使其处于打开状态。

下面介绍在 SPSS 中利用按比例分配法计算各层样本量的方法。

① 按【转换→计算变量】顺序，展开【计算变量】对话框。

② 在【目标变量】框中输入“按比例样本量”，在【数字表达式】框中输入以下双引号中的表达式：“rnd(200*企业数/904)”。

注：rnd()函数为四舍五入取整函数。

③ 单击【确定】按钮，则在数据编辑窗口的数据文件中增加了一个新变量——按比例样本量，从上到下各层值依次为 9，16，25，50，99，总数为 199，比 200 小的原因是四舍五入取整进位。

2.4.2 在 SPSS 中实现分层随机抽样

接上面各分层样本量的计算结果，下面说明在 SPSS 分层随机抽样过程中实现按比例分配的具体做法。

操作步骤如下：

① 在 SPSS 数据编辑窗口中，先建立“出口金额分类”变量和用以对应 904 家出口企业编号的“编号”变量的抽样框数据文件，见 data02-07.sav。

注：分层变量必须定义值标签，否则会在第 5 步中出错。

② 按【分析→复杂抽样→选择样本】顺序，打开【抽样向导】对话框，见图 2-2。在【抽样向导】对话框中，选择【设计样本】选项，在【文件】文本框中，输入“E:\第 2 章一般问卷调查常用的抽样方法\data2-07.csplan”，定义抽样方案文件名。

③ 单击【下一步】按钮，进入【阶段 1：设计变量】对话框。在【变量】框中选择“出口金额分类”，将“出口金额分类”移入【分层依据】框中，定义“出口金额分类”为第一阶层变量；选择“编号”变量并将其移入【分群】框中，定义“编号”为第一阶群变量。

④ 单击【下一步】按钮，进入【阶段 1：抽样方法】对话框。在此对话框中，不进行任何选择，采用系统默认的简单随机抽样法。

⑤ 单击【下一步】按钮，打开【阶段 1：样本大小】对话框。在此对话框中，定义样本量。在【单位】下拉式列表中，选择系统默认的【计数】选项来定义抽样单位为计数值，而非比例值。选择【各层不相等的值】选项，表示各层选择不同的样品数量，单击【定义】按钮，展开【定义不等大小】对话框，见图 2-13。由上到下，依次单击各层后面的单元格，分别输入 9，16，25，50，99，完成对各层所要抽取的样品量的录入。

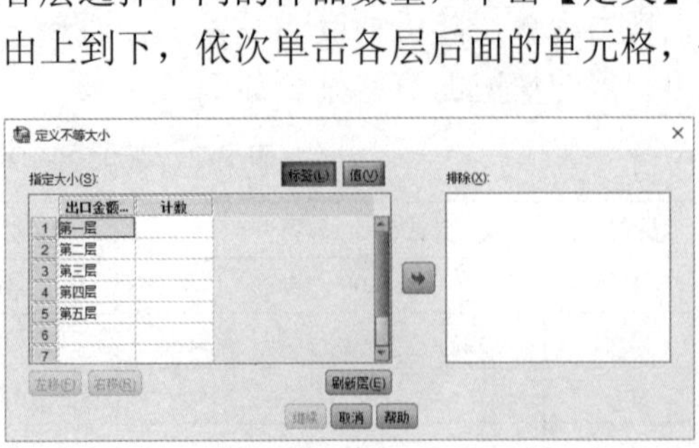

图 2-13 【定义不等大小】对话框

⑥ 单击【继续】按钮，返回【阶段 1：样本大小】对话框。

⑦ 单击【完成】按钮，则在编辑窗口的数据文件中，出现如图 2-14 所示的分层随机抽样结果，新增变量中有数值的行所指的单元被抽中。

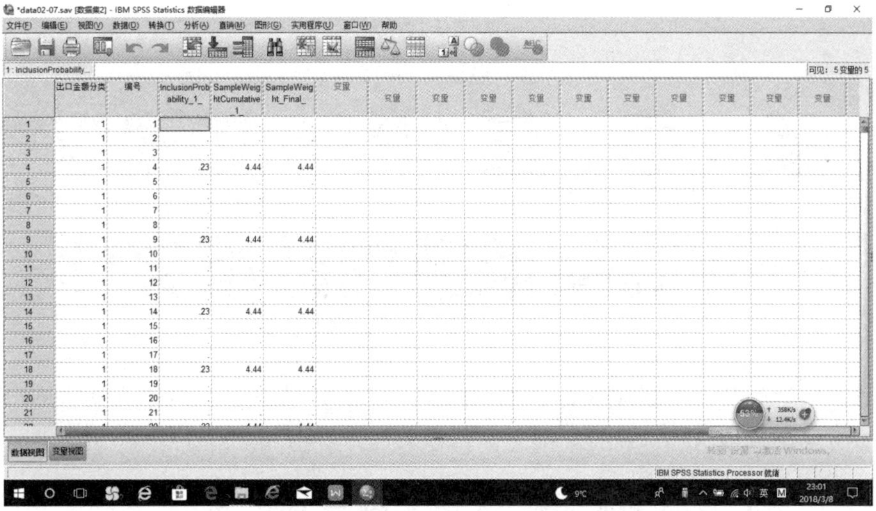

图 2-14　分层随机抽样结果

在输出窗口中，得到第一阶段摘要，见表 2-3。第一列所列为各层的名称，第二列所列为各层抽样单元的数量(要求抽取的数量和实际抽取数相同，分别为 9，16，25，50 和 99)，第三列所列为各层抽样单元的比例，各层比例基本围绕 22%上下波动。

表 2-3　第一阶段摘要

		已采样单位数量		已采样单位百分比	
		必需	实际	必需	实际
出口金额分类 =	1	9	9	22.5%	22.5%
	2	16	16	21.6%	21.6%
	3	25	25	21.7%	21.7%
	4	50	50	22.1%	22.1%
	5	99	99	22.0%	22.0%

规划文件: G:\以前文件备份\一般问卷调查法的统计分析方法\第2章 一般问卷调查常用的抽样方法\data02-07.csplan

在数据编辑窗口按【文件→另存为】顺序，弹出【将数据保存为】对话框，在此对话框中，可以选择将抽样结果的数据文件保存下来。注意，文件名不能与现有的文件相同。

总之，在一般问卷调查中，为确定随机抽查的总样本量，需要对有精度要求的每个具体问题，都测算满足精度要求的样本量，实际调查的样本量至少要大于等于测算样本量中的最大值。

思　考　题

1．要对总体具有较好的代表性，样本应满足哪两个必要条件？
2．随机抽样方法主要有哪几种？
3．简述简单随机抽样中样本量的确定方法。
4．简述在给定总样本量的条件下，确定分层样本量的方法。
5．简述在 SPSS 中如何实现分层随机抽样。

第 3 章　在 SPSS 中建立一般问卷调查的数据文件

问卷调查数据的统计分析绝大多数在 SPSS 中进行，因此，当收集完调查问卷后，将这些问卷中的信息整理成 SPSS 中的数据文件，是后续统计分析工作的前提与基础。

3.1　一般调查问卷中常见的题型分类

在一般调查问卷中，常见题项的题型基本可分为以下几种类型。

1. 名义单选题

在列出的多个没有程度、高低之分的选项中，只能选择其中一项。如:

您的性别:（　　）。

A. 男　　　　B. 女

2. 有序单选题

在列出的众多有程度之分的选项中，只能选择其中一项。如：

您每月用在健身方面的开支:（　　）。

A. 50 元以下　　　　B. 大于等于 50 元且小于 100 元

C. 大于等于 100 元且小于 150 元　　　　D. 大于等于 150 元且小于 200 元

E. 200 元及以上

3. 多选题

在列出的多个没有程度、高低之分的选项中，选择其中一项或多项。如：

如果能在大学中继续从事你的运动专项，在下面的选项中，你最想去的是:（　　）。(可多选)

(1)大学高水平运动队　　(2)体育系　　(3)运动系

(4)军警校　　(5)职业学院　　(6)其他

4. 排序题

对列出的多个选项，按被调查者认为的重要性高低顺序排成一个答案数列。如：

对下列品牌牙膏，请根据您喜爱的程度，以序号 1，2，3，4，5，6，7 进行排序。

A. 洁银(　　)　　B. 黄芩(　　)　　C. 中华(　　)　　D. 两面针(　　)

E. 美加净(　　)　　F. 芳草(　　)　　G. 永南双氟(　　)

5. 单空题

一个问题中，只有一个空且需要被调查者根据实际情况进行填写。如:

你的年龄为：________周岁。

6. 多空题

在一个问题中，有多个空需要被调查者根据实际情况进行填写。如：

你的姓名：______、性别：______、年龄：______周岁、参与训练的年龄：______周岁。

7. 多重有序(名义)单选题

由多个有序(名义)单选题组合在一起形成，一般以表格方式给出。如：

请在以下各项上，对自己的水平和能力进行如实评价：(打✓)

	很好	较好	一般	不好	很不好
专业知识水平					
计算机水平					
英语水平					
语言表达能力					
示范能力					
教学训练能力					

3.2 调查问卷中的题型与需要设定变量数之间的关系

为便于在 SPSS 中进行后续的统计分析，原则上，对应于同一个样品的每个变量中只能出现一个观察值。

一般情况下，题型与建立的变量数之间的关系如下：

每个单空题、名义单选题、有序单选题，各建立一个相应的变量即可。

每个多空题、多选题和排序题则需要建立多个变量，建立的变量数应等于题项中对应的填空数或选项数。也就是将一个多空题拆分成对应填空数量的单空题，将一个多选题变成与其题项中选项数相同的具有二分变量(选项只有两个，一般用 1 表示选择、0 表示未选择)的单选题，而将排序题变成与其题项中选项数相同的多个有序单选题。

多重有序(名义)单选题由若干单选题组成，因此，要为它建立多个变量，建立的变量数应等于它可拆分的单选题的数量。

例如，从北京市体校学生调查问卷中抽取如下部分题项。

编号：(被调查者不用填写此项)

姓名：________、性别：________、年龄：________周岁、参与训练的年龄：________周岁。

问题 1. 请在下面的选项中选择你所在的学校：________。

(1)一体校　(2)二体校　(3)三体校　(4)首体院　(5)五体校

问题 2. 你的运动等级：________。

(1)国家健将　(2)国家一级　(3)国家二级　(4)国家三级　(5)无级

问题 3. 请在下列选项中选择你毕业时的意向：________。(可多选)

(1)进专业队　(2)升学　(3)就业　(4)其他

问题 4. 对以下影响运动成绩的因素，按你认为的重要性大小进行排序：________。

(1)运动强度　(2)运动量　(3)运动持续时间

问题 5. 如果能在大学中继续从事你的运动专项，在下面的选项中，你最想去的地方是________。(可多选)

(1)大学高水平运动队　(2)体育系　(3)运动系
(4)军警校　(5)职业学院　(6)其他

问题 6. 如果有以下单位供你毕业后选择，你想去的单位是________。(答案可多选)

(1)中学　(2)小学　(3)业余体校　(4)机关学校
(5)体育场馆　(6)企业工会　(7)国家机关　(8)其他选择

问题 7. 请在以下各项上，对自己的水平和能力进行如实评价：(打✓)

	很好	较好	一般	不好	很不好
专业知识水平					
计算机水平					
英语水平					
语言表达能力					
示范能力					
教学训练能力					

问题 8. 你家兄弟姐妹的人数：________。

那么，在为它建立数据文件时，至少应建立 35 个变量，具体见表 3-1。

表 3-1　每题所建变量数对应表

	被调查者基本情况	问题 1	问题 2	问题 3	问题 4	问题 5	问题 6	问题 7	问题 8
建立变量数	5	1	1	4	3	6	8	6	1
合计	35								

3.3　在 SPSS 中建立数据文件时的注意事项

在 SPSS 中建立数据文件时，为能记住数据文件中的内容，以及在输出统计分析结果中明确分析的是什么变量的结果，应该为变量命名，并定义其属性。

在运行 SPSS 后，单击最下面的【变量视图】按钮，展开如图 3-1 所示的【变量视图】窗口。

图 3-1　【变量视图】窗口

在定义变量属性时，一般要重点关注名称、类型、标签、值、度量标准(测度类型)等项的定义。

1. 在【名称】下面定义变量名

变量命名时，须遵守变量命名的原则，即首字符必须是字母或汉字，#或$不能作为首字符；变量名不能用圆点结束，也要避免用下画线结束；变量名最多 64 个字符；不能使用空格和特殊字符(如，？、'、！和*)；每个变量名必须唯一，不能重复；SPSS 中的保留字 ALL、

AND、BY、EQ、GE、GT、LE、LT、NE、NOT、OR、TO、WITH 不能当变量名使用；变量名可以用大小写混合的字母定义，但系统不区分大小写。

我们可以用汉字、字母及加数字的方式来对变量进行命名，但变量名称不宜过长。为输出统计表美观考虑，建议变量名称不超过 12 个字符，也就是 6 个汉字的长度。

因此，变量名称应尽量简洁、明了，要尽量使用专业术语来表示变量，让人一目了然地理解所要表达的含义。

对于无法在 6 个汉字的长度内命名的变量，也可用定性描述其测试属性的前几个汉字的汉语拼音的首字母来命名，而该变量定义的详细描述可以录入其标签。

此外，对于不好用上述两种方法进行命名的变量，也可用其题项号来命名，一般用 Q(Question 的首字母)后接题号的方式表示，例如，第 4 题可用 Q4 表示变量名，第 10 题可用 Q10 表示变量名，等等。大题中的小题，可在大题命名的基础上加“.小题号”表示其变量名，如 15 题 2 小题，可用 Q15.2 表示变量名。

2. 在【类型】下面定义变量类型

单击【类型】下面的单元格，出现如图 3-2 所示的变量类型定义按钮，单击按钮，则弹出如图 3-3 所示的【变量类型】选项卡。

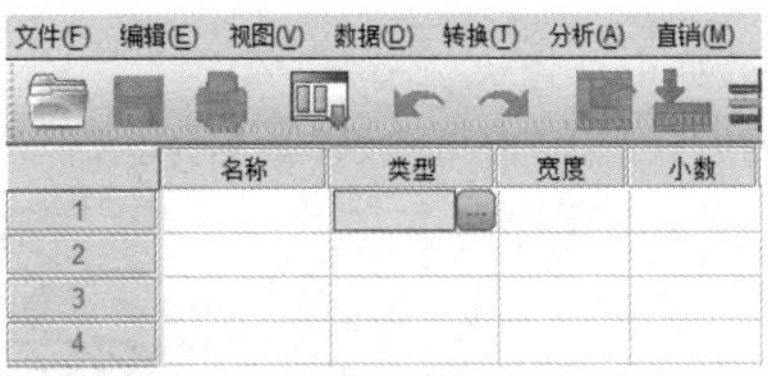

图 3-2　变量类型定义按钮

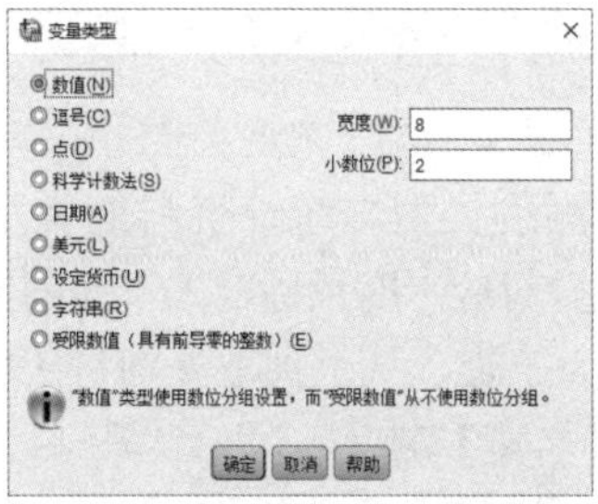

图 3-3　【变量类型】选项卡

一般而言，除调查问卷中用来核对的编号、姓名等将来在统计分析中不会使用的变量，须定义为字符串外，其他变量都可定义为数值型。

3. 定义标签

如果变量名称可以明确地表述题项的内容，如性别、姓名等，则不需要在变量标签中输入任何文字信息。

变量标签是用来说明变量名称的含义的。在变量名称不能清晰表达其含义时，可单击该行对应标签列的单元格，输入对变量名称的说明，标签中可输入的最大字符数为 255 个。变量标签不是越长越好，而是在注解清楚的前提下，越短越好。

4. 定义值(标签)

对于要从两个或两个以上选项中多选一或多选多的题型，应定义该变量的值标签。

单击要定义值标签的单元格右侧的按钮，弹出如图 3-4 所示的【值标签】对话框，可以对数值的实际含义进行定义。

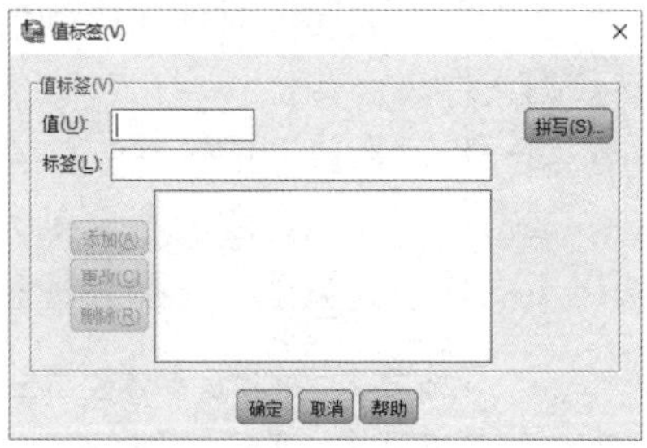

图 3-4　【值标签】对话框

例如，“性别”变量为 1 表示女，为 0 表示男，则可以操作如下：

在【值】框中输入“1”，在【标签】框中输入“女”，单击【添加】按钮，则在最下面的框中加入如图 3-5 所示的一个值标签。再在【值】框中输入“0”，在【标签】框中输入“男”，单击【添加】按钮，则在最下面的框中加入如图 3-6 所示的两个值标签。性别只有“男”“女”两个选项，因此，单击【确定】按钮，就可完成对“性别”变量的值标签定义。

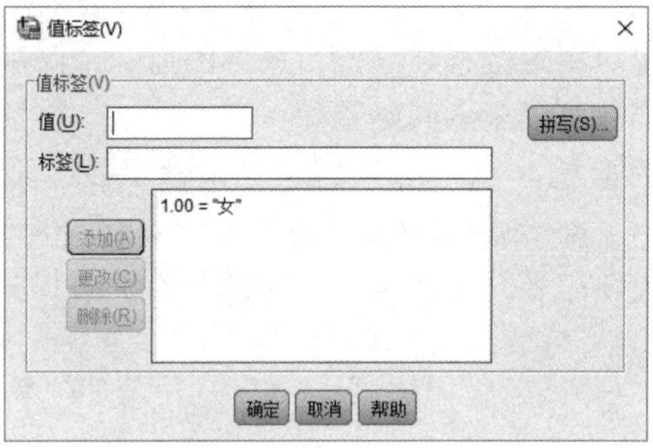

图 3-5　用数值 1 定义女性

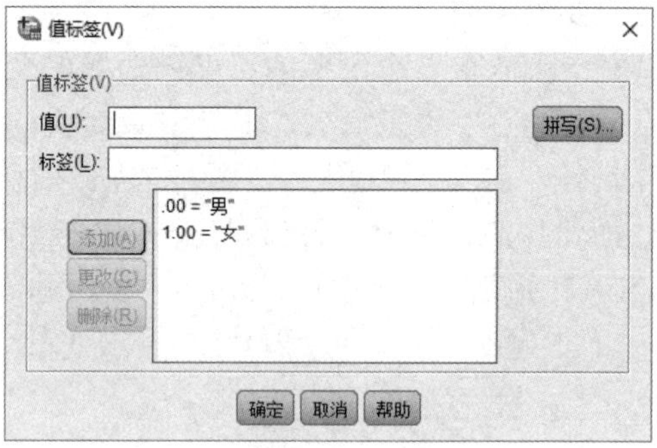

图 3-6　用数值 0、1 定义男性、女性

如果变量中的选项有多个，则可重复上述过程，将所有选项用不同值来定义。

5. 定义度量标准(测度类型)

变量的测度类型与统计资料的类型有关，也与统计分析的方法有关。

单击变量对应“度量标准”下面的单元格，弹出下拉菜单，见图 3-7。在 SPSS 中，将变量的测度类型分为三类，从上到下分别是【度量】(尺度)测度、【序号】(定序)测度和【名义】测度。

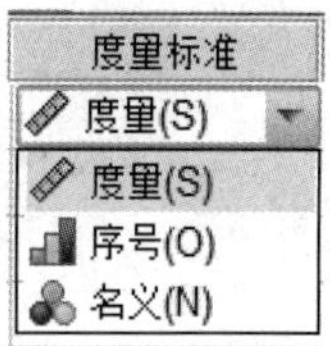

图 3-7　定义度量标准

一般地，在年龄、工资、消费支出等单空题中，命名的变量用以存放定量数据，则其变量测度类型应定义为度量(尺度)测度；而名义单选题对应的变量中存放名义数据，所以其测度类型应定义为名义测度；在有序单选题对应的变量名中存放有程度高低之分的有序数据，所以其测度类型应定义为序号(定序)测度。

3.4　在 SPSS 中建立数据文件的实例

基于以上说明，对前面提到的北京市体校学生调查问卷中抽取的部分题项在 SPSS 中建立数据文件。

第一步，在打开的 SPSS 变量视图窗口中，逐一定义问卷中各题对应的变量。

根据资料类型、题型和变量命名的原则，对该问卷所列的题项定义了以下对应的变量，给出了变量名、类型、变量名标签、值标签及其测度类型，见表 3-2。

表 3-2　对北京市体校学生调查问卷中抽取的部分题项建立数据文件时的变量定义

序号	变量名	类型	变量名标签	值标签	测度类型
1	编号	字符型	—	—	名义
2	姓名	字符型	—	—	名义

续表

序号	变量名	类型	变量名标签	值标签	测度类型
3	性别	数值型	—	1=男，0=女	名义
4	年龄	数值型	—	—	尺度
5	参训年龄	数值型	—	—	尺度
6	所在学校	数值型	—	1=一体校，2=二体校，3=三体校，4=首体院，5=五体校	名义
7	运动等级	数值型	—	1=国家健将，2=国家一级，3=国家二级，4=国家三级，5=无级	有序
8	进专业队	数值型	—	1=选择，0=未选	名义
9	升学	数值型	—	1=选择，0=未选	名义
10	就业	数值型	—	1=选择，0=未选	名义
11	其他	数值型	—	1=选择，0=未选	名义
12	运动强度	数值型	—	1=第一重要，2=第二重要，3=第三重要	有序
13	运动量	数值型	—	1=第一重要，2=第二重要，3=第三重要	有序
14	运动持续时间	数值型	—	1=第一重要，2=第二重要，3=第三重要	有序
15	Q5.1	数值型	上大学高水平运动队	1=是，0=不是	名义
16	Q5.2	数值型	上体育系	1=是，0=不是	名义
17	Q5.3	数值型	上运动系	1=是，0=不是	名义
18	Q5.4	数值型	上军警校	1=是，0=不是	名义
19	Q5.5	数值型	上职业学院	1=是，0=不是	名义
20	Q5.6	数值型	其他	1=是，0=不是	名义
21	Q6.1	数值型	中学	1=是，0=不是	名义
22	Q6.2	数值型	小学	1=是，0=不是	名义
23	Q6.3	数值型	业余体校	1=是，0=不是	名义
24	Q6.4	数值型	机关学校	1=是，0=不是	名义
25	Q6.5	数值型	体育场馆	1=是，0=不是	名义
26	Q6.6	数值型	企业工会	1=是，0=不是	名义
27	Q6.7	数值型	国家机关	1=是，0=不是	名义
28	Q6.8	数值型	其他选择	1=是，0=不是	名义
29	专业知识	数值型	专业知识水平	1=很好，2=较好，3=一般，4=不好，5=很不好	有序
30	计算机	数值型	计算机水平	1=很好，2=较好，3=一般，4=不好，5=很不好	有序
31	英语水平	数值型	—	1=很好，2=较好，3=一般，4=不好，5=很不好	有序
32	语言表达能力	数值型	—	1=很好，2=较好，3=一般，4=不好，5=很不好	有序
33	示范能力	数值型	—	1=很好，2=较好，3=一般，4=不好，5=很不好	有序
34	教学训练能力	数值型	—	1=很好，2=较好，3=一般，4=不好，5=很不好	有序
35	兄妹人数	数值型	—		尺度

第二步，逐份录入问卷调查中收集的数据资料。

在录入问卷调查得到的大量资料信息时，为便于后续的审核工作，首先要给回收来的调查问卷编号，此编号应与数据文件的“编号”变量中的数字相同。

虽然在数据编辑窗口中有行号存在，它是数据文件中的样品号，但不可用样品号来代替编号。原因很简单，当我们对数据文件的某个变量进行排序处理后，数据文件中的样品顺序就会发生改变，而数据编辑窗口显示区边框上的样品号是不变的。这就是单设一个变量编号的原因。

录入姓名不单是为了审核录入数据资料的正确性，在做样品聚类分析时，还能快速知道哪些被调查者被聚到一起。如果不做样品聚类分析，在数据文件资料审核通过后，也可以删除该变量。

在录入问卷调查的资料信息时，不要将已习惯的录入单变量的工作经验移植到相关多变量的工作中来。SPSS 数据编辑窗口中的每行，对应一个样品、一个被调查者和一份调查问卷，所以，一份调查问卷中的数据应录入同一行相应变量对应列的单元格中，不能错行、错列。

当在已建立变量名的单元格中，录入调查问卷中的数据信息后，便得到了 SPSS 的数据文件。

第三步，保存数据文件。

建立在 SPSS 数据编辑窗口中的数据文件，如果不保存，退出 SPSS 后就会丢失。因此，在 SPSS 数据编辑窗口中建立的临时数据文件，应按【文件→保存】顺序，在【保存文件】对话框中，选择存放路径，取好文件名，单击【保存】按钮，保存为 SPSS 数据文件。SPSS 数据文件的扩展名为*.sav。

由本例建成的数据文件存放在文件 data03-01.sav 中。

现在我们已经知道，数据文件是由变量名、样品号和变量值组成的。在 SPSS 中，已经建成的数据文件是可以修改的，但这主要是指对变量值的修改。如果修改变量的类型，就可能会导致原先定义的某些信息丢失。譬如，将数值型的名义测度变量更改成字符型的名义测度变量，则原定义的值标签内容丢失。

因此，在实际调查问卷数据较多的情况下，通常由多人同时进行录入工作，这就要养成好习惯，即在录入数据之前，建立起统一、规范的数据文件格式，这样可以避免不必要的返工，而做到这一步的关键是，理清调查问卷中的题型与所建变量数之间的关系。

思 考 题

1．一般问卷调查中有哪些常见的题型？

2．简述问卷中的题型与 SPSS 中需要设定变量数量之间的关系。

3．以问卷调查中的性别题型为例，试述将其在 SPSS 中建成一个变量的完整过程。

第4章 一般调查问卷的信度分析方法

4.1 信度的概念

信度也是一个测量学概念，指测量的可信程度。它是一个关于测量可靠性的测度值。在测量学中，定义信度为一组测量值的真变异数与总变异数(实得变异数)的比率，即

$$r_{xx} = \frac{S_r^2}{S_x^2}$$

式中，r_{xx}为信度系数；S_r为真变异数；S_x为总变异数。

在实际测量中，由于真值未知，所以不能由上式直接求出信度系数，而只能根据一组实测值来估计。

在量表、试卷类的问卷调查中，信度通常指采用同样的方法对同一被调查者重复测量时所得结果的一致程度。一个好的测量工具，在对同一事物的反复多次测量中，其结果应该始终保持不变，这才最可信。

测量得到的值与其真值之间并不一定相等，因为在测量过程中，测量值会受到随机因素和测量的系统因素的影响，从而在实际测量值中，可能包含随机误差或系统误差。一般认为，系统误差产生恒定效应，因而不会影响信度。信度只受随机误差影响，随机误差越大，测量的信度越低。因此，信度也可视为测量结果受随机误差影响的程度。

信度与第 1 章中提到的效度不是等价的概念。信度高不等于效度高，但信度不高时，效度也不会太高。

在心理学研究中，经常用到量表(Scale)。量表是一把测量被调查者某种心理特征的准尺。它是一个具有单位和参照点的连续体，当我们将被测量的事物置于该参照点的连续体中，看它离开参照点有多少个单位的计数时，便得到一个测量值。这种连续体就称为量表。量表一般由一套测验的题项构成，其中每个测验的题项都符合标准化要求，具有一定的分值。

量表、测验性调查问卷常用于对被调查者进行客观性的评定研究中，因而信度分析多用于对量表、测验性调查问卷的可靠性分析。

4.2 在 SPSS 中常用的几种信度分析方法

由于我们是在 SPSS 中对调查问卷进行可靠性分析的，故这里仅对在 SPSS 中出现的信度估计方法进行介绍。

SPSS 中大多数有关问卷调查的可靠性分析方法出现在【分析】主菜单的【度量】子菜单的【可靠性分析】过程中，见图 4-1。还有一些可靠性分析的方法分散在其他子菜单中，将在后面的实例分析中单独提及。

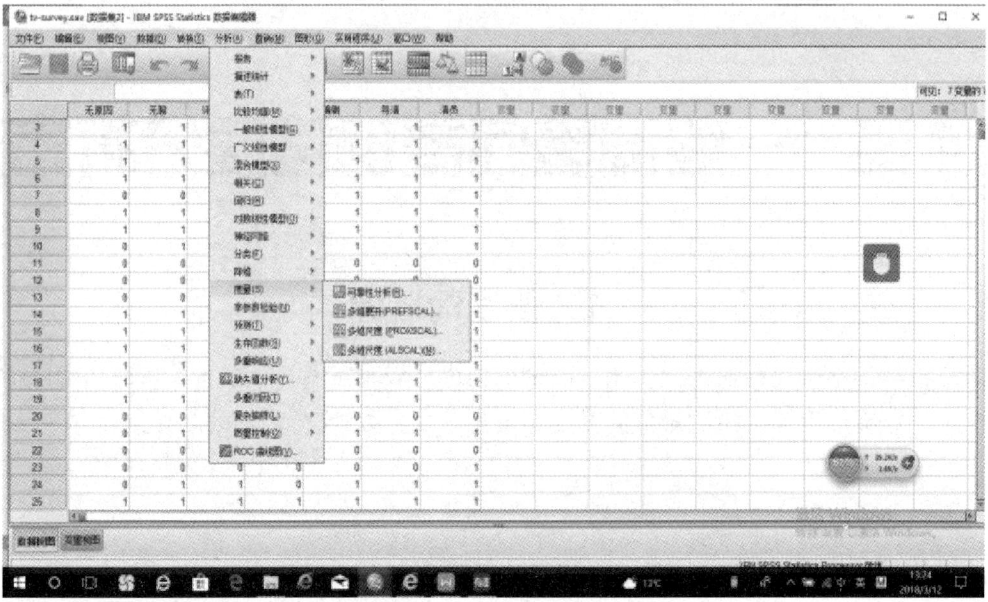

图 4-1 【可靠性分析】过程

在 SPSS 的可靠性分析过程中，假定调查得到的观察值是相互独立的，在各项目(在一般调查问卷中称为题项，在量表或试卷中称为题目，在 SPSS 中称为项目)之间的误差是互不相关的。并且量表是可加性的，各项目得分相加等于总分数，各项目与总分数之间是线性相关的。

在满足上述假定的前提下，只要变量的类型为数值型的，那么无论是 0、1 表示的二分变量，还是在 1～5 分之间取值(或取值范围更广)的有序变量和尺度变量，都可在 SPSS 中计算得到可靠性的分析结果，但这并不能保证分析结果就是正确的，要根据各种方法的使用条件，选择相应的分析方法。

4.2.1 克隆巴赫 α 信度系数

克隆巴赫 α 信度系数是一个可靠性测度值，也是目前最常用的信度系数。确切地说，α 信度系数是调查的真正可靠性的下限。数学上，可靠性定义为由不同被调查者导致的调查问卷中应答变异的比例，即，由于被调查者有不同的看法，而不是调查问卷的问题有迷惑性或有多种解释，即便是可靠的问卷调查，其结果依然是会有差异的。

克隆巴赫 α 信度系数的计算基于问卷调查中题项的数量(k)和项目之间协方差的均值与项目方差均值之比$(\overline{\text{cov}}/\overline{\text{var}})$。

1. 克隆巴赫 α 信度系数公式

$$\alpha = \frac{k(\overline{\text{cov}}/\overline{\text{var}})}{1+(k-1)(\overline{\text{cov}}/\overline{\text{var}})}$$

在假定项目方差相等的前提下，该比率就简化为项目间相关系数的均值($\overline{r}$)，这个结果就称为标准项目 α 信度系数(或 Spearman-Brown 加强型的可靠性系数)。

$$\alpha = \frac{k\overline{r}}{1+(k-1)\overline{r}}$$

2. α 信度系数的解释

α 信度系数指用问卷量表测试某一特性所得分数的变异中，由真分数所决定的比例，以此反映量表受随机误差影响的程度，即测试的可靠程度。例如，$\alpha = 0.80$ 时，可以说测试所得分数的 80%的变异来自真分数，仅有 20%的变异来自随机误差。

α 信度系数也可视为相关系数，在 0～1 之间取值。

当用 α 信度系数来估计量表的信度时，应想到 α 信度系数与量表题目数量是相关的，量表题目数量越多，计算得到的 α 信度系数值越大。因此，判断量表信度时，要以量表题目数量为基础，来判断克隆巴赫 α 系数是否达到了可接受的可靠性水平。

信度系数是衡量一般问卷调查、量表、测验可靠性的一个重要技术指标，如果一般问卷调查、量表、测验的信度系数在 0.9 以上，说明其信度很好；如果信度系数在 0.8 以上，可以接受；如果信度系数在 0.7 以上，那么该量表、试题应进行较大修订；如果信度系数低于 0.7，则该量表需要重新设计。

4.2.2 分半信度

在理想状态下，对问卷调查进行可靠性分析时，为了获得一个可靠性的良好估计，我们希望对同一组人进行两次相同的问卷调查，然后求两次结果之间的关联，但这通常是不切实际的，由于被调查者可能不愿意或无法再次接受问卷调查，故在第二个应答结果中可能会出现偏差。

一种解决方案是前面提到的计算克隆巴赫 α 信度系数；另一种解决方案是将题项拆分到两个组，然后对这两个组进行比较，如同用同样问卷的机构分别进行两次调查一样，称这种分析方法为分半信度估计法。可以根据每个被调查者在这两半题项上的分数，计算其相关系数并作为信度指标，计算公式为

$$r_{xx} = \frac{2r_{hh}}{1 + r_{hh}}$$

式中，r_{hh} 为两半题项分数的相关系数；r_{xx} 为整个题项的信度估计值。

如果问卷调查中的题项数量较少，如少于 10 个，那么最好不要用这种方法来估计信度。另外，分半法要求两半题项的分数具有相同的均值及标准差，当其不能满足时，要改用下面两个校正公式来估计信度。

① 弗朗那根公式：

$$r = 2\left(1 - \frac{S_a^2 + S_b^2}{S_x^2}\right)$$

式中，S_a^2 和 S_b^2 分别为两半题项分数的方差；S_x^2 为所有题项总分的方差；r 为信度值。

② 卢伦公式：

$$r = 1 - \frac{S_d^2}{S_x^2}$$

式中，S_d^2 为两半题项分数之差的方差；S_x^2 为所有题项总分数的方差；r 为信度值。

4.2.3 库德-理查逊(Cuttman)公式

如果一份调查问卷全由二值记分(0，1 方式记分)的题项组成，那么 α 信度系数公式中每个题项上分数的方差就等于该题项上通过率 p 与未通过率 q 的乘积，库德-理查逊的信度计算公式为

$$r_{kk}=\frac{k}{k-1}\left(1-\frac{\sum_{i=1}^{N}p_iq_i}{S_x^2}\right)$$

式中，r_{kk} 为信度值；N 为题项数；k 为构成问卷调查的题项数；p_i 为通过第 i 题项的人数比；q_i 为未通过第 i 题项的人数比；S_x^2 为问卷题项总分的方差。

4.2.4 平行测验的信度估计

信度，也可定义为两平行调查问卷、量表或测验上观察分数间的相关程度，即用一个平行调查问卷、量表或测验上某被调查者的观察分数，去正确推论另一平行测验上该被调查者观察分数的能力，用该能力值来定义调查问卷、量表或测验的信度。平行测验信度估计的基本条件是方差齐性，有时还要求两组的均数相等。

4.3 调查问卷信度的实例分析

例 4.1 电视连续剧频道的主管非常关注节目的收视率，由于随着电视剧知名度的提高，演员、导演需要的演出费、导演费也水涨船高，所以希望对运行时间较长、很受观众喜爱的电视连续剧的未来运作进行评估，了解观众对其后续剧的想法，以便对是否继续投资做出决策。他们对随机抽取的电视观众进行了问卷调查，共收回 906 份有效问卷，从众多影响该电视剧未来收视率的因素中，抽查了 7 个方面。问题如下：

你在下一年度继续看该电视连续剧的原因是(可多选)：

(1)任何原因　(2)在该时段无其他流行节目　(3)评论家仍给该剧好评

(4)其他人还在看该剧　(5)仍是原编剧　(6)仍是原导演　(7)仍是原先的演员

这是个多选题，有 7 个选项，因此建立 7 个由选项一一对应的 7 个变量，每个变量为数值二分变量，用编码 1 表示应答“是”，用编码 0 表示应答“不是”。整理好的 906 份调查问卷中的数据存放在 data04-01.sav 数据文件中。下面使用可靠性分析来确定问卷调查设计者在构造测定人们观点的题项方面的有效程度。

在 SPSS 中进行可靠性分析的步骤如下：

按【分析→度量→可靠性分析】顺序，打开【可靠性分析】对话框，见图 4-2。

从源变量框中选择所有变量，将其移入【项目】框。

单击【统计量】按钮，在弹出的如图 4-3 所示的【可靠性分析：统计量】对话框中，在【描述性】框中选择【项】，在【项之间】框中选择【相关性】。

单击【继续】按钮，返回【可靠性分析】对话框，单击【确定】按钮运行，则在输出窗口中得到如表 4-1、表 4-2 和表 4-3 所示的结果。

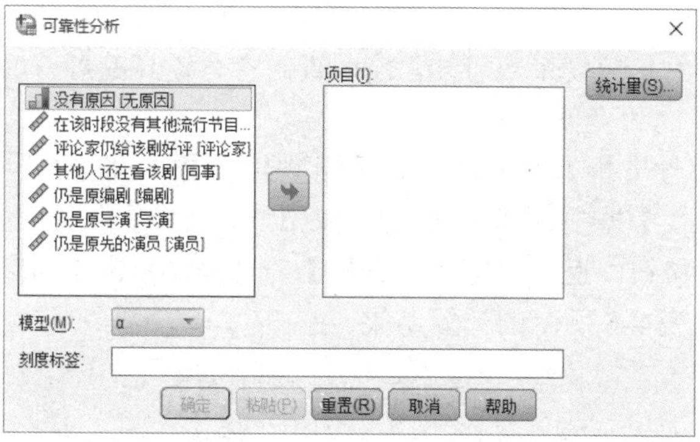

图 4-2 【可靠性分析】对话框

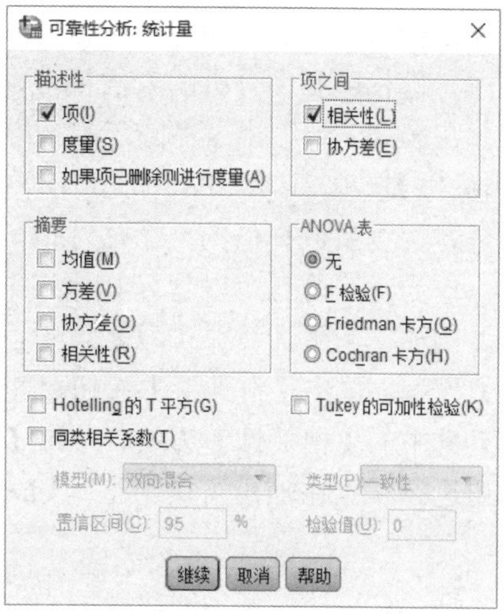

图 4-3 【可靠性分析：统计量】对话框

表 4-1 项统计量表

	均值	标准偏差	N
任何原因	.49	.500	906
在该时段无其他流行节目	.50	.500	906
评论家仍给该剧好评	.50	.500	906
其他人还在看该剧	.53	.499	906
仍是原编剧	.81	.389	906
仍是原导演	.83	.378	906
仍是原先的演员	.89	.315	906

表 4-2 项之间的相关系数矩阵表

	任何原因	在该时段无其他流行节目	评论家仍给该剧好评	其他人还在看该剧	仍是原编剧	仍是原导演	仍是原先的演员
任何原因	1.000	.815	.813	.782	.408	.421	.303
在该时段无其他流行节目	.815	1.000	.826	.807	.422	.423	.307
评论家仍给该剧好评	.813	.826	1.000	.804	.458	.453	.336
其他人还在看该剧	.782	.807	.804	1.000	.443	.460	.340
仍是原编剧	.408	.422	.458	.443	1.000	.632	.625
仍是原导演	.421	.423	.453	.460	.632	1.000	.600
仍是原先的演员	.303	.307	.336	.340	.625	.600	1.000

表 4-3 可靠性统计量表

Cronbach's Alpha	基于标准化项的 Cronbachs Alpha	项数
.898	.894	7

项统计量表 4-1 似乎预示着有 3 个被调查者群：

- 在满足前 4 个条件下将会看该剧的观众，大约占被调查者的 50%；
- 只要该剧的编剧、导演、演员等无多大变化将会看该剧的观众，大约占被调查者的 30%～40%；
- 在非常多的条件限制下或无任何条件限制下将会看该剧的观众，大约占被调查者的 10%～20%。

使用频数分析过程可以得到更加详细的摘要，但这可能会产生误导。不能从上面简单的汇总表中得到观众将看该剧的肯定性结论，因为坐在办公室里谈论该剧的评论家，与将看该剧者有部分重合。可以通过观察项目间的相关性(见表 4-2)来加深对这种情况的了解。

前 4 项的应答是高度相关的，这再次确认了之前的猜测，即在前 4 种情况之一下将看该剧的观众，在其他情况下也倾向于看该剧。此外，前 4 项两两之间，以及后 3 项两两之间正相关，这是预料之中的。

如果演员、编剧、导演的水准保持在制作该剧最初阶段的水平，那么出于无聊的原因愿意看该剧的观众，有可能在下一年还看该剧的续集。另一方面，仅仅因为无聊，现在不看该剧的观众，在下一年也不太可能看该剧的续集。

尽管从相关系数矩阵表中可以看到很多信息，但你真正想要知道的是调查的可靠性究竟怎样。进行可靠性分析的方法很多，最常用的是用克隆巴赫 α 信度系数值进行分析。

在表 4-3 中给出了克隆巴赫 α 信度系数。注意，在图 4-3 中，只要选定【项之间】框的【相关性】选项，那么 SPSS 将会计算标准化项的 α 信度系数，这些项的 α 信度系数值为 0.898，它是 α 信度系数真值的一个估计值。**结论：**由 α 信度系数可知，该调查问卷有较高的可信度。

作为对比，还可以计算其他几个可靠性的测度值。

例如，为了计算分半系数，返回【可靠性分析】对话框。在【模型】选项中，选择【半分】模型，单击【统计量】按钮，在【描述性】框中选择【度量】，取消选择【项】和【相关性】框中的【相关性】选项。单击【继续】按钮，返回【可靠性分析】对话框，单击【确定】按钮运行，则在输出窗口中得到如表 4-4 和表 4-5 所示的计算结果。

表 4-4　标度统计量

	均值	方差	标准偏差	项数
部分 1	2.02	3.424	1.850	4[a]
部分 2	2.53	.875	.935	3[b]
两部分	4.55	6.040	2.458	7

a. 这些项为: 任何原因, 在该时段无其他流行节目, 评论家仍给该剧好评, 其他人还在看该剧.

b. 这些项为: 仍是原编剧, 仍是原导演, 仍是原先的演员.

表 4-5　可靠性统计量表

Cronbach's Alpha	部分 1	值	.944
		项数	4[a]
	部分 2	值	.826
		项数	3[b]
	总项数		7
表格之间的相关性			.503
Spearman-Brown 系数	等长		.669
	不等长		.673
Guttman Split-Half 系数			.577

a. 这些项为: 任何原因, 在该时段无其他流行节目, 评论家仍给该剧好评, 其他人还在看该剧.

b. 这些项为: 其他人还在看该剧, 仍是原编剧, 仍是原导演, 仍是原先的演员.

由于题项的录入是有顺序的，所以程序会自动拆分题项，使得前 4 项在一部分，后 3 项在另一部分。

由表 4-4 可见，两部分均值不等，方差也相差较大。

由表 4-5 可见，所分两部分的克隆巴赫 α 信度系数值都较大，分别为 0.944 和 0.826。

两部分的题项之间的等长 Spearman-Brown 系数是使用标准化题项 α 信度系数公式计算得到的，“表格之间的相关性”对应的值为相关系数。

Guttman Split-Half 系数是用适用于两项的克隆巴赫 α 信度系数公式，在插入两组题项得分总和之间的协方差以及各组方差总和的均值后，计算得到的。

注意：对题项不同的拆分方法会产生不同的可靠性系数的估计。拆分后，能使各组内的题项间高度相关，而组间的题项间不相关，则分半系数接近最低值。当高度相关的题项配对并分到两个独立的组中时，分半系数接近最高值。

表 4-6　可靠性统计量表

Lambda	1	.769
	2	.915
	3	.898
	4	.577
	5	.894
	6	.927
项数		7

为了计算 Guttman 下限，重新回到【可靠性分析】对话框。在【模型】选项中，选择【Guttman】模型，单击【确定】按钮运行，则在输出窗口中得到如表 4-6 所示的计算结果。

Guttman 给出了 6 个可靠性测度值（L_1~L_6），都是问卷调查的真实可靠性的下限。L_1 是简单估计值，是计算其他下限的基础。

从值越大越好的角度而言，L_3 比 L_1 好，并且它与克隆巴赫 α 信度系数是等价的；而 L_2 比

L_1 和 L_3 都好，而且计算更为复杂(由于计算机技术的发展，目前其使用已无障碍)。

当考虑协方差的影响时，L_6 比 L_2 好，且它与每个题项之间的协方差都不大。

测验中可能会出现这样的情况——每个题项都属于不同知识领域的一个方面，那么需要增加一个用那些知识领域的任何一方面知识都可以回答的问题。

当题项之间的相关系数比该题项与其余题项回归时得到的复相关系数的平方值低时，L_5 比 L_2 更好。例如，一个涵盖不同知识面并且每个题项涵盖其中一小部分知识面的测验，大多数成对题项的知识面是不重叠的，但单个题项的知识面可以很好地代表给定测试中其他所有题项的知识面。

L_4 是 Guttman Split-half 系数，它还是适用于任何测试拆分的真实可靠性的下限。因此，Guttman 建议找出拆分最大值的 L_4，用它与其他下限相比较，选择最大的。

为了计算平行模型，重新回到【可靠性分析】对话框。在【模型】选项中，选择【平行】模型，单击【确定】按钮运行，则在输出窗口中得到如表 4-7 和表 4-8 所示的输出结果。

表 4-7　模型拟合优度检验

卡方	值	1968.281
	df	26
	Sig	.000
行列式的对数	无约束矩阵	-16.885
	约束矩阵	-14.704

在平行模型假设下

表 4-8　可靠性统计量表

公共方差	.199
真实方差	.111
误差方差	.088
公共项间的相关性	.556
刻度的可靠性	.898
刻度的可靠性（无偏）	.898

平行模型和严格平行模型是允许为等均值和方差做统计检验的模型。严格平行模型假定真实的题项得分具有相同的均值和方差，平行模型只假定它们有相同的方差而不必有相同的均值。注意，在其他场合，严格平行模型通常被简单地看作平行模型，并且不探讨平行模型。

如果检验的显著性水平值大于 0.05，表明没有明显的统计学理由去拒绝该假设。从表 4-7 中可见，平行模型的显著性值小于 0.0001，远小于 0.05 的分界值，因此，必须拒绝平行模型的假设。

注意，平行模型的可靠性估计值等于克隆巴赫 α 信度系数(严格平行模型的估计也是建立在计算克隆巴赫 α 信度系数基础上的，但题项均值应相等)。

由于已经拒绝平行模型，出于模型被嵌套的原因，严格平行模型也将被拒绝，即平行模型的假定是严格平行模型假定的一个子集。

实际上，能够满足平行模型和严格平行要求的数据集很少，但由于这些模型提供了之前的模型中难以得到的方差估计，所以仍值得考虑。

例 4.2　对于国际评分性项目的比赛，媒体对裁判评分的公平性一直是有争议的。国际奥委会(IOC)为回应媒体评论，要检验通过 IOC 大纲培训过的裁判给出的评分是不是“可靠的”；即由两个裁判给出的精确得分可以不同，但比赛中有优异表演的运动员要比普通表演的运动员得分高，且表演普通的运动员比表演差的运动员得分高。为此，IOC 选定体操项目，为评定体操国际裁判的评分水平，从注册的体操国际裁判池中随机抽取 7 名裁判，以及随机确定的一名体操爱好者，向他们发放 300 名体操运动员的比赛录像资料，要求他们根据运动员出场的先后次序，依次在问卷中填写评分，整理后的数据存放在文件 data04-02.sav 中。现使用可靠性分析过程来检验裁判评分之间水平的一致性。

题析：关于本类型题的分析方法，有多种选择，可以使用组内相关系数检验。组内相关系数检验是一个方差分析类型的模型，这里裁判的评分可看成响应。如何选择一个适当的模型？需要进行一些思考。

首先，必须考虑方差的来源。评分方差的一个来源是运动员的比赛表演，假定它是来自表演池中的一个随机样本；另一个来源是裁判，假定它是来自裁判池中的一个随机样本。这样，应使用双因素随机效应模型。如果这个裁判集在某种程度上是唯一的，且不能视为裁判池中的一部分，那么应使用双因素混合效应模型。如果不知道哪个得分是由哪位裁判给出的，那么就只能使用单因素随机效应模型。

其次，可简单地假设裁判使用相似的评分方法，这样将会检查一致性，而非绝对一致性。如果 IOC 规则是严格的，并且相同(而非相似)评分方法对于成功训练而言是必不可少的，则可考虑含有绝对一致评价的双因素随机模型。

以下使用可靠性分析过程来做裁判评分水平的一致性检验。

按【分析→度量→可靠性分析】顺序，打开【可靠性分析】对话框。在左侧源变量框中选择所有的变量，将其移入右侧的【项目】框，作为分析变量。

单击【统计量】按钮，在【描述性】框中选择【项】。选中【同类相关系数】选项，并选择被激活的【双向随机(双因素随机模型)】选项，作为分析模型。

单击【继续】按钮，返回【可靠性分析】对话框，单击【确定】按钮运行，则在输出窗口中得到如表 4-9 和表 4-10 所示的计算结果。

表 4-9　项统计量表

	均值	标准偏差	N
意大利	8.4857	.87867	300
韩国	8.8953	.86534	300
罗马尼亚	8.1063	.84560	300
法国	8.9553	.71206	300
中国	8.0387	.69246	300
美国	8.8367	.99648	300
俄罗斯	8.1533	.99411	300
爱好者	8.5050	1.00803	300

表 4-10　类内相关系数表

	类内相关性[b]	95% 置信区间		使用真值 0 的 F 检验			
		下限	上限	值	df1	df2	Sig
单个测量	.805[a]	.777	.832	34.121	299	2093	.000
平均测量	.971	.965	.975	34.121	299	2093	.000

双向随机效应模型，其中，人员影响和测量影响都是随机的。

a. 无论是否存在交互效果，估计器都相同。

b. C 型类内相关系数使用一致性定义 — 从分母方差中排除之间测量方差。

简单看一下表 4-9 中对单个裁判的摘要统计，它显示出有关裁判的一些有趣信息。罗马尼亚、中国和俄罗斯裁判打的平均分较低，表示他们评分时比其他裁判更严格；韩国、法国和美国裁判打的平均分较高，表示他们评分时比较宽松；意大利裁判给出的平均分处在中间位置。

此外，法国、中国裁判评分的标准差较小，表示他们在表演质量的评分尺度上比其他裁判掌握得更好，偏差较小。美国和俄罗斯裁判评分的标准差较大，说明他们评分时在给分的范围方面自由度较大。对于一个大的失误或异常跳跃的动作，在法国裁判的评分中可以引起 0.2 或 0.3 分的变化。不管怎样，当裁判采用的评分方法不同时，从单独的汇总表中难以窥其全貌。尽管裁判 4 和裁判 5 的评分模式相似，但对同样的比赛表演，裁判 4 和裁判 5 给出相差很大的分值，也是有可能的，这可以通过类内相关系数加以检验。美国裁判的评分要比其他裁判平均多出 0.3 或 0.4 分。

表 4-10 中，$P = 0.000$，表明模型是显著的，7 位 IOC 培训过的裁判评分的平均值(或总分)(95%的置信区间为 0.965～0.975)是高度有效的，可以认为，尽管他们评分的值有差异，但在区分不同比赛运动员的表演水平方面，培训裁判的过程是成功的。

如果只用一名裁判，也会得到单个测量类内相关系数，它是可靠性的测度值。一般而言，它会低于几名裁判的评分均值或评分总和中得到的期望值的可靠性。

基于混合和随机 ICC 模型得到的可靠性估计在数值上是相同的，主要区别在于解释。使用混合效应模型的分析结果不能推广到其他裁判。同样，根据混合模型提供的类内相关系数均值，必须假定不存在裁判与运动员之间的交互作用；也就是说，裁判不会对自己国民的表演给出相对较高的评分，而且裁判也不会因为体操运动员个子偏矮或偏高、有黑头发或者其他任何与表演无关的原因而评低分。

当可靠性定义为方差的比率，在样品高度相关时，可靠性估计值有可能为负。在这种情况下，对于预期目的来说，测量方法很可能是不适合的。负的估计值还可能由项目编码反向所致，假如裁判的评分中 0 为最高分，10 为最低分，就可导致可靠性的负估计出现。

例 4.3 本例采用《SPSS 统计分析与解析（第 3 版）》（Nancy L.Leech 等著）一书中使用最多的例题数据。为研究高中生学习数学知识的动机，从 28000 名高中生中随机抽取 75 名进行问卷调查，结果存放在文件 data04-03.sav 中。

其中，visual 是想象力测验得分，visual2 是想象力再测得分，ethnic 是学生记录卡登记的种族，ethnic2 是学生填报的宗族记录，item01～item14 是学习数学的态度，具体而言，item01、item04、item07、item08、item12、item13 是数学学习动机方面的题项，item03、item05、item09、item11 是数学学习能力方面的题项，而 item02、item06、item10、item14 是数学学习乐趣方面的题项。

item01～item14 各题项的询问方式如下。

item01：动机——我喜欢做数学技能训练，直到做好为止；

item02：乐趣——解决一道难题后我就感到高兴；

item03：能力——我能很快做出数学题；

item04：（反向题）动机——如果遇到数学难题，我会坚持做，而把容易做的题放弃；

item05：（反向题）能力——我对数学新知识的掌握有点慢；

item06：（反向题）乐趣——我对解数学问题不感到非常高兴；

item07：动机——我更喜欢在不寻求帮助的前提下找到解决问题的方法；

item08：（反向题）动机——当解数学题遇到挑战时，我不能坚持很长时间；

item09：能力——我在数学方面是有能力的；

Item10：（反向题）乐趣——当做出一道数学题后，我只露出一点点微笑；

Item11：（反向题）能力——与同龄人相比，我做数学题有些困难；

Item12：动机——即使花很多时间，我也要做完数学题；

Item13：动机——我试图用各种方法解决一道难题，然后再做下一道题；

Item14：乐趣——我真的很享受做数学题的过程。

其后是根据以上变量计算得到的变量。

例如，item04r 是通过将 item04 逆向赋值后得到的结果，而 competence（能力得分的均值）是由（item03+item05r+item09+Item11r）/4 计算得到的，motivation（动机得分的均值）是由（item01+item04r+item07+Item08r+item12+item13）/6 计算得到的。

在后续分析中，不会用到数据集中的全部信息，这里就不对其他变量一一介绍了，更多信息可从该数据文件的变量名标签中获取。

对整张问卷进行可靠性分析，需要占用大量篇幅，这里只挑选部分有代表性的题型进行可靠性分析，可将其推广到整个问卷的分析之中。

本例的问卷调查中，有“想象力测验得分”及“想象力再测得分”两个变量，这相当于进行了重复调查。

第一个问题，单从“想象力测验得分”题项的调查而言，通过重测检验，其问卷调查的信度可靠吗？

想象力测验得分是定量资料，想象力再测得分是配对资料，因此，可用皮尔逊(Pearson)相关系数来描述其可靠性。

在 SPSS 的很多过程的统计量选项中，都有计算 Pearson 相关系数的选项。

Pearson 定义的相关系数的计算公式为

$$r_{xy}=\frac{\sum_{i=1}^{n}(x_i-\overline{x})(y_i-\overline{y})}{\sqrt{\sum_{i=1}^{n}(x_i-\overline{x})^2\sum_{i=1}^{n}(y_i-\overline{y})^2}} \quad (i=1,2,\cdots,n)$$

式中，$\overline{x}$、$\overline{y}$ 分别是变量 x、y 的均值，x_i、y_i 分别是变量 x、y 的第 i 个观察值，n 是被调查者的人数。

例如，在【可靠性分析】过程中，进行相关系数的计算。

按【分析→度量→可靠性分析】顺序，打开【可靠性分析】对话框。在左侧源变量框中选择“想象力测验得分”和“想象力再测得分”两个变量，将其送入右侧【项目】框中，作为分析变量。

单击【统计量】按钮，在【项之间】框中选择【相关性】。

单击【继续】按钮，返回【可靠性分析】对话框。

单击【确定】按钮运行，则在输出窗口中得到如表 4-11 所示的计算结果。

表 4-11　相关系数表

	想象力测验得分	想象力再测得分
想象力测验得分	1.000	.885
想象力再测得分	.885	1.000

相关系数的值不小，为 0.885，不过关于它是否为 0 的假设检验未做，所以还不可就此下结论。

因此，换个途径，在【相关分析】过程中实现分析目标。

按【分析→相关→双变量】顺序，打开【双变量相关】对话框，见图 4-4。在左侧源变量框中选择“想象力测验得分”和“想象力再测得分”两个变量，将其送入右侧【变量】框中，作为分析变量。保持系统默认选项。

单击【确定】按钮，则在输出窗口中得到相关系数计算结果，见表 4-12。

从表 4-12 中可见，其相关系数为 0.885，P=0.000，说明相关是显著的，得到这一结论的犯错概率不到 0.000。

0.885 的相关系数值很高，表明想象力测验题在测试-再测试中有很好的可靠性。

如果对 SPSS 的多个过程都很了解，还可以在【回归】子菜单的【线性回归】过程，以及【描述统计】的【交叉表】等过程中计算 Pearson 相关系数，结果是等同的。

第二个问题，由 item01、item04、item07、item08、item12、item13 组成学习数学动机方面的问题，根据收集到的数据来分析学习数学动机，能否认为其尺度是可靠的？

下面在【可靠性分析】对话框中处理这个问题。

具体操作步骤如下：

按【分析→度量→可靠性分析】顺序，打开【可靠性分析】对话框。在左侧源变量框中选择 item01、item04r、item07、item08r、item12、item13 共 6 个变量进入右侧【项目】框中，作为分析变量。

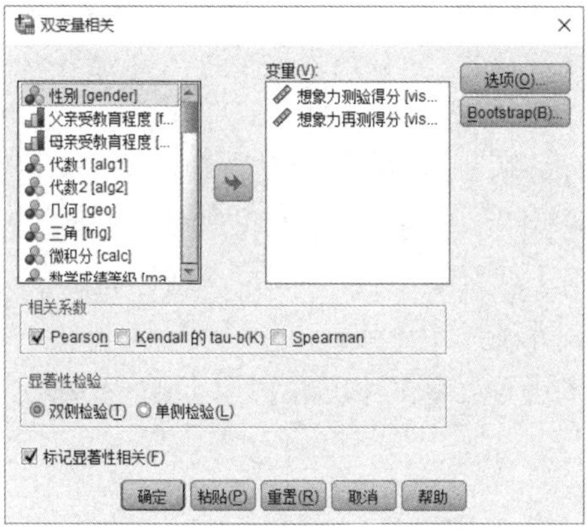

图 4-4 【双变量相关】对话框

表 4-12 相关系数表

		想象力测验得分	想象力再测得分
想象力测验得分	Pearson 相关性	1	.885**
	显著性（双侧）		.000
	N	75	75
想象力再测得分	Pearson 相关性	.885**	1
	显著性（双侧）	.000	
	N	75	75

**. 在 .01 水平（双侧）上显著相关。

之所以选择 item04 和 item08 的逆向赋值变量 item04r 和 item08r，是因为原题的分值越高，表示的动机越弱，故计算时，应将其分值反过来，也就是分析时需要将这 6 道题的分值所代表的含义一致化。

在【刻度标签】框中输入“动机测度的信度系数”。

单击【统计量】按钮，进入【统计量】对话框，在【描述性】框中选择【如果项已删除则进行度量】选项，其他不做选择。

单击【继续】按钮，返回【可靠性分析】对话框。

单击【确定】按钮运行，则在输出窗口中得到如表 4-13 和表 4-14 所示的计算结果。

在表 4-13 中，6 个项的克隆巴赫 α 信度系数为 0.791，接近 0.8，说明这 6 个变量对数学动机测度的内部可靠性尚可。

表 4-13 可靠性统计量表

Cronbach's Alpha	项数
.791	6

表 4-14 项总计统计量表

	项已删除的刻度均值	项已删除的刻度方差□	校正的项总计相关性	项已删除的 Cronbach's Alpha 值
item01 动机	14.29	11.402	.378	.798
item04 的逆向赋值	14.42	10.303	.596	.746
item07 动机	14.49	9.170	.676	.723
item08 的逆向赋值	14.19	10.185	.627	.738
item12 动机	14.26	11.140	.516	.765
item13 动机	14.58	11.442	.476	.774

由表 4-14 的“校正的项总计相关性”一列可见，除第一项相关系数小于 0.4 外，其余各项均大于 0.4，一般地，若该题项对总和评分测度值有较好的贡献，则它在该列中的相关系数值应大于 0.4，对于相关系数值较低的题项，可以考虑将其重新修改或从问卷中剔除。

当剔除 item01 后，从表 4-14 的最右一列、第一行的值 0.798 可见，克隆巴赫 α 信度系数不但没有降低，反而升高了。所以，可以将 item01 剔除。

关于数学学习乐趣、能力方面问题的可靠性检验是相似的，这里不再一一举例。

第三个问题，可否利用学生记录卡登记的种族信息(在 ethnic 变量中)和问卷调查时由学生填报的宗族记录(在 ethnic2 变量中)，来检验学生在填写信息方面的一致性？

在许多实名制的问卷调查中，可以像本例一样，充分利用被调查者的档案原始信息来了解其问卷所填同类信息间的一致性，从而提高对问卷调查所得数据信息方面的整体认可度，或相反。

由于现在要讨论的宗族类别(ethnic)变量不是有序变量，也不是尺度变量，而是名义分类变量，所以，其变量中列出的数值 1，2，3，4，98、99 不是尺度数据，只是编码而已，没有大小之分。因此，不能在【可靠性分析】过程中进行分析。之所以也可在【可靠性分析】过程中选择各种方法得到上面那样的一些计算结果，是因为在数据文件中将这些当作编码用的数字在【变量视图】窗口的变量类型中定义为【数值】型了。所以，如果在【可靠性分析】过程中计算本问题的克隆巴赫 α 信度系数等统计量，那就大错特错了。

本问题可以用科恩卡帕(κ)(Cohen'Kappa)系数来进行一致性检验。科恩卡帕(κ)系数的计算公式为

$$\kappa = \frac{W\sum_{i=1}^{R} f_{ii} - \sum_{i=1}^{R} r_i c_i}{W^2 - \sum_{i=1}^{R} r_i c_i}$$

方差为

$$\mathrm{VAR}_1 = W\left\{\begin{aligned}&\frac{\sum f_{ii}\left(W-\sum f_{ii}\right)}{\left(W^2-\sum r_i c_i\right)^2}+\frac{2\left(W-\sum f_{ii}\right)\left(2\sum f_{ii}\sum r_i c_i - W\sum f_{ii}\left(r_i+c_i\right)\right)}{\left(W^2-\sum r_i c_i\right)^3}\\&+\frac{\left(W-\sum f_{ii}\right)^2\left[W\sum_{i,j} f_{ij}(r_j+c_i)^2-4\left(\sum r_i c_i\right)^2\right]}{\left(W^2-\sum r_i c_i\right)^4}\end{aligned}\right\}\begin{pmatrix} i=1,2,\cdots,R \\ j=1,2,\cdots,R \end{pmatrix}$$

$$\mathrm{VAR}_0 = \frac{1}{W\left(W^2-\sum_i r_i c_i\right)^2}\left[W^2\left(\sum_i r_i c_i\right)+\left(\sum_i r_i c_i\right)^2 - W\left(\sum_i r_i c_i\left(r_i+c_i\right)\right)\right]$$

式中，f_{ii} 为变量 A 的第 i 个类别和变量 B 的第 i 个类别的观测频数，r_i 为变量 A 的第 i 个类别的观测总和，c_i 为变量 B 的第 i 个类别的观测总和，W 为总的观测次数，R 为类别数。

科恩卡帕(κ)系数检验的原假设 $\mathrm{H}_0:\kappa=0$，备择假设 $\mathrm{H}_1:\kappa\neq 0$。

检验的统计量为

$$U=\frac{\kappa}{\sqrt{\mathrm{VAR}_0}}\xrightarrow{L} N(0,1)$$

式中，L 表示极限分布，U 为标准正态分布位置值。

当 $P<\alpha$ 时，拒绝原假设，认为 A 和 B 不是偶然一致的。

使用科恩卡帕(κ)系数进行一致性检验的具体步骤如下。

按【分析→描述统计→交叉表】顺序，打开【交叉表】对话框，见图 4-5。在左侧源变量框中选择“学生记录卡登记的种族【ethnic】”并将其移入【行】框中，选择“学生填报的宗族记录【ethnic2】”并将其移入【列】框中。

单击【统计量】按钮，进入【交叉表：统计量】对话框，见图 4-6。选择【Kappa】选项，其他不做选择。

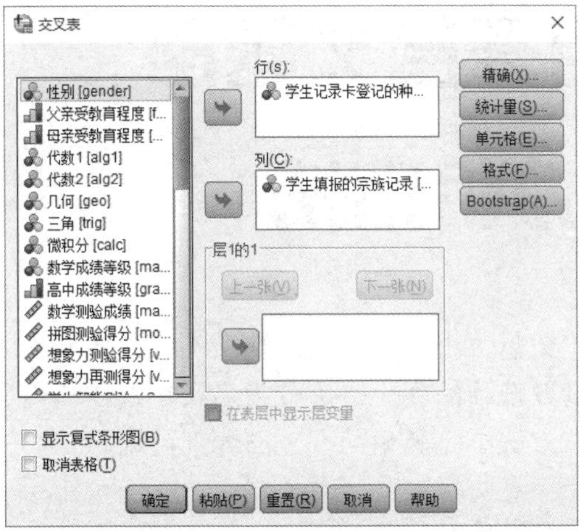

图 4-5 【交叉表】对话框

图 4-6 【交叉表：统计量】对话框

单击【继续】按钮，返回【交叉表】对话框。

单击【确定】按钮运行，则在输出窗口中得到如表 4-15 和表 4-16 所示的计算结果。

表 4-15 中对角线位置的数值是学校记录的学生种族与学生在问卷中所填宗族一致的数量，非对角线位置的数值是不一致的数量。在 75 份调查问卷中，在“学生填报的宗族记录”变量上，有 4 份是有缺失值的，有效数为 71，其中 65(40+11+8+6=65)个一致，6(2+1+1+1+1)个不一致。

表 4-16 表明，科恩卡帕(κ)系数为 0.858(P=0.000)，一般地，该系数达到 0.70 以上，就表明有较好的可靠性，现在达到 0.85 以上，说明“学生填报的宗族记录”变量可信度很高。

表 4-15 交叉表

计数

		学生填报的宗族记录				合计
		欧洲裔	非洲裔	拉丁裔	亚洲裔	
学生记录卡登记的种族	欧洲裔	40	1	0	0	41
	非洲裔	2	11	1	0	14
	拉丁裔	0	1	8	0	9
	亚洲裔	0	1	0	6	7
合计		42	14	9	6	71

表 4-16 一致性检验表

		值	渐进标准误差[a]	近似值 T[b]	近似值 Sig.
一致性度量	Kappa	.858	.054	11.163	.000
有效案例中的 N		71			

a. 不假定零假设。

b. 使用渐进标准误差假定零假设。

从以上检验结果看，该调查问卷整体的可信度较好。

思 考 题

1. 何谓信度？
2. 在 SPSS 中，常见的信度分析方法有哪几种？
3. 使用各种信度方法进行分析时各有什么前提条件？
4. 简述在什么条件下，需要用科恩卡帕系数进行一致性检验。
5. 简述在什么条件下，可以用皮尔逊相关系数来描述其可靠性。

第 5 章　适用于名义题的常用统计分析方法

名义题是指选项之间无等级、程度、主次、数量大小之分，只是性质不同，各选项之间为同一层面的并列关系的一种题型。名义题按选取选项的多少，可分为名义单选题和名义多选题(复选题)两种。这两种题型适用的统计处理方法不完全相同，下面分别讨论。

5.1　名义单选题

名义单选题是指在众多名义应答选项中，每个被调查者只能选择其中一个的一种题型。例如，

您的性别：A. 男　　B. 女

您的籍贯：A. 北京　　B. 上海　　C. 广东

5.1.1　名义单选题的数据整理

5.1.1.1　数据文件的建立

对名义单选题建立数据文件时，只要建立一个名义分类变量，而在其值标签中，定义好每类代码的实际含义即可。例如，在“您的籍贯”的问卷调查中，可以定义 1 代表北京、2 代表上海、3 代表广东等。

为防止后续分析中统计方法的误用，一般情况下，建议将这个名义变量定义为字符型。在二分变量的情形里，也可将这个分类变量定义为数值型，这样在用值 0 表示“失败”，1 表示“成功”时，就可用对该变量求平均值的方法，求得“成功”的比例。

5.1.1.2　描述统计方法

在名义单选题中收集到的数据资料，是定性资料中名义尺度测度的资料，常用表格法和图示法来做统计描述。

1. 表格法

通常可用表格来描述定性名义资料各类的构成，如各类的实际观察值及其占总观察值中的百分比等。

例 5.1　在对北京市体校学生的调查问卷中，为了解参与调查学生的构成，问卷中有这样一道题：

请在下面的选项中选择你所在的学校：________。

(1) 一体校　(2) 二体校　(3) 三体校　(4) 首体院　(5) 五体校

调查得到的资料已整理到数据文件 data03-01.sav 中，请用表格法描述被调查者的构成情况。

在 SPSS 中，可用如下步骤列出被调查者中各校学生的人数及构成比。

① 在 SPSS 数据编辑窗口中，打开数据文件 data03-01.sav。

② 按【分析→描述统计→频率】(此处“频率”应为“频数”)顺序，展开【频率】对话框，如图 5-1 所示。

将左侧源变量框中的“所在学校”变量移入【变量】框，其他保持系统默认选项。

③ 单击【确定】按钮，则在输出窗口中得到如表 5-1 所示的输出结果。

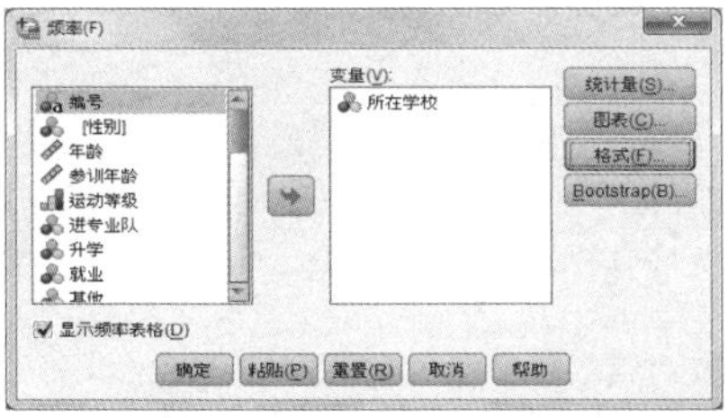

图 5-1　【频率】对话框

表 5-1　被调查学生的构成情况

所在学校

		频率	百分比	有效百分比	累积百分比
有效	一体校	28	15.1	15.1	15.1
	二体校	40	21.5	21.5	36.6
	三体校	36	19.4	19.4	55.9
	首体院	36	19.4	19.4	75.3
	五体校	46	24.7	24.7	100.0
	合计	186	100.0	100.0	

在表 5-1 中，第 1 列为学校名称，共 5 所学校；第 2 列为各校参与调查的学生人数；第 3 列为各校参与调查的人数占总调查人数的百分比；第 4 列为各校参与调查的有效人数占总调查人数的百分比；第 5 列为各校参与有效调查人数的累积百分比。由此可见，用表格的方式对原始调查数据进行描述，可以直观地将参与调查人员的组成及其构成比清晰地展现出来。

如果只需要在表格中出现学校名称、被调查人数及百分比，而且为列向显示，则可以在 SPSS 分析菜单的另一个过程表中加以实现。

具体步骤如下：

按【分析→表→设定表】顺序，弹出如图 5-2 所示的【设定表格】提示框。

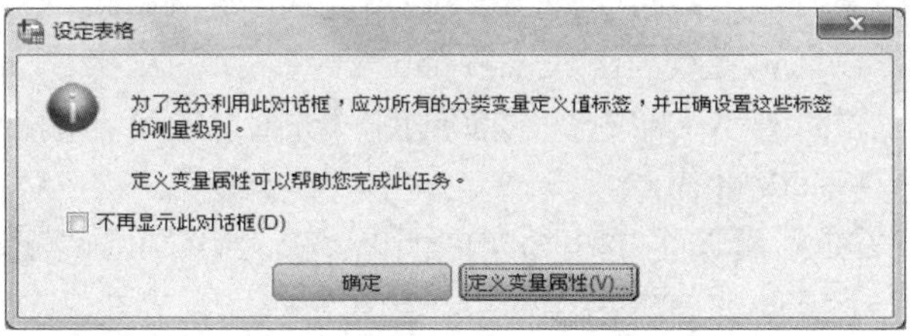

图 5-2　【设定表格】提示框

选择【不再显示此对话框】选项，则再做自定义表格时，就不再显示此对话框；若以后还要用它来定义变量的属性，则不要选择此项。用来制表的变量须为名义变量或有序(等级)变量。

单击【确定】按钮，进入【设定表格】对话框，如图 5-3 所示。

在左侧【变量】框中，选择“所在学校”变量，将其拖到制表窗口的【列】中。

单击【N%摘要统计量】按钮，则弹出如图 5-4 所示的【摘要统计】选项卡。在【统计量】框中选择【行 N%】统计量，将其移入【显示】框中。

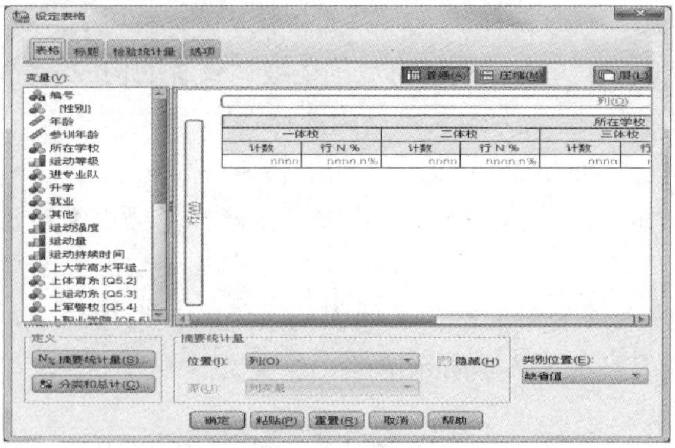

图 5-3 【设定表格】对话框

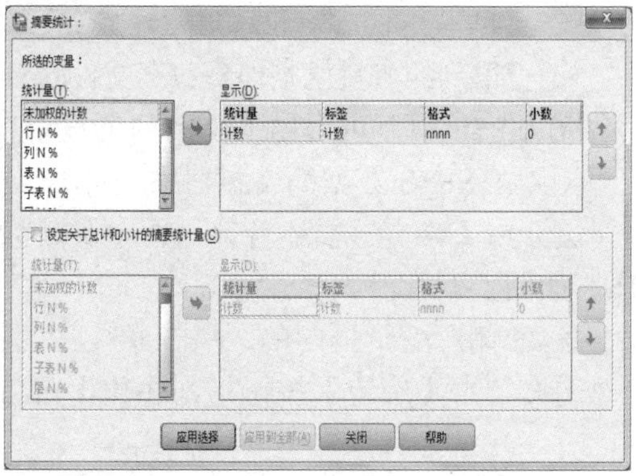

图 5-4 【摘要统计】选项卡

单击【应用选择】按钮，返回【设定表格】对话框。

单击【确定】按钮，则在输出窗口中得到如表 5-2 所示的被调查学生的基本组成表。

表 5-2 被调查学生的基本组成表

所在学校									
一体校		二体校		三体校		首体院		五体校	
计数	行 N %	计数	行 N %	计数	行 N %	计数	行 N %	计数	行 N %
28	15.1%	40	21.5%	36	19.4%	36	19.4%	46	24.7%

2. 图示法

对于定性的名义资料而言，除用表格法来描述外，图示法也是一种常用的直观描述方式。最常用的图示方式为条形图和饼图。

条形图用来表示各相互独立的统计指标的数量大小。通常用纵轴表示数量，用横轴表示分组标志。数量可用绝对数或相对数表示，数量大小用图中长条的高度来反映。

饼图又称圆图，用来表示事物内部的构成情况。必须使用相对数，且各项之和为 100%。图中各扇形面积表示数量的大小，将 360 度圆心角看成 100%，把每部分所占百分比折算成圆心角的度数，根据圆心角的度数画出代表各部分数量大小的扇形。

对于单样本而言，要绘制名义单选题的条形图和饼图，除可在图形菜单选项中进行外，还可直接在【频率】对话框中进行。

例 5.2 以例 5.1 为例，请用条形图和饼图的图示法来描述在这些被调查的学校中被调查者的构成情况。

具体做法如下：

① 在 SPSS 数据编辑窗口中，打开数据文件 data03-01.sav。

② 按【分析→描述→频率】顺序，打开【频率】对话框。将左侧源变量框中的“所在学校”变量移入【变量】框中。单击【图表】按钮，在弹出的如图 5-5 所示的【频率：图表】选项卡中，选择【条形图】选项，其他保持系统默认选项，单击【继续】按钮，返回【频率】对话框。

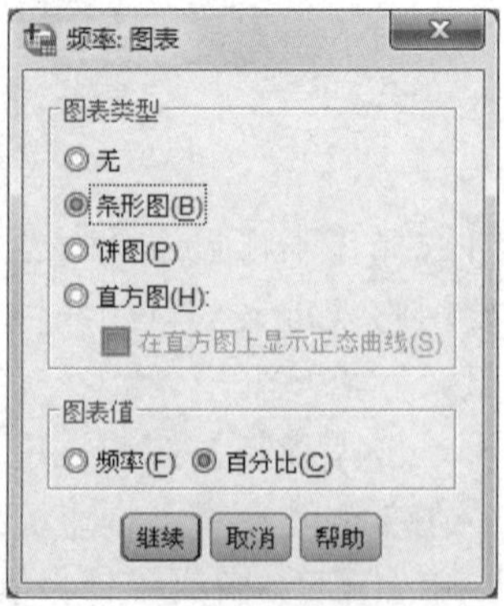

图 5-5 【频率：图表】选项

③ 单击【确定】按钮，则在输出窗口中得到如图 5-6 所

示的各校学生频数条形图。

④ 要在图上标出各校人数，可通过下述步骤来实现。

在输出窗口中双击条形图，则弹出如图 5-7 所示的图表编辑器。在图表编辑器中，单击工具栏上的图标 ，弹出如图 5-8 所示的【属性】选项卡，关闭该选项卡，关闭图表编辑器，则在输出窗口中得到如图 5-9 所示的各校带有具体频数的条形图。

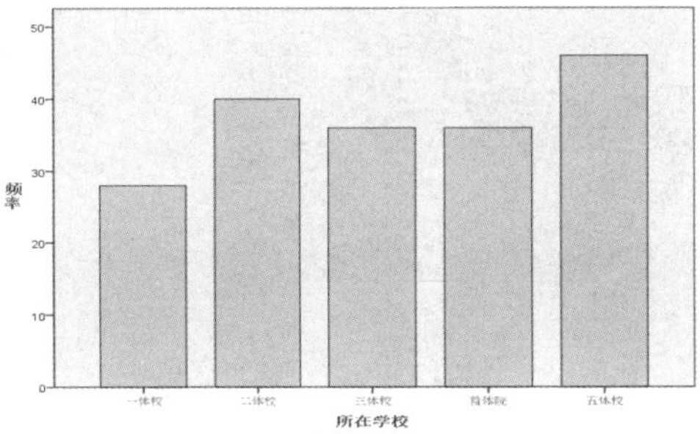

图 5-6　各校学生频数的条形输出图

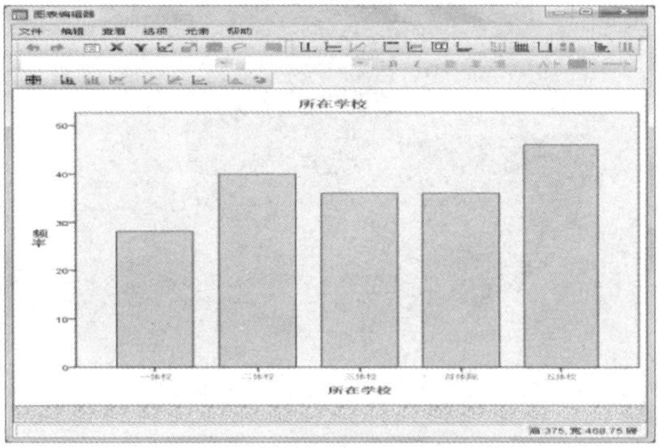

图 5-7　图表编辑器

图 5-8 【属性】选项卡

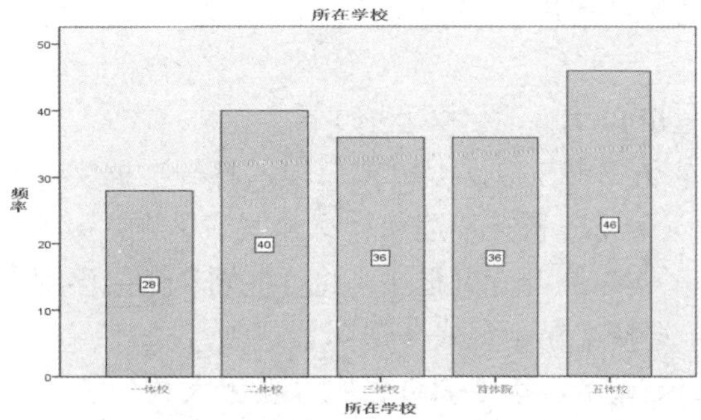

图 5-9　各校带有具体频数的条形图

⑤ 要输出各校学生组成百分比的条形图，则在步骤②中【频率：图表】选项卡的【图表值】栏选择【百分比】选项，按相应的步骤完成后，可在输出窗口中得到如图 5-10 所示的各校学生组成比的条形图。当然，按步骤④中所述的方法，还可将其编辑为图上带有百分比数值的条形图，如图 5-11 所示。

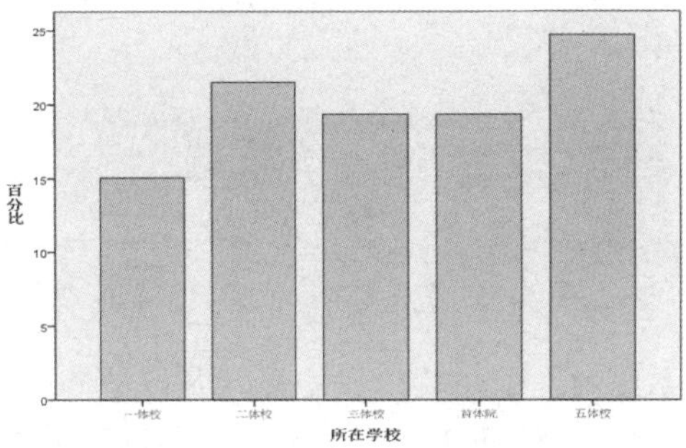

图 5-10　各校学生组成比的条形图

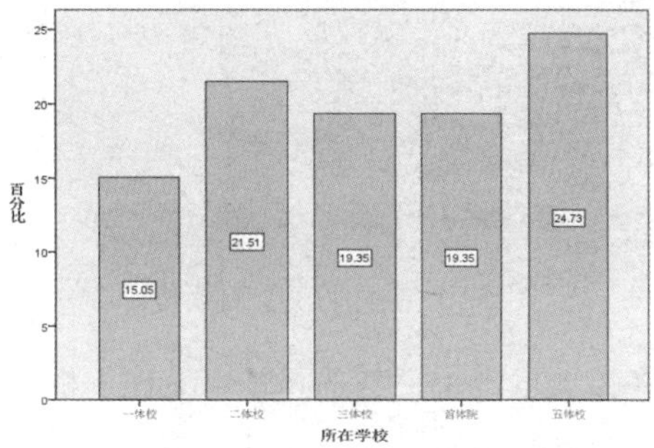

图 5-11　图上带有百分比数值的条形图

⑥ 同样，如果要输出的是饼图，则在步骤②中【频率：图表】选项卡的【图表类型】框选择【饼图】选项，按相应的步骤完成后，可得到表示各校学生组成情况的各种饼图，如图 5-12 和图 5-13 所示。

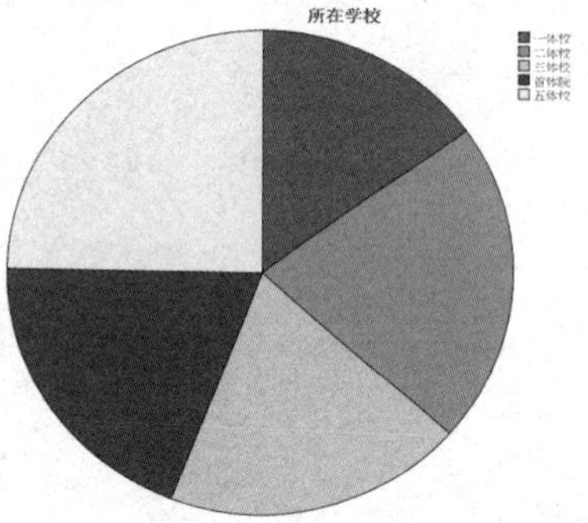

图 5-12　各校学生人数饼图

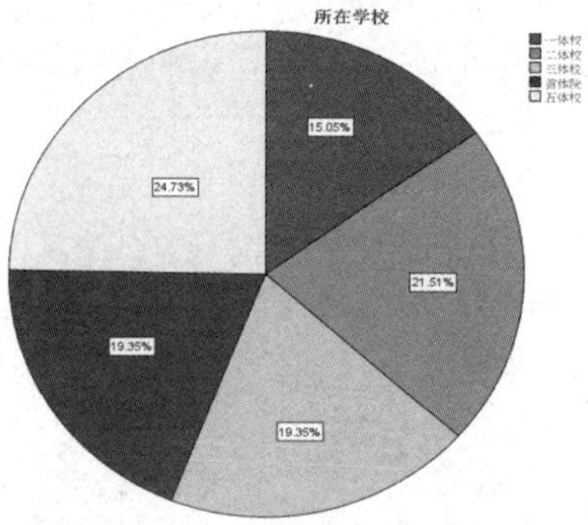

图 5-13　各校学生人数百分比饼图

以上讨论的是不分性别的情形，也就是单样本的情形。在实际研究中，常会讨论两个或多个样本之间在名义单选题上应答的分布情形的图、表描述。

例 5.3　仍以例 5.1 为例，请用图、表法描述在这些被调查的学校中被调查者的性别构成情况。

在 SPSS 中，具体做法如下：

① 在 SPSS 数据编辑窗口中，打开数据文件 data03-01.sav。

② 按【分析→描述统计→交叉表】顺序，打开【交叉表】对话框，如图 5-14 所示。

③ 在左侧源变量框中，将“性别”变量移到【行】框中，将“所在学校”变量移到【列】框中，选择【显示复式条形图】选项。

如要显示各校被调查男生、女生人数分别占总调查的男生、女生人数的百分比，或各校被调查男生、女生人数分别占该校被调查总人数的百分比，则单击【单元格】按钮，弹出如图 5-15 所示的【交叉表：单元显示】选项卡。

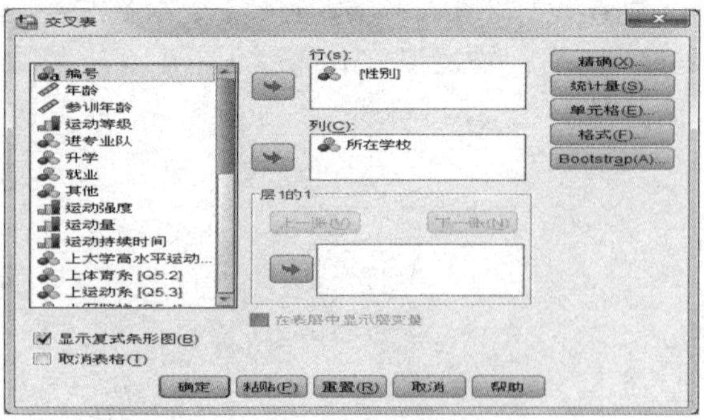

图 5-14 【交叉表】对话框

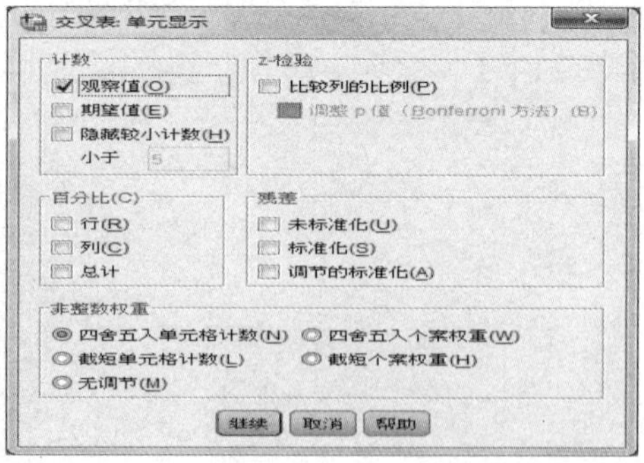

图 5-15 【交叉表：单元显示】选项卡

在该选项卡上，若选择【百分比】框的【行】选项，则在输出表中显示各校被调查男生、女生人数分别占总被调查男生、女生人数的百分比；若选择【列】选项，则在输出表中显示各校男生、女生占该校被调查总人数的百分比。

本例同时选择【百分比】框的【行】和【列】选项，单击【继续】按钮，返回【交叉表】对话框。

④ 单击【确定】按钮，则在输出窗口中得到如表 5-3 和图 5-16 所示的结果。

表 5-3　各被调查学校中被调查男生、女生的基本构成情况表

		所在学校					合计
		一体校	二体校	三体校	首体院	五体校	
女	计数	10	2	10	16	31	69
	中的 %	14.5%	2.9%	14.5%	23.2%	44.9%	100.0%
	所在学校 中的 %	35.7%	5.0%	27.8%	44.4%	67.4%	37.1%
男	计数	18	38	26	20	15	117
	中的 %	15.4%	32.5%	22.2%	17.1%	12.8%	100.0%
	所在学校 中的 %	64.3%	95.0%	72.2%	55.6%	32.6%	62.9%
合计	计数	28	40	36	36	46	186
	中的 %	15.1%	21.5%	19.4%	19.4%	24.7%	100.0%
	所在学校 中的 %	100.0%	100.0%	100.0%	100.0%	100.0%	100.0%

表 5-3 主体表格中的第 1 行为 5 所学校中被调查女生人数；第 2 行为各校女生人数占总被调查女生人数的百分比；第 3 行为各校被调查女生人数占其学校被调查学生人数的百分比；第 4～6 行为男生数据，其解释同女生数据；第 7 行为各校被调查总人数；第 8 行为各校被调查总人数占被调查总人数的百分比；第 9 行为各校被调查男生、女生人数百分比的累积。

从表 5-3 中可见，一体校被调查的学生中，有女生 10 名，男生 18 名，女生人数占该校被调查学生人数的 35.7%，占 5 所学校被调查女生总数(69 名)的 14.5%。而一体校被调查的男生人数，占该校被调查学生人数的 64.3%，占 5 所学校被调查男生总数(117 名)的 15.4%。对其余学校男生、女生人数的分析方法，同一体校。

图 5-16 在输出窗口中编辑之前，条形图上是不带数字的。它是按例 5.2 的步骤④中介绍的方法，既显示各条形图对应的人数，又显示百分比而得到的。需要说明的是，在图 5-16 中显示的百分比，是各校被调查男生、女生人数占被调查总人数(男生、女生合计)的百分比，不是男生、女生分开算的百分比。

在交叉表过程中，可以得到分组的条形图，但不可得到分组的饼图。分组的饼图在图形菜单的【饼图】过程中才可得到。具体做法如下：

① 按【图形→旧对话框→饼图】顺序，展开【饼图】选项卡，如图 5-17 所示。

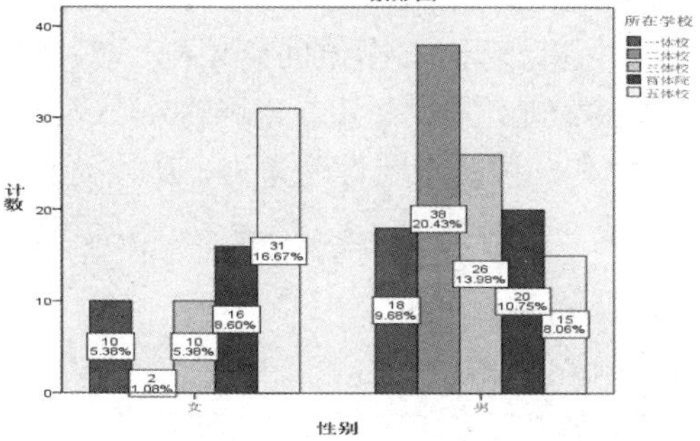

图 5-16　性别与学校的交叉条形图

图 5-17　【饼图】选项卡

② 在【饼图】选项卡中，选择【个案组摘要】选项，单击【定义】按钮，打开【定义饼

图：个案组摘要】对话框，见图 5-18。

在左侧源变量框中，选择“所在学校”变量，并单击第二个按钮，将其移入【定义分区】框中；用类似的方法，选择“性别”变量，将其移入【图板依据】的【列】框中。其他保持系统默认选项。

③ 单击【确定】按钮运行，在输出窗口中得到 5 所学校被调查男生、女生各自构成的饼图，见图 5-19。

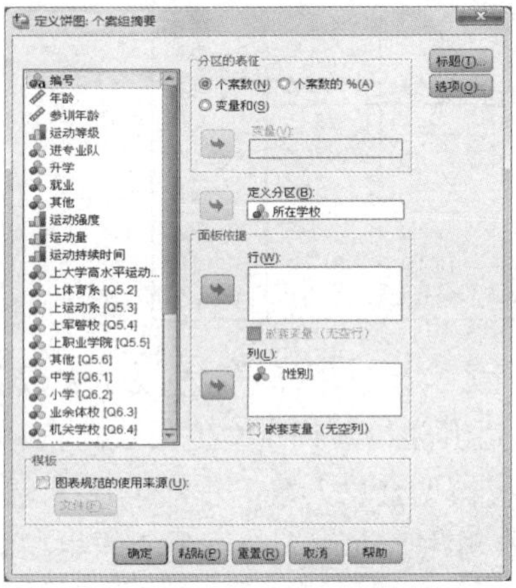

图 5-18　【定义饼图：个案组摘要】对话框

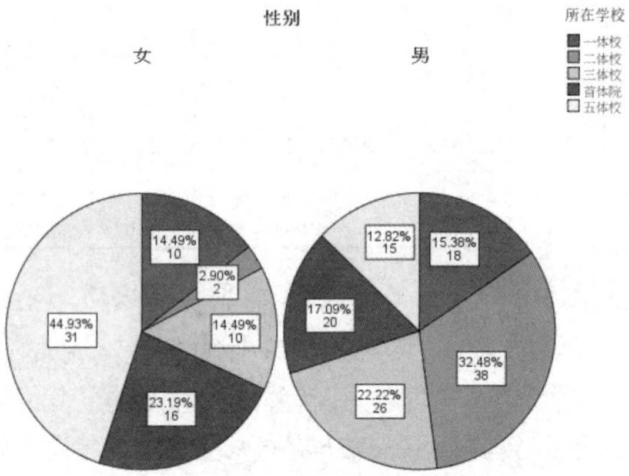

图 5-19　5 所学校男生、女生各自构成的饼图

图 5-19 在输出窗口中编辑之前，饼图上也是不带数字的，它是按例 5.2 的步骤④中介绍的方法，既显示各饼图对应的人数，又显示百分比而得到的。

5.1.2　名义单选题的推断统计

5.1.2.1　Pearson 卡方独立性检验

1. 基本思想

对不同组别之间在名义单选题的应答上是否有差异的显著性检验，可以用交叉表中的 Pearson 卡方独立性检验来完成。

不同组别可以组成一个名义变量，而存放名义单选题应答结果的变量也是一个分类的名义变量，因此，用一个行分类变量和一个列分类变量可以形成一个两维的交叉表，如再指定一个控制变量，则可形成一个三维的交叉表。以此类推，可以形成一个多维的交叉表。许多统计书上把这种表称作列联表。表中各变量不同水平的交汇处，就是这种水平组合出现的频数或合计(Count)。

一般地，从某个总体 X 中随机抽取一个样本，按两个定性变量 A、B 分类，再将两个定性变量按属性或类型分为 r 组和 c 组，由此组成的资料称为 $r\times c$ 交叉表。$r\times c$ 列交叉的基本形式如表 5-4 所示。

表 5-4　$r\times c$ 交叉表

		B						总计
		1	2	…	i	…	c	
A	1	f_{11}	f_{12}	…	f_{1j}	…	f_{1c}	r_1
	2	f_{21}	f_{22}	…	f_{2j}	…	f_{2c}	r_2

续表

		B						总计
		1	2	…	i	…	c	
A	⋮	⋮	⋮	…	⋮	…	⋮	⋮
	i	f_{i1}	f_{i2}	…	f_{ij}	…	f_{ic}	r_i
	⋮	⋮	⋮	…	⋮	…	⋮	⋮
	r	f_{r1}	f_{r2}	…	f_{rj}	…	f_{rc}	r_r
总计		c_1	c_2	…	c_j	…	c_c	W

在 A 和 B 独立时，原假设 $H_0: p_{ij} = \dfrac{f_{ij}}{r_i} = \dfrac{c_j}{W} \cdot \dfrac{r_i}{W}$，式中符号的含义见表 5-4，即 f_{ij} 为变量 A 的第 i 个类别和变量 B 的第 j 个类别的观测频数，r_i 为变量 A 的第 i 个类别的观测总和，c_j 为变量 B 的第 j 个类别的观测总和，W 为总的观测次数。原假设即某个单元格中事件出现的概率等于该单元格所在的行、列边际概率的乘积。

在原假设为真时，$\chi_p^2 = \sum_{ij} \dfrac{(f_{ij} - E_{ij})^2}{E_{ij}} \sim \chi^2((R-1)(C-1))$，其中 E_{ij} 为理论频数，$E_{ij} = \dfrac{r_i c_j}{W}$，$R$ 表示行水平数，C 表示列水平数。

当 $P < \alpha$ 时，拒绝原假设，而认为 A 和 B 有关联。

本检验需要满足理论频数 $E_{ij} > 5$ 且 $\mathrm{d}f > 1$ 的条件。

2. 实例分析

例 5.4 向 120 名已婚中年女性和 120 名已婚中年男性做问卷调查，调查的问题为：

在下列亲属中，节日时给谁买礼物最难(单选)。

A. 配偶 B. 父母 C. 子女 D. 兄弟姐妹 E. 姻亲 F. 其他亲属

现建立两个数字型名义测度变量：性别(值标签 0 表示女，1 表示男)，亲属称谓(值标签 1 表示配偶，2 表示父母，3 表示子女，4 表示兄弟，5 表示姻亲，6 表示其他)，调查结果存放在数据文件 data05-01.sav 中。问：女性和男性在关于给谁买节日礼物最难的看法上有没有显著差异？

在 SPSS 中的解题步骤如下。

① 在 SPSS 数据窗口中，打开数据文件 data05-01.sav。

② 按【分析→描述统计→交叉表】顺序，打开【交叉表】对话框。在左侧源变量框中，选择“性别”变量，单击最上面的右移箭头，将其移入【行】框中；选择“亲属称谓”变量，单击中间的右移箭头，将其移入【列】框中。选择【显示复式条形图】选项。

③ 单击【统计量】按钮，弹出【交叉表：统计量】选项卡，如图 5-20 所示。选择【卡方】选项，单击【继续】按钮，返回【交叉表】对话框。

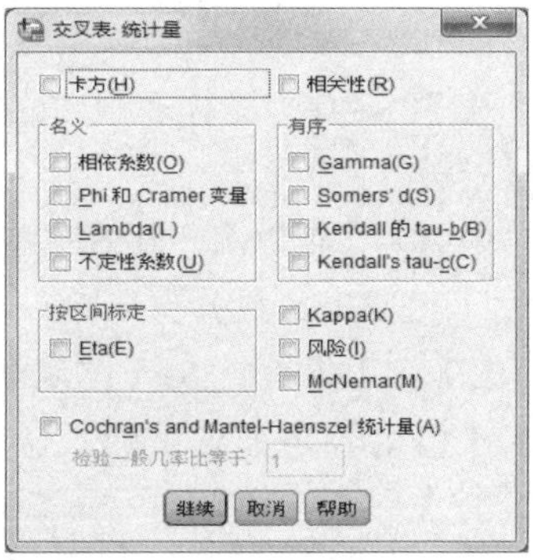

图 5-20 【交叉表：统计量】选项卡

④ 单击【确定】按钮运行，在输出窗口中得到输出图与表格，见表 5-5、表 5-6 和图 5-21(其中“计数”应为“频数”)。

⑤ 结果与讨论

表 5-5 列出了女性和男性关于节日中给谁买节日礼物最难的看法的频数分布。

表 5-5 女性和男性关于节日中给谁买节日礼物最难的看法的频数分布

计数

		亲属称谓						合计
		配偶	父母	子女	兄弟	姻亲	其他亲属	
性别	女	28	44	23	7	13	5	120
	男	52	31	9	11	7	10	120
合计		80	75	32	18	20	15	240

表 5-6 卡方检验

	值	df	渐进 Sig. (双侧)
Pearson 卡方	19.934[a]	5	.001
似然比	20.337	5	.001
线性和线性组合	1.406	1	.236
有效案例中的 N	240		

a. 0 单元格(0.0%) 的期望计数少于 5。最小期望计数为 7.50。

表 5-6 的备注 a.说明本例的期望频数没有出现小于 5 的情形，最小期望频数为 7.50，故使用 Pearson 卡方检验是合适的。表中列出了三种检验方法的统计量(值)、自由度(df)和概率(渐近 Sig.)。第一种检验方法即 Pearson 卡方检验。由于 $\chi^2=19.934$，$\mathrm{df}=5$，在女性和男性关于给谁买节日礼物最难的看法没有差异的原假设下，出现目前统计量的值或更极端值的双侧检验的概率为 0.001，小于 0.05，故拒绝原假设，而认为女性和男性在关于给谁买节日礼物最难的看法上有显著差异。

第二种检验方法为似然比检验(Likelihood Ratio)，限于篇幅，此处不再赘述。

图 5-21 所示为女性和男性分组比较的关于给谁买节日礼物最难的看法的条形图。条形图上的数字，是按例 5.2 的步骤④中介绍的方法，既显示各条形图对应的人数，又显示百分比得到的。该百分比是将女性和男性总人数作为分母得到的。

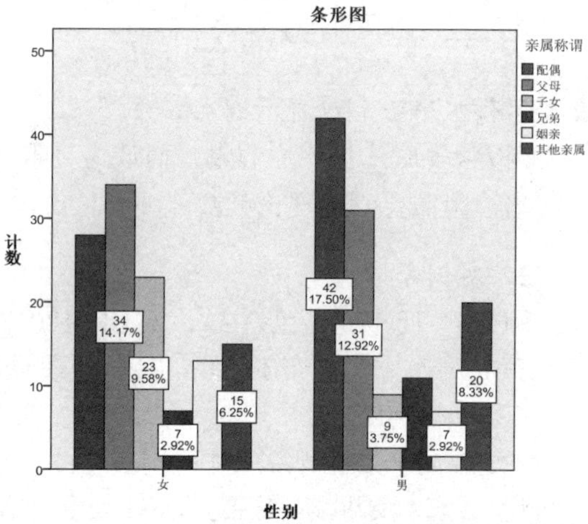

图 5-21 条形图

如果已将调查问卷中的数据整理成表 5-5 的样式，则建立数据文件时，要建立三个变量——两个数字型的名义分类变量(性别、送礼对象)，以及一个数值型的尺度测度变量(频数)，见数据文件 data05-02.sav。并且在分析之前，要先用“频数”变量进行加权处理。其他操作步骤同上，同样能得到本例中的图和表。

在 SPSS 中，进行多个独立总体多项分布的独立性卡方检验，还可在【分析】菜单的【表】过程中进行。

仍以例 5.4 为例，在 SPSS 中的具体操作步骤如下：

(1) 在 SPSS 数据窗口中，打开数据文件 data05-2.sav。

(2) 按【分析→表→设定表】顺序，弹出【设定表格】提示框。单击【确定】按钮，进入【设定表格】对话框。在左侧【变量】框中，选择“所在学校”变量，将其拖到制表窗口的【列】中。

将“性别”变量拖到【行】中，将“送礼对象”变量拖到【列】中。单击表格编辑器中的“性别”变量，单击列中的“送礼对象”变量，激活并单击【N%摘要统计量】按钮，打开【摘要统计】对话框。

在【统计量】框中，选择【行 N%】，将它拖到【显示】框的【统计量】下。单击【应用选择】按钮，返回【设定表格】对话框。

在【摘要统计量】框的【位置】选项框中选择【行】，则将行百分比值显示在“计数”行的下一行中。

单击【检验统计量】标签，弹出如图 5-22 所示的【检验统计量】选项卡。选择【独立性检验(卡方验证)】选项。

单击【确定】按钮，则在输出窗口中得到计算结果，如表 5-7 和表 5-8 所示。

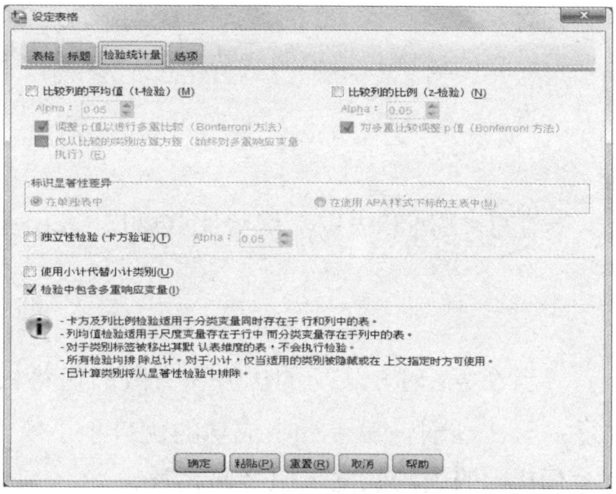

图 5-22 【检验统计量】选项卡

表 5-7 自定义表

			亲属称谓					
			配偶	父母	子女	兄弟	姻亲	其他亲属
性别	女	计数	28	44	23	7	13	5
		行 N %	23.3%	36.7%	19.2%	5.8%	10.8%	4.2%
	男	计数	52	31	9	11	7	10
		行 N %	43.3%	25.8%	7.5%	9.2%	5.8%	8.3%

表 5-8 Pearson 卡方检验表

		亲属称谓
性别	卡方	19.934
	df	5
	Sig.	.001*

结果基于每个最深处的子表中的非空行和列。

*. 卡方统计量在 .05 级别处有意义。

表 5-7 中的检验结果类似于表 5-5，表 5-8 类似于表 5-6，只不过多显示了行百分比。从百分比可知，男性最难选择的是配偶的节日礼物，而女性最犯愁的是父母的节日礼物。

5.1.2.2 关联强度的量度——优势比检验

1. 基本思想

在独立性卡方检验中，较大的 χ^2 值表明变量间可能存在关联，但 χ^2 值越大并不意味着关联强度也越大。较大的样本量和应答项数都会产生较大的 χ^2 值。如果要描述两个分类变量之间的关联强度，则可用优势比来加以量度。

在对应于二分响应变量的 2×2 列联表(又称四格表)中(见表 5-9)，用成功(B)来表示感兴趣的结果，用失败($\bar{\mathrm{B}}$)来表示另一个结果，则成功的优势定义为

$$\text{优势}=\frac{\text{成功的概率}}{\text{失败的概率}}=\frac{\pi}{1-\pi}$$

式中，π为成功的概率。

表 5-9 四格表资料的形式

	B	$\bar{\mathrm{B}}$	
A	f_{11}	f_{12}	r_1
$\bar{\mathrm{A}}$	f_{21}	f_{22}	r_2
	c_1	c_2	W

当成功的概率为 0.75 时，失败的概率为 1–0.75=0.25，此时，成功的优势=0.75/0.25=3，说明成功是失败概率的 3 倍，也就是我们期望 3 次成功对 1 次失败。当成功比失败的可能性

更大时，伴有大于 1.0 的值。当成功、失败的概率均为 0.5 时，成功的优势为 1。

结果的概率与结果的优势之间可以通过下式来换算：

$$概率=\frac{优势}{优势+1}$$

在 2×2 列联表中，**优势比**(Odds Ratio)是两行中得到的优势之比，即

$$\theta=\frac{\pi_1/(1-\pi_1)}{\pi_2/(1-\pi_2)}$$

当 $\theta=1$ 时，成功的优势和失败的优势相等；当 $\theta>1$ 时，第 1 行中成功的优势大于第 2 行；当 $\theta<1$ 时，第 1 行中成功的优势小于第 2 行。当一个值为另一个值的倒数时，两个值表示有相同的关联强度，但方向相反。

θ 的估计值为

$$\theta_0=\frac{\dfrac{f_{11}}{r_1}\bigg/\dfrac{f_{12}}{r_1}}{\dfrac{f_{21}}{r_2}\bigg/\dfrac{f_{22}}{r_2}}=\frac{f_{11}f_{22}}{f_{12}f_{21}}$$

因此，优势比又称为交叉乘积比。

而两个行中成功的概率之比(或失败的概率之比)称为**相对风险**(Relative Risk)，即

$$R=\frac{\pi_1}{\pi_2}$$

式中，R 为相对风险。

原假设 $H_0:\theta=1$，即属性 A 和属性 B 相互独立。

相对风险 $100(1-\alpha)$ 的百分位数置信区间用下面的公式来获取：

$$\left[\theta_0\exp\left(-Z_{1-\alpha/2}v\right),\quad \theta_0\exp(Z_{1-\alpha/2}v)\right]$$

式中，$v=\left(\dfrac{1}{f_{11}}+\dfrac{1}{f_{12}}+\dfrac{1}{f_{21}}+\dfrac{1}{f_{22}}\right)^{1/2}$。

在群组研究中两列的相对风险比都要计算。对于列 1，风险是

$$R_1=\frac{f_{11}(f_{21}+f_{22})}{f_{21}(f_{11}+f_{12})}$$

对应的 $100(1-\alpha)$ 的百分位数置信区间是

$$\left[R_1\exp(-Z_{1-\alpha/2}v),\quad R_1\exp(Z_{1-\alpha/2}v)\right]$$

式中，

$$v=\left(\frac{f_{12}}{f_{11}(f_{11}+f_{12})}+\frac{f_{22}}{f_{21}(f_{21}+f_{22})}\right)^{1/2}$$

列 2 的相对风险和置信区间的计算类似于列 1。

若上述置信区间不包含 1，表示原假设为真的前提下，出现当前值 1 的概率小于α，从而拒绝原假设。

2. 实例分析

例 5.5 为了解在健美操选课中，不同性别的学生是否更愿意选择同性别的老师任课，某大学老师给参与健美操选课的 536 名同学发放了调查问卷，将问卷调查中得到的原始资料整理成数据文件 data05-03.sav，学生的性别作为行变量，被选老师的性别作为列变量，则可得到其列联表结果，见表 5-10。

将原始调查问卷中得到的信息整理成表 5-10 后，可看到这是典型的四格表资料，它由两个名义变量组成，使用 Pearson 卡方检验可以检验“学生性别”与“被选老师性别”之间是否独立；但如果“学生性别”与“被选老师性别”之间是关联的，它也只能给出一个方向性的关联，也就是男生更喜欢男老师而已，但与女生喜欢男老师相比较，是她们的多少倍，这一点卡方检验已不能告诉我们了。所以，本例我们直接用可以描述关联强度的量度——**优势比**检验来分析。在 SPSS 中，使用**优势比**检验的基本步骤如下。

① 在 SPSS 数据编辑窗口中，打开数据文件 data05-03.sav。

② 按【分析→描述统计→交叉表】顺序，打开【交叉表】对话框。在左侧源变量框中，选择“学生性别”变量，单击最上面的右移箭头将其移入【行】框中；选择“被选老师性别”变量，单击中间的右移箭头将其移入【列】框中。选择【显示复式条形图】选项。

③ 单击【统计量】按钮，弹出【交叉表：统计量】选项卡，选择【风险】选项。单击【继续】按钮，返回【交叉表】对话框。

④ 单击【确定】按钮运行，在输出窗口中得到输出表格，如表 5-10 和表 5-11 所示。

表 5-10 不同性别学生选择老师的倾向

计数

		被选老师性别		合计
		女老师	男老师	
学生性别	女生	259	48	307
	男生	52	177	229
合计		311	225	536

表 5-11 优势比

	值	95% 置信区间	
		下限	上限
学生性别 (女生 / 男生) 的几率比	18.367	11.871	28.415
用于 cohort 被选老师性别 = 女老师	3.715	2.912	4.741
用于 cohort 被选老师性别 = 男老师	.202	.155	.265
有效案例中的 N	536		

⑤ 结果与讨论。

在表 5-11 中，3.715 是女生选女老师的概率与男生选女老师的概率之比，即所谓的相对风险，同理，0.202 是女生选男老师的概率与男生选男老师的概率之比，18.367 是优势比，它是 3.715/0.202 的值，即相对风险之比。它表明若有 1 名男生选女老师，就有 18.367 名女生选女老师。由于优势比 18.367 大于 1，1 不在其 95% 的置信区间内，所以，“学生的性别与所选老师性别无关”的原假设被拒绝，$P<0.05$，故可认为学生性别与所选老师性别有关。男生倾向于选男老师，女生倾向于选女老师，其优势比为 18.367。

对于多于 2 行或 2 列的列联表，优势比描述了其中任何一个四格表的模式。为便于说明这一点，将例 5.4 中节日时给谁买礼物最难的选项合并为 3 项，见表 5-12。

考虑第一个四格表，样本优势比为$(44\times52)/(28\times31)=2.636$，女性节日送礼觉得最难选择的是父母而非配偶的概率是男性节日送礼觉得最难选择的是父母而非配偶的概率的 2.636 倍。相反，男性节日送礼觉得最难选择的是配偶而非父母的概率是女性节日送礼觉得最难选择的是配偶而非父母的概率的 2.636 倍。该优势比大于 1，且在 95%的置信区间以外(见表 5-13)，因此，相比而言，男性感到节日礼物最难选的是配偶，女性感到节日礼物最难选的是父母，两者有显著差异($P<0.05$)。

表 5-12　合并后节日时给谁买礼物最难的结果

		亲属称谓			合计
		父母	配偶	其他亲属	
性别	女	44	28	48	120
	男	31	52	37	120
合计		75	80	85	240

考虑第二个四格表，样本优势比为(28×37)/(52×48)=0.415，见表 5-14，女性节日送礼觉得最难选择的是配偶而非其他亲属的概率是男性节日送礼觉得最难选择的是配偶而非其他亲属的概率的 0.415 倍。相反，男性节日送礼觉得最难选择的是配偶而非其他亲属的概率是女性节日送礼觉得最难选择的是配偶而非其他亲属的概率的 1/0.415=2.409 倍。1 在其 95%的置信区间之外，因此，该优势比有显著性意义($P<0.05$)。而女性节日送礼觉得最难选择的是父母而非其他亲属的概率与男性节日送礼觉得最难选择的是父母而非其他亲属的概率的优势比为(44×37)/(31×48)= 1.094=2.636×0.415。它接近于 1，因此该优势比没有显著性意义。

表 5-13　送父母礼比配偶更难的优势比(女/男)

	值	95% 置信区间	
		下限	上限
性别 (女 / 男) 的几率比	2.636	1.376	5.048
用于 cohort 送礼对象 = 父母	1.636	1.172	2.285
用于 cohort 送礼对象 = 配偶	.621	.445	.867
有效案例中的 N	155		

表 5-14　送配偶礼比其他亲属更难的优势比(女/男)

	值	95% 置信区间	
		下限	上限
性别 (女 / 男) 的几率比	.415	.221	.778
用于 cohort 送礼对象 = 配偶	.631	.448	.888
用于 cohort 送礼对象 = 其他亲属	1.519	1.125	2.051
有效案例中的 N	165		

注意，本例的最后一项由后面四项合并而成，在实际分析时，不需要这样合并，分开单独讨论即可。

对于名义单选题而言，还要注意的是，应结合多个分类变量一起讨论，避免陷入“假关联”的悖论中。

5.2　名义多选题

所谓**名义多选题**(复选题)，是指在无主次、等级、程度或数量大小之分的众多选项中，一次可选多个选项的一种特定的题型。

例如，在对大学生缺课原因的问卷调查中，请他们在以下选项中选择缺课的原因(可多选)：A. 生病　B. 有更重要的事要做　C. 老师讲课没有吸引力　D. 对课程没有兴趣　E. 老师讲的内容听不懂　F. 其他。这些选项之间没有主次、等次及程度之分，并且每个被调查的学生每次可选择多项，因此，它是一道名义多选题。

5.2.1　建立名义多选题的数据文件

名义多选题实质上可以分解为应答选项都为“A. 是　B. 不是”的多道名义二分单选题，

因此，前面的名义多选题也可以表述为如表 5-15 所示的多道名义二分单选题。

表 5-15　多道名义二分单选题

题　号	问　题	应答选项	
		是	否
1	我缺课的原因是生病		
2	我缺课的原因是有更重要的事要做		
3	我缺课的原因是老师讲课没有吸引力		
4	我缺课的原因是对课程没有兴趣		
5	我缺课的原因是老师讲的内容听不懂		
6	我缺课的原因是其他		

因此，一般而言，建立名义多选题的数据文件时，应考虑有多少个选项，来建立对应数量的变量。这些变量都应为数值型名义测度变量，值标签用 1 代表选择，0 代表未选。对于初学者而言，这不失为一种明智的选择，因为它简单明了，但这不一定是最佳的方法。原因也很简单，一是核对原始资料时不方便，二是如果被调查者只是部分地选取了某些选项，则用“有几个选项建几个二分变量”的方法将造成录入原始信息时工作量大增。最佳方法就是在录入该类型的题时，只建立一个字符型变量，直接将所选择的选项编号录入。再利用 SPSS 中的函数将其拆分成用 0、1 表示的与应答项数相等个数的二分变量。

下面，我们结合一个被调查者人数较少的实例，来完整说明名义多选题建立数据文件的过程。

例 5.7　在大学生缺课原因的调查中，随机抽取了 10 名大学生参与了一次小型的问卷调查，这 10 名大学生的应答结果如下：（　　）。

1．ABF　　2．ABCDEF　　3．CDE　　4．ACDE　　5．A

6．BCDE　　7．BCD　　8．AB　　9．ABC　　10．BCD

请用一个字符型变量存放应答结果并建立数据文件，再将其拆分成用 0、1 表示的 6 个二分变量。

第一步，建立两个字符型名义变量（“编号”“缺课原因”）的数据文件。将 10 名被调查者的应答结果依次录入“编号”“缺课原因”变量中。“编号”变量专为审核设计，与未来的数据处理及分析无关。建成的数据文件结构如图 5-23 所示，它已存放在 data05-04.sav 中。

	编号	缺课原因
1	1	ABF
2	2	ABCDEF
3	3	CDE
4	4	CDE
5	5	A
6	6	BCDE
7	7	BCD
8	8	AB
9	9	ABC
10	10	BCD

图 5-23　名义多选题的数据文件结构

经核查，数据文件中输入的结果与问卷调查的原始记录一致，说明录入工作是正确的。

第二步，将变量“缺课原因”拆分成 6 个结果变量：Q1（生病）、Q2（有更重要的事要做）、Q3（老师讲课没有吸引力）、Q4（对课程没有兴趣）、Q5（老师讲的内容听不懂）、Q6（其他）。

它可以在【转换】菜单的【计算变量】过程中完成。

例如，按【转换→计算变量】顺序打开【计算变量】对话框。在【目标变量】框中输入变量名“生病”，在【数字表达式】框中输入 0，单击【如果】按钮，展开【计算变量：IF 个案】对话框，选择【如果个案满足条件则包括】选项，在其框中输入“INDEX(缺课原因,"A")=0”，单击【继续】按钮返回【计算变量】对话框，单击【确定】按钮，则在原数据文件中生成一列名为生病的新变量。在该新变量中只有值 0，其他为缺失值。

重复上述过程，在【数字表达式】框中输入 1，单击【如果】按钮，展开【计算变量：IF 个案】对话框，选择【如果个案满足条件则包括】选项，在其框中输入“INDEX(缺课原因,"A")>0”，单击【继续】按钮返回【计算变量】对话框，单击【确定】按钮，则在“生病”新变量中，原来的缺失值部分转换成数值 1。

在输出窗口中得到以下语句：

```
IF  (INDEX(缺课原因,"A")=0) Q1=0.
EXECUTE.
IF  (INDEX(缺课原因,"A")>0) Q1=1.
EXECUTE.
```

IF()是条件判断语句，如果 IF 括号中的条件为真，则执行其后面的赋值语句，本例中为 Q1=0 或 Q1=1。

括号中的 INDEX(haystack，needle) 是 SPSS 字符串函数中的索引函数，它是一个数值型函数，返回字符串 needle 在字符串 haystack 中第一次出现的起始位置，如果字符串 needle 不在字符串 haystack 中，则返回 0。因此，语句“IF(INDEX(缺课原因，"A")=0) Q1=0”做了这样一个判定：INDEX(缺课原因，"A")=0 为真，说明 INDEX()函数的返回值为数值 0，这样 0=0 才能成立；INDEX()=0，表明字符 A 不在对应记录的“缺课原因”变量的观察值(记录的字符串)中，因此，该被调查者没有选择选项 A，故给变量 Q1 赋 0。

因此，上述重复过程基于变量“缺课原因”的输入结果中是否有选项 A，来实现对新变量 Q1 的生成及赋值。

其他 5 个新变量的生成和赋值方式同上，只不过生成第 2 个新变量 Q2 时，需要判定的是 B 在不在“缺课原因”的观察记录的字符串中，其余类推。

显然，这要进行多次重复，才能将“缺课原因”中的全部数据转换成 6 个变量中相应的 0、1 数据。

事实上，在生成第 1 个新变量及其观察的过程中，也可在语句编辑窗口中执行如下语句来完成其工作：

```
IF  (INDEX(缺课原因,"A")=0) Q1=0.
IF  (INDEX(缺课原因,"A")>0) Q1=1.
EXECUTE.
```

而在生成第 2 个新变量“有更重要的事要做”时，只要在语句编辑窗口中执行如下语句就可完成其工作：

```
IF  (INDEX(缺课原因,"B")=0) Q2=0.
IF  (INDEX(缺课原因,"B")>0) Q2=1.
EXECUTE.
```

显然，可以在这两段程序中找到规律——变化的部分在变量名及其对应题项的编码上。这表明，对于其他需要生成的新变量，也按此规律做相应处理即可。这样，可以得到如下处理本问题的一组完整的语句，来实现将一个字符型变量拆分成对应选项数量的新的由 0、1 组成的二分变量。

```
IF  (INDEX(缺课原因,"A")=0) Q1=0.
IF  (INDEX(缺课原因,"A")>0) Q1=1.
IF  (INDEX(缺课原因,"B")=0) Q2=0.
IF  (INDEX(缺课原因,"B")>0) Q2=1.
IF  (INDEX(缺课原因,"C")=0) Q3=0.
IF  (INDEX(缺课原因,"C")>0) Q3=1.
IF  (INDEX(缺课原因,"D")=0) Q4=0.
IF  (INDEX(缺课原因,"D")>0) Q4=1.
IF  (INDEX(缺课原因,"E")=0) Q5=0.
IF  (INDEX(缺课原因,"E")>0) Q5=1.
IF  (INDEX(缺课原因,"F")=0) Q6=0.
IF  (INDEX(缺课原因,"F")>0) Q6=1.
EXECUTE.
```

在 SPSS 数据编辑窗口中，打开数据文件 data05-04.sav，按【文件→新建→语法】顺序，打开【语法编辑器】窗口，如图 5-24 所示。在该窗口中，输入上述语句(如果有 Word 文档，将它们复制，粘贴过来即可)。单击【运行】下拉菜单中的【全部】选项，如图 5-25 所示，则在当前数据文件中可将字符型变量“缺课原因”，转换成 6 个新的由 0、1 组成的二分变量。再单击【变量视图】按钮，在弹出的【变量视图】窗口中，将生成的 6 个变量的小数部分修改为 0，并在其值标签中，定义 0 代表未选，1 代表选中，见数据文件 data05-05.sav。

图 5-24 【语法编辑器】窗口

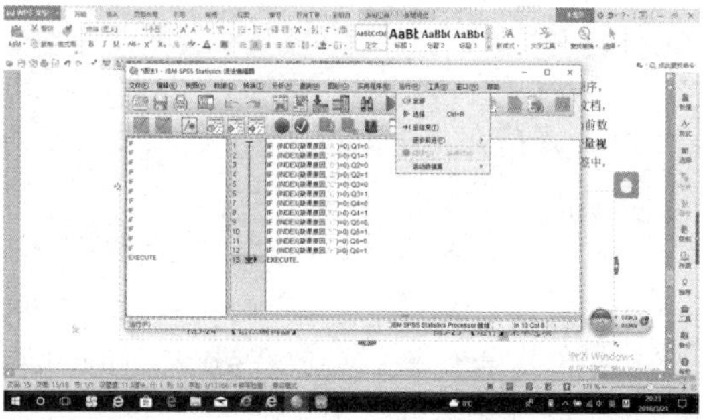

图 5-25 【运行】下拉菜单

5.2.2 定义名义多选题

在 SPSS 中，定义名义多选题，即建立多重应答集，在三个模块中可以做这项工作，但需要指出的是，在不同模块中建立的多重应答集是不通用的。下面逐一加以说明。

第一个在【分析】菜单的【多重响应】过程中，可以定义多重应答集。此处定义的多重应答集接下来可以在其【频数】和【交叉表】模块中作为分析变量，但在其他过程中，这个定义的多重应答集是无效的，并且它是临时性的，即如果关闭 SPSS 后再打开，就得重新定义多重应答集。

第二个在【数据】菜单的【定义多重响应集】过程中。

第三个在【分析】菜单的【表】过程的【多重响应集】模块中。

在上述第二个、第三个过程中定义的多重应答(响应)集是永久性的，虽然，它不可以在第一个过程的【频数】和【交叉表】模块中使用，但可在【表】过程的【设定表】模块中使用，同样可以实现【交叉表】模块中的大部分功能。

上述三个过程中定义多重应答集的做法是一致的，因此，这里结合例 5.7 来介绍在【分析】菜单的【表】过程的【多重响应集】模块中定义多重应答集的方法。

按【分析→表→多重响应集】顺序，打开【定义多重响应集】对话框，如图 5-26 所示。

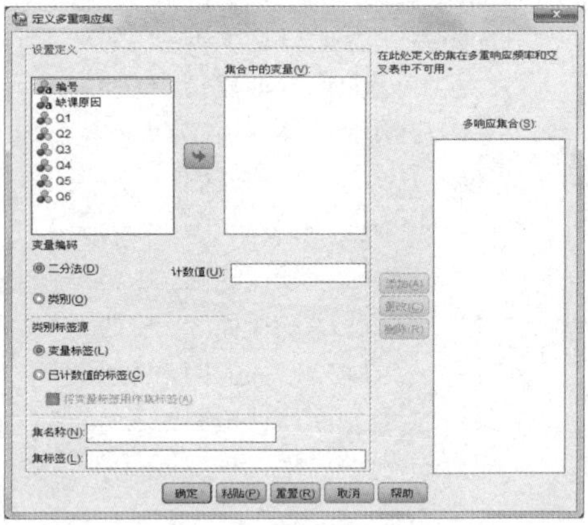

图 5-26 【定义多重响应集】对话框

在【设置定义】框中，选择变量 Q1 至 Q6，将其右移到【集合中的变量】框，在【变量编码】框中选择【二分法】选项（【类别】选项不适用于本例的二分变量），在【计数值】文本框中输入“1”，在【集名称】文本框中输入“原因”，单击【添加】按钮，则在【多响应集合】框中出现“$原因”。单击【确定】按钮，便定义好多重应答集，其名称为“$原因”。

5.2.3 名义多选题的一般统计描述

对名义多选题可以用频数分布表来描述。

例 5.8 在对北京市体校学生的调查问卷中，为了解体校学生毕业后的去向，询问：

如果能在大学中继续从事你的运动专项，那么在下面的选项中，你最想上的地方是（可多选）：

(1) 上大学高水平运动队　　(2) 上体育系　　(3) 上运动系

(4) 上军警校　　(5) 上职业学院　　(6) 其他

该题的调查结果已存放在数据文件 data03-01.sav 的二分变量 Q5.1 至 Q5.6 中，试对该名义多选题进行一般性的统计描述。

首先，在【分析】菜单的【多重应答】过程中建立多重应答集。

按【分析→多重响应→定义变量集】顺序，打开【定义多重响应集】对话框。

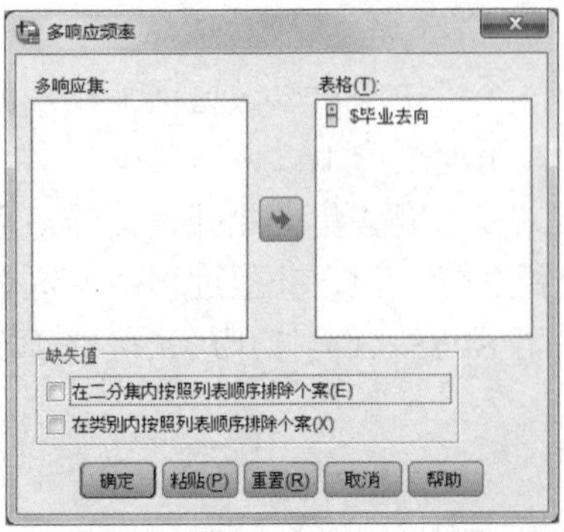

图 5-27 【多响应频率】对话框

在【设置定义】框中，选择变量 Q5.1 至 Q5.6，将其右移到【集合中的变量】框，在【变量编码】框中选择【二分法】选项，在【计数值】文本框中输入“1”，在【集名称】文本框中输入“毕业去向”，单击【添加】按钮，则在【多响应集合】框中出现“$毕业去向”。单击【确定】按钮，则已定义好多重应答集，其名称为“$毕业去向”。

接下来做一般性的统计描述，生成频数分布表。

按【分析→多重响应→频率】顺序，打开【多响应频率】对话框，见图 5-27。

将【多响应集】框中的“$毕业去向”右移到【表格】框中，单击【确定】按钮，则在输出窗口中得到表 5-16。

表 5-16 的“响应”列中，“N”列为各选项的人数和总计，总计是每个选项选择人数的总和，它比参与问卷调查的总人数 186 人多，这是多选题的一个特点。“百分比”列中的数据是以每个选项选择人数的总和为分母的。分析中这个百分比一般不用。而“个案百分比”列中的数据是用问卷调查中的有效总人数做分母计算得来的，它有实际意义，从中可见，有 60.8%的学生选择毕业后“上运动系”，有 43.0%的学生选择毕业后“上大学高水平运动队”，另有 39.8%的学生选择毕业后“上军警校”。

表 5-16　毕业去向多选题的频数分布表

		响应		个案百分比
		N	百分比	
$毕业去向[a]	上大学高水平运动队	80	23.3%	43.0%
	上体育系	42	12.2%	22.6%
	上运动系	113	32.9%	60.8%
	上军警校	74	21.6%	39.8%
	上职业学院	28	8.2%	15.1%
	其他	6	1.7%	3.2%
总计		343	100.0%	184.4%

a. 值为 1 时制表的二分组。

5.2.4　名义多选题的克科伦 Q 检验

克科伦 Q 检验与 Friedman 检验是相同的，适用于所有选项都是二分变量的情况。它是对 k 个样本情形的 McNemar 检验的扩展，变量是在同一个体或配对个体上测定的，对应于调查问卷中的多选题。

1. 基本统计量的计算

对 N 个个案中的每个个案，在 k 个指定的二分变量上取值，二分变量上第一个取到的值当作“成功”处理，对每个个案合计“成功”变量的数量。个案 i “成功”的数量用 R_i 标记，变量 l 的总“成功”数量用 C_l 标记。

2. 检验

克科伦 Q 检验的原假设 H_0: 几个相关的二分变量有相同均数。

Q 值用下式计算：

$$Q=\frac{(k-1)\left[k\sum_{l=1}^{k}C_l^2-\left(\sum_{l=1}^{k}C_l\right)^2\right]}{k\sum_{l=1}^{k}C_l-\sum_{l=1}^{k}R_i^2}\qquad(i=1,2,\cdots,k)$$

式中，k 为变量数。在原假设为真时，$Q\sim\chi^2(k-1)$。

当 $P<\alpha$ 时，拒绝原假设。

3. 实例

例 5.9　试用克科伦 Q 检验法对例 5.8 中学生毕业后的去向选择是否有区别进行检验。

在 SPSS 中的具体做法如下：

① 在 SPSS 数据编辑窗口中，打开数据文件 data03-01.sav。

② 按【分析→非参数检验→旧对话框→K 个相关样本】顺序打开【多个相关样本】对话框，选择变量 Q5.1、Q5.2、Q5.3、Q5.4、Q5.5 和 Q5.6 进入【检验变量】框。在【检验类型】选项中选择【Cochran 的 Q】方法。

③ 单击【确定】按钮，则在输出窗口中得到输出结果，见表 5-17 和表 5-18。

④ 结果与讨论。

表 5-17 列出了 6 项选择情况，0 表示未选，1 表示选择。

表 5-18 列出了检验中的各统计量，从上到下各行依次为：样本量为 186，克科伦 Q 值为 182.754，自由度为 5，由渐近分布计算得到的概率为 0.000。

由于在“学生对毕业后去向的选择没有区别”的原假设下，出现目前统计量的值或者更极端值的双侧检验的概率为 0.000，小于 0.05，故拒绝原假设，而认为学生对这些去向的选择是有区别的。

表 5-17 各项选择结果

	值	
	0	1
上大学高水平运动队	106	80
上体育系	144	42
上运动系	73	113
上军警校	112	74
上职业学院	158	28
其他	180	6

表 5-18 检验统计量表

N	186
Cochran Q	182.754[a]
df	5
渐近显著性	.000

a. 1 将被视为成功。

5.2.5 名义多选题的交叉分析

结合其他分类变量，还可以对名义多选题进行交叉分析。

例 5.10 试比较不同体校、不同性别的学生在选择毕业去向时的分布情况。

在 SPSS 中的具体做法如下：

① 在 SPSS 数据编辑窗口中，打开数据文件 data03-01.sav。按 5.2.3 节中介绍的方法，先将变量 Q5.1 至 Q5.6 做成多重应答集“$毕业去向”。

② 按【分析→多重响应→交叉表】顺序，打开【多响应交叉表】对话框，见图 5-28。将左侧源变量框中的“性别”变量移到【行】框中，单击【定义范围】按钮，在弹出的【多响应交叉表变量范围定义】框中，定义最小值为 0，最大值为 1，单击【继续】按钮，返回【多响应交叉表】对话框。将【多响应集】框中的“$毕业去向”移到【列】框中，将左侧源变量框中的“所在学校”移到【层】框中，单击【定义范围】按钮，在弹出的【多响应交叉表变量范围定义】框中，定义最小值为 1，最大值为 5。单击【确定】按钮，在输出窗口中得到如表 5-19 所示的分层交叉表。

在表 5-19 中列出了不同学校男生、女生毕业去向的各种选择。较为集中的一种

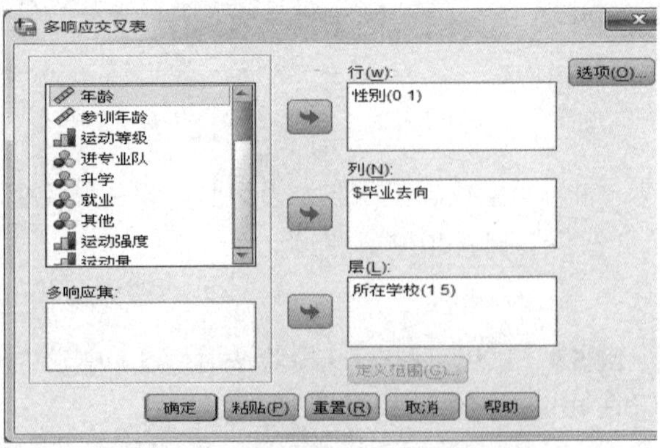

图 5-28 【多响应交叉表】对话框

选择是毕业后“上运动系”，最小百分比为 48.4%(五体校女生)，最大百分比为 80.8%(三体校男生)，此外，“上大学高水平运动队”“上军警校”和“上体育系”也是许多学生的选择。

表 5-19　分层交叉表

所在学校			$毕业去向[a]						总计
			上大学高水平运动队	上体育系	上运动系	上军警校	上职业学院	其他	
一体校	女	计数	3	4	6	3	0	1	10
		性别 内的 %	30.0%	40.0%	60.0%	30.0%	0.0%	10.0%	
	男	计数	4	7	11	11	2	0	18
		性别 内的 %	22.2%	38.9%	61.1%	61.1%	11.1%	0.0%	
	总计	计数	7	11	17	14	2	1	28
二体校	女	计数	1	1	1	1	1	0	2
		性别 内的 %	50.0%	50.0%	50.0%	50.0%	50.0%	0.0%	
	男	计数	17	5	26	15	5	1	38
		性别 内的 %	44.7%	13.2%	68.4%	39.5%	13.2%	2.6%	
	总计	计数	18	6	27	16	6	1	40
三体校	女	计数	6	2	6	2	4		10
		性别 内的 %	60.0%	20.0%	60.0%	20.0%	40.0%		
	男	计数	16	5	21	11	9		26
		性别 内的 %	61.5%	19.2%	80.8%	42.3%	34.6%		
	总计	计数	22	7	27	13	13		36
首体院	女	计数	4	8	8	9	1	0	16
		性别 内的 %	25.0%	50.0%	50.0%	56.2%	6.2%	0.0%	
	男	计数	10	6	10	8	3	1	20
		性别 内的 %	50.0%	30.0%	50.0%	40.0%	15.0%	5.0%	
	总计	计数	14	14	18	17	4	1	36
五体校	女	计数	11	3	15	11	3	3	31
		性别 内的 %	35.5%	9.7%	48.4%	35.5%	9.7%	9.7%	
	男	计数	8	1	9	3	0	0	15
		性别 内的 %	53.3%	6.7%	60.0%	20.0%	0.0%	0.0%	
	总计	计数	19	4	24	14	3	3	46

百分比和总计以响应者为基础。

a. 值为 1 时制表的二分组。

思　考　题

1．对名义单选题常用的描述统计分析方法有哪些？

2．对名义单选题常用的推断统计分析方法有哪些？

3．如何在 SPSS 中建立名义多选题的多重应答集？

4．简述对名义多选题的一般统计描述方法。

第 6 章　确定选项间重要程度的常用统计分析方法

在一般问卷调查中，常有题项要求被调查者应答选项之间的重要程度，以便排定这些选项的位置并计算其权重。

本章讨论的题项在一般调查问卷中常以排序题和矩阵式题的形式出现。排序题在前面的章节已介绍，矩阵式题是指将题项中的选项排列成一个矩阵，由被调查者使用 9 级测量尺度对比选项间的重要程度并进行应答的一种特定题型。

本章将分别讨论适用于排序题和矩阵式题的常用统计分析方法。

6.1　排序题中常用的统计分析方法

排序题可用来研究不同被调查者对同一个有序问题是否有不同的看法，以及事先给定的各选项之间的重要程度。

6.1.1　建立排序题的数据文件

排序题中，建立的**变量数等于**其题项中的**选项数**。用第 1 个变量表示第 1 个选项，用第 2 个变量表示第 2 个选项，……，用第 n 个变量表示第 n 个选项。进一步地，每个变量的设定方法与应答方式为等级式的有序单选题，也就是将每个变量设定为有序测度的数字型变量，输入数字 1，表示该选项排在第 1 位；输入数字 2，表示该选项排在第 2 位；……；输入数字 n，表示该选项排在第 n 位。

下面结合实例加以说明。

例 6.1　为研究排序法和评分法之间的关联，由 7 名武术通臂拳运动员进行实景表演赛，随机抽取 4 名武术裁判员参与现场打分。设计的调查问卷要求裁判员对每名表演完的运动员进行现场打分，并在所有运动员表演结束后，每名裁判员按 7 名运动员的整体表现，分别给出 7 人的总排名记录。问卷调查中的得分、排名见表 6-1。

表 6-1　排序法与评分法对比调查问卷表

运动员编号	1	2	3	4	5	6	7
运动员得分							
运动员总排名							

整理 4 名裁判员的得分、排名记录表后，得到如表 6-2 所示的临场得分统计表，以及如表 6-3 所示的总排名表。

本例是一般调查问卷中的一个特例，表 6-2 中的数据是数量资料，而表 6-3 中的数据看起来似乎是数量资料，但实质不是，表中的数字代表的是运动员在整个群体中的先后次序，它并不是数量值，而是位置值。因此，前者为计量资料，而后者是等级资料。这意味着需要用不同的统计方法来处理这两种不同类型的统计资料。

不同统计处理方法，对应于不同的统计分析模型，而建立什么结构的数据文件取决于采用的统计模型。

表 6-2　通臂拳比赛中 7 名运动员的临场得分统计表

运动员	裁判员			
	1	2	3	4
1	8.6	8.9	8.8	8.8
2	8.9	8.9	8.9	8.7
3	8.8	8.7	8.9	9
4	8.4	8.6	8.6	8.6
5	8.6	8.6	8.6	8.6
6	8.4	8.8	8.8	8.8
7	8.1	8.3	8.5	8.5

表 6-3　7 名运动员的总排名表

运动员	裁判员			
	1	2	3	4
1	3	2	3	2
2	1	1	1	4
3	2	4	2	1
4	6	6	5	6
5	4	5	6	5
6	5	3	4	3
7	7	7	7	7

初看表 6-2 中的数据结构，当各裁判员之间的水平不存在差异时，即裁判员因素不影响最终运动员的得分时，那么影响运动员最后得分的因素就只有运动员本身的水平了，这样看来，它似乎适合用单因素方差分析法来进行不同运动员之间得分的差异性分析了。不过，单因素方差分析法适用的条件，除因变量为计量资料外，得分变量还必须服从正态分布。然而，在每个运动员只有 4 名裁判员给分的条件下，很难有足够的证据去验证每个运动员的“得分”变量是否服从正态分布的假定。前面提到的适用于小样本情形下检验变量正态性的 K-S 法，也需要变量的样本量至少达到 5。因此，用单因素方差分析法来处理表 6-2 中的数据，以便得出不同运动员水平间平均得分是否有差异的统计结论是有些牵强的。

当各裁判员之间的水平存在差异时，即裁判员因素也影响最终运动员的得分时，那么影响运动员最后得分的因素除运动员因素外，还有裁判员因素，这样看来，它似乎也适合用双因素方差分析法来进行分析。同样地，双因素方差分析法适用的前提条件也需要“得分”这个因变量服从正态分布。从试验的角度而言，运动员的不同水平与裁判员的不同水平之间只做了一次搭配试验，因此，只有一个因变量的测定值，无法对此进行正态性检验。除非我们能得到前人研究中的佐证，否则，此时强制地假定得分服从正态分布，是不能令人信服的。

因此，要检验裁判员评分时采用的评判标准是否一致及运动员的水平之间是否有差异等，采用非参数检验中的相应方法来处理上述两种类型的数据资料应是首选。

由于前者是计量资料，故可采用弗里德曼(Friedman)检验法来检验；而由于后者是等级资料，故可采用肯德尔调和系数(Kendall’s W)检验法来检验。

现在为表 6-2 中的资料建立数据文件，设置运动员 1 至运动员 7 共 7 个数字型尺度测度变量，用来存放得分，每个裁判员给所有运动员的评分为一个记录，故在该数据文件中共有 4 个记录。变量属性等详细信息见数据文件 data06-01.sav。

再为表 6-3 中的资料建立数据文件，由于上述排序题中，共有 7 个选项(运动员 1 至运动员 7)，而裁判员的排名相当于做了一次由 4 名专家参加的专家调查。因此，建立 7 个数字型等级测度变量，每个变量在 1～7 中取整数值，意为位置值，数据文件中共有 4 个记录。变量属性等详细信息见数据文件 data05-02.sav。

6.1.2 一致性检验方法

6.1.2.1 弗里德曼检验法

弗里德曼检验法等同于一个样本重复测定设计或每单元一个观察值的双因素方差分析的非参数检验，它适用于计量资料，其计算步骤如下。

1. 计算秩和

对 N 个个案中的每个个案，对其 k 个变量排序并从 1 到 k 赋秩，在结(相同观察值称为结)上赋予平均秩。对 k 个变量中的每个变量，计算样品的秩和，用符号 C_l 表示，则每个变量的平均秩为 $R_l = C_l / N$。

2. 检验

此检验的原假设为 H_0: k 个相关的变量来自同一个总体。

检验统计量为

$$\chi^2 = \frac{\left(12 / Nk(k+1)\right)\sum_{l=1}^{k} C_l^2 - 3N(k+1)}{1 - \Sigma T / Nk(k^2-1)}$$

式中，$\Sigma T = \sum_{i=1}^{N}\sum_{l=1}^{k}(t^3 - t)$，$t$ 为变量结的长度，k 为最大变量数。

在原假设为真时，上面的 $\chi^2 \sim \chi^2(k-1)$。

当 $P < \alpha$ 时，拒绝原假设。

3. 实例分析

例 6.1 基于表 6-2 中数据，试检验运动员得分间是否有显著性差异。数据文件为 data06-01.sav。

在 SPSS 中，解题步骤如下。

(1) 在 SPSS 数据编辑窗口中，打开数据文件 data06-01.sav。

(2) 按【分析→非参数检验→旧对话框→K 个相关样本】顺序打开【多个关联样本检验】对话框，见图 6-1。从左侧源变量框中，选择变量“运动员 1”至“运动员 7”进入【检验变量】框中。在【检验类型】框中选择【Friedman】检验法。

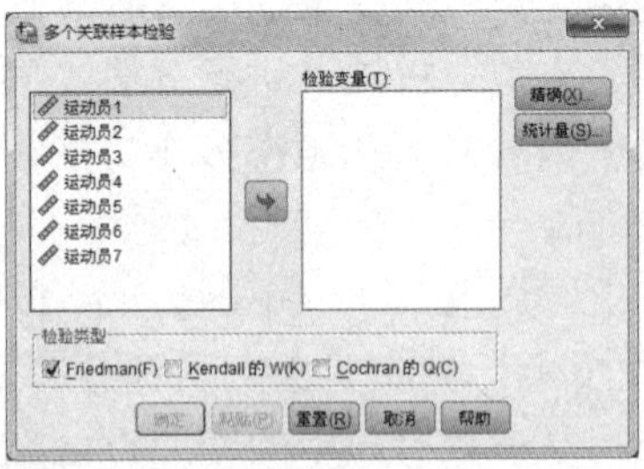

图 6-1 【多个关联样本检验】对话框

(3) 单击【确定】按钮，提交运算。在输出窗口中得到输出结果，见表 6-4 和表 6-5。

(4) 结果与讨论。

表 6-4 列出了根据 7 名运动员得分计算得到的平均秩。而表 6-5 列出了检验中的各统计量，从上到下各行意义：样本量为 4，$\chi^2 = 19.172$，自由度为 6，由渐近分布计算得到的概率为 0.004。

表 6-4　平均秩表

	秩均值
运动员1	5.25
运动员2	6.00
运动员3	5.88
运动员4	2.50
运动员5	3.00
运动员6	4.38
运动员7	1.00

表 6-5　检验统计量 [a] 表

N	4
卡方	19.172
df	6
渐近显著性	.004

a. Friedman 检验

由于在“7 名运动员得分之间无差异”的原假设下，出现目前统计量的值或者更极端值的双侧检验的概率为 0.004，小于 0.05，故拒绝原假设，而认为运动员得分之间有差异。

在 SPSS 中，程序按原始数值在序列中由小到大的顺序依次自动赋予 1，2，3 至 n 的秩，因此，平均秩越小的运动员其原始得分也越少。

由此可知，运动员的名次顺序依次为 2 号第 1 名，3 号第 2 名，1 号第 3 名，6 号第 4 名，5 号第 5 名，4 号第 6 名，7 号第 7 名。

如果要进一步进行两两比较的检验来检查两个运动员得分分布之间是否有显著性差异，则可以在 SPSS 的【非参数检验】过程中使用两个相关样本的威尔科克森检验法进行检验。

在实际比赛中，运动员的名次根据去掉 4 名裁判中的最低分和最高分以后的平均分来排定，即第 i 号运动员的实际得分为 $\overline{x}'_i = \dfrac{1}{b-2}\left[\sum_{j=1}^{b} x_{ij} - \max(x_{ij}) - \min(x_{ij})\right], 1 \leqslant j \leqslant b$，运动员的名次就是根据 $\overline{x}'_i$ 的大小来排定的。根据运动员的实际得分和总的平均得分，不难得到表 6-6 所示的运动员的期望得分与最终得分比较表。从表中可见，总体而言，在两种评定方式下，运动员的名次基本具有一致性，但在根据总平均分评定的方式下，第 2 号运动员和第 3 号运动员出现平均分相等、名次并列的状况。在评分者较少的情况下，最高得分与最低得分对平均得分有较大影响。因此，去掉这些值以后的平均分更能反映运动员的真实水平。另外，在限制评分有效值(保留小数点后 1 位)的情形下，都为 8.6 分的含义实质上也并不相同。改进有效分的位数，更能体现运动员的实际水平。

表 6-6　运动员的期望得分与最终得分比较表

运动员编号	1	2	3	4	5	6	7
$\overline{x}'_i$	8.80	8.90	8.85	8.60	8.60	8.80	8.40
比赛名次	3	1	2	6	5	4	7
$\overline{x}_i$	8.775	8.85	8.85	8.575	8.60	8.70	8.35
$\overline{x}_i$ 大小	3	1	1	6	5	4	7

对定量资料赋秩，用排序的方式可得到与去掉最高分和最低分以后的均值基本一样的排名，见表 6-4。这也从另一个角度验证了用中间的相对稳定值来排定运动员名次的合理性。

6.1.2.2　Kendall 协同系数检验法

对排序题的应答中有个明显的特点，即所取的表示排序结果的变量都是以等级次序来表示其实际观察值的，因此，可用 Kendall(肯德尔)提出的统计量(Kendall W)或相关公式来计算这几个变量之间的一致程度。

Kendall W 是标准化的 Friedman 统计量，称为 Kendall 协同系数。它是比率之间一致性的测度值。每个样品可以是一个鉴定者或定价者，每个变量是一个条件或被鉴定者。问卷调查中的多项排序题就属于它所处理问题的范畴。

其计算步骤如下。

1. 计算 Kendall 协同系数

$$W=\left(\frac{F}{N(v)}\right)\left(\frac{N^2k(k^2-1)/12}{N^2k(k^2-1)/12-N\sum T/12}\right)$$

式中，F 是 Friedman 检验中的 χ^2 统计量；$\sum T=\sum_{i=1}^{N}\sum_{l=1}^{k}(t^3-t)$，$t$ 是变量结的长度；N、k 和 l 的含义同 Friedman 检验。Kendall W 的取值范围在 0（不同意）和 1（同意）之间。

2. 检验

检验的无效假设为 $\mathrm{H}_0:\theta_1=\theta_2=\cdots=\theta_k$，备择假设为 $\mathrm{H}_1:\theta_1,\theta_2,\cdots,\theta_k$ 不全相等。

在原假设为真时，$\chi^2=N(k-1)W\sim\chi^2(k-1)$。

当 $P<\alpha$ 时，拒绝原假设，认为各 θ_i 之间有顺序关系，即 k 个观察值有这样的趋势：$x_{1j}\leqslant x_{2j}\leqslant\cdots\leqslant x_{kj},x_{1j}<x_{kj}$，这说明任意第 j 个区组内的 k 个观察值都有这样的趋势，所以在 b 个区组中一致性趋于成立。

3. 实例

例 6.2 基于表 6-3，试检验运动员的名次之间是否有显著性差异。数据文件为 data06-02.sav。

在 SPSS 中，解题步骤如下。

(1) 在 SPSS 数据编辑窗口中，打开数据文件 data06-02.sav。

(2) 按【分析→非参数检验→旧对话框→K 个相关样本】顺序，打开【多个关联样本】对话框，参见图 6-1。选择“运动员 1”至“运动员 7”这 7 个变量，送入【检验变量】框。在【检验类型】选项中选择【Kendall 的 W】检验法。

(3) 单击【确定】按钮，提交运算。在输出窗口中得到输出结果，见表 6-7 和表 6-8。

表 6-7 平均秩表

	秩均值
运动员1	2.50
运动员2	1.75
运动员3	2.25
运动员4	5.75
运动员5	5.00
运动员6	3.75
运动员7	7.00

表 6-8 检验统计量表

N	4
Kendall W[a]	.839
卡方	20.143
df	6
渐近显著性	.003

a. Kendall 协同系数

(4) 结果与讨论。

表 6-7 列出了 4 名裁判员对 7 名运动员排名的平均秩。表 6-8 列出了检验中的各统计量，从上到下各行意义：样本量为 4，Kendall 协同系数为 0.839，$\chi^2=20.143$，自由度为 6，由渐近分布计算得到的概率为 0.003。

由于在“7 名运动员排名相同”的原假设下，出现目前统计量的值或者更极端值的双侧检验的概率为 0.000，小于 0.05，故拒绝原假设，认为 7 名运动员排名是不同的，正是 4 名裁判员对 7 名运动员进行评分时，正确地区分了 7 名运动员的水平，从而可认为 4 名裁判员的评定结果是一致的。

运动员的名次可根据表 6-7 中的平均秩来排定，由于原始数据中输入的是裁判员给运动员评定的名次，因此，数值越小，名次越好，同样，由此转换的秩，也是平均秩越小，名次越好，它与按 $\overline{x}_i$ 大小排定的运动员的名次一致。由此可见，比赛时排定运动员名次的方式，不止打分一种。

6.1.3 确定各选项对题项影响的重要程度（权重系数）的常用统计方法

例 6.3 在对北京市 5 所体校运动员的问卷调查研究中，186 名学生对“请在以下影响运动员成绩的因素选项中，按你认为的重要程度进行排序：①运动强度②运动量③运动持续时间”这一问题进行了回答，数据存放在文件 data03-01.sav 中的“运动强度”“运动量”“运动持续时间”变量中。

SPSS 中的操作步骤如下。

(1) 在 SPSS 数据编辑窗口中，打开数据文件 data03-01.sav。

(2) 按【分析→非参数检验→旧对话框→K 个相关样本】顺序，打开【多个关联样本检验】对话框，参见图 6-1。选择“运动强度”“运动量”“运动持续时间”变量，将其送入【检验变量】框。在【检验类型】选项中选择【Kendall 的 W】检验法。

(3) 单击【确定】按钮，提交运行。在输出窗口中得到输出结果，见表 6-9 和表 6-10。

(4) 结果与讨论。

表 6-9 显示，“运动强度”变量的平均秩为 1.59，“运动量”变量的平均秩为 1.65，“运动持续时间”变量的平均秩为 2.77，说明影响运动成绩的因素中，第一位是运动强度，第二位是运动量，第三位是运动持续时间。

表 6-10 列出了 Kendall 协同系数检验法的结果，其中，样本量为 186，Kendall W 值为 0.444，$\chi^2=165.237$，自由度为 2，由渐近分布计算得到的概率为 0.000。

表 6-9 平均秩表 3

	秩均值
运动持续时间	2.77
运动量	1.65
运动强度	1.59

表 6-10 检验统计量表 3

N	186
Kendall W[a]	.444
卡方	165.237
df	2
渐近显著性	.000

a. Kendall 协同系数

因在“三个因素在重要性排位上无差异”的原假设下，出现目前统计量的值或者更极端值的双侧检验的概率为 0.000，故拒绝原假设，而认为三个因素在排位上是有差异的。

(5) 结论。

排位评定间的差异有极显著性意义，5 所体校的学生对运动强度、运动量、运动持续时间三者在对运动成绩影响的重要性上有一致看法，可以认为运动强度对运动成绩的影响最大，运动量次之，运动持续时间影响最小。

(6) 计算各因素对运动成绩影响的权重。

为计算权重，首先要将排序的位置秩转换成分值，可采用等间隔尺度倒序赋分的方式进行转换。设选项共有 n 项，则排在第 1 位的赋 n 分，排在第 2 位的赋 $(n-1)$ 分，依此类推，排在第 n 位的赋 1 分，也就是得分为 (n–位置值+1)。

在本例中，由于排序的选项只有 3 个，因此将排在第 1 位的转换成 3 分，排在第 2 位的转换成 2 分，排在第 3 位的转换成 1 分。

在 SPSS 中，可通过如下步骤进行分值转换。

① 在 SPSS 数据编辑窗口中，打开 data03-01.sav。

② 按【转换→重新编码为不同变量】顺序打开【重新编码为其他变量】对话框，见图 6-2，将左侧源变量框中的"运动强度"变量移入【数字变量→输出变量】框，在输出变量的【名称】框中输入"运动强度分值"，单击【更改】按钮，则将"运动强度"变量重新编码后生成新变量"运动强度分值"。

③ 单击【旧值和新值】按钮，打开【重新编码到其他变量：旧值和新值】对话框，见图 6-3。在【旧值】栏的【值】框中输入 1，在【新值】栏的【值】框中输入 3，单击【添加】按钮，则在【旧→新】转换列表框中添加了 1→3。再按上述顺序，添加 2→2，3→1，则完成对"运动强度"变量的位置值向"运动强度分值"变量的分值的转换。

同样，按步骤②、③，用 1→3、2→2、3→1 的转换分值规则，将旧变量"运动量"转换成新变量"运动量分值"，将旧变量"运动持续时间"转换成新变量"运动持续时间分值"。这样就在原数据文件中，添加了转换成分值后的 3 个对应的新变量。

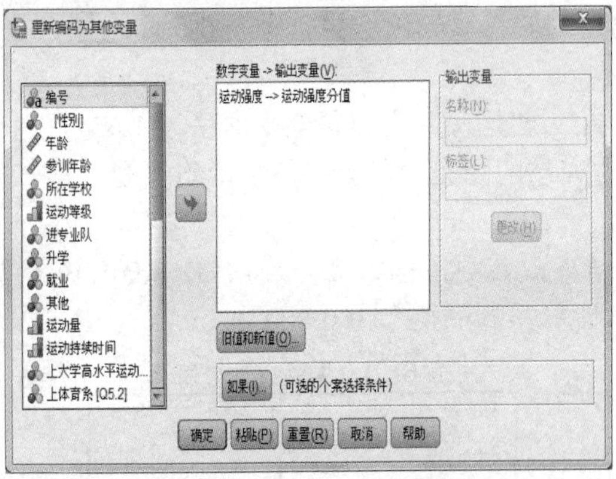

图 6-2 【重新编码为其他变量】对话框

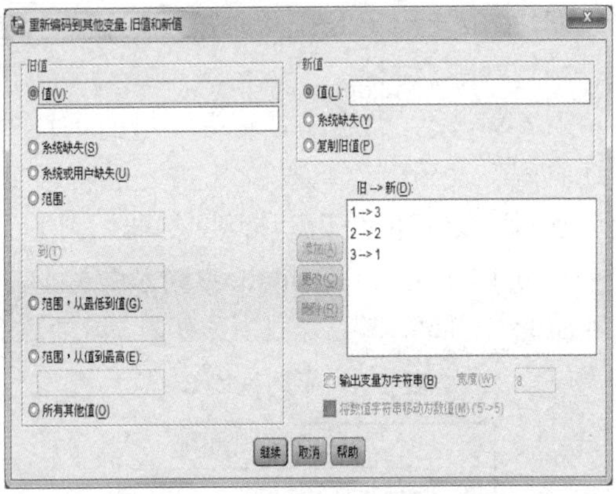

图 6-3 【重新编码到其他变量：旧值和新值】对话框

在 SPSS 中用 3 个新变量重新计算各自的平均得分，具体操作步骤如下。

- 按【分析→描述统计→描述】顺序，打开【描述统计】对话框。
- 在左侧源变量栏中，将"运动持续时间分值""运动量分值"和"运动强度分值"移入【变量】框。
- 单击【确定】按钮，则在输出窗口中得到如表 6-11 所示的输出结果。

在此基础上，进行归一化处理，即用下式来计算各因素对总目标的贡献大小：

$$W_i' = \frac{W_i}{\sum_{i=1}^{n} W_i}$$

式中，W_i 为重新赋分后计算得到的各因素的均值。

由于 $\sum_{i=1}^{n} W_i = 1.2312 + 2.3548 + 2.4140 = 6$，故运动强度、运动量和运动持续时间三个因素对运动成绩的影响权重约为 0.40(2.4140/6)、0.39(2.3548/6)和 0.31(1.2312/4)。

表 6-11　3 个新变量的均值表

	N	极小值	极大值	均值	标准差
运动持续时间分值	186	1.00	2.00	1.2312	.42273
运动量分值	186	1.00	3.00	2.3548	.49089
运动强度分值	186	1.00	3.00	2.4140	.83544
有效的 *N*(列表状态)	186				

本方法是采用等间隔赋分的方式进行转换的，但实际上，排列的先后位置间的重要程度不一定就是等间隔的，因此，这是本方法常遭质疑的一个原因。解决此类问题的另一种方法是 AHP，即层次分析法，将在 6.2 节中介绍。注意，用层次分析法解决此类问题时，在调查问卷中的提问方式与排序题是不一样的。

6.2　确定矩阵式选项权重系数的方法

在多目标决策分析中，通常把总目标分解为许多并列的子目标，子目标还可以细分为下一层的子子目标等，即建立多层目标体系，如图 6-4 所示。

在多层目标体系中，我们最关心的是下层子目标对它所属上层目标影响力的大小，即权重大小问题。

在此类问题的研究中，由于缺乏统一标准而产生的目标之间的不可公度性，以及目标之间的矛盾性，致使人们很难凭借自身经验来揭示目标之间的复杂关系，因此，要运用德尔菲尔法，即专家调查法，借助专家的经验和智慧来揭示或了解各目标之间的内在联系。

目前，在问卷调查中，对此类问题设计的应答选项基本为矩阵式，有时也用前面介绍的排序式。

分析矩阵式应答选项的方法为层次分析法，简称 AHP，它由美国著名运筹学家萨蒂(Saaty T L)教授于 20 世纪 70 年代提出。以下用层次分析法来建立各层子目标对上层目标的权重。

6.2.1　判断矩阵

通过专家问卷调查来建立各层子目标对上层目标的权重，也就是判断矩阵。建立判断矩阵的具体要求如下：

在矩阵式应答中，分别用 1～9 的评分尺度(见表 6-12)来度量子目标间对上层目标重要性的相对重要性，用公式 $a_{ij} = \frac{W_i}{W_j}$ 来计算，式中，W_i 为反映某层第 i 个子目标对于上层某一目标重要性的权重，它可以利用专家经验估计出来。这样可建立以每两个子目标的相对重要性 a_{ij} 为元素的矩阵

$$A=\begin{bmatrix} a_{11} & a_{12} & \cdots & a_{1n} \\ a_{21} & a_{22} & \cdots & a_{2n} \\ \vdots & \vdots & \vdots & \vdots \\ a_{n1} & a_{n2} & \cdots & a_{nn} \end{bmatrix}$$

称 $\boldsymbol{A}$ 为判断矩阵。

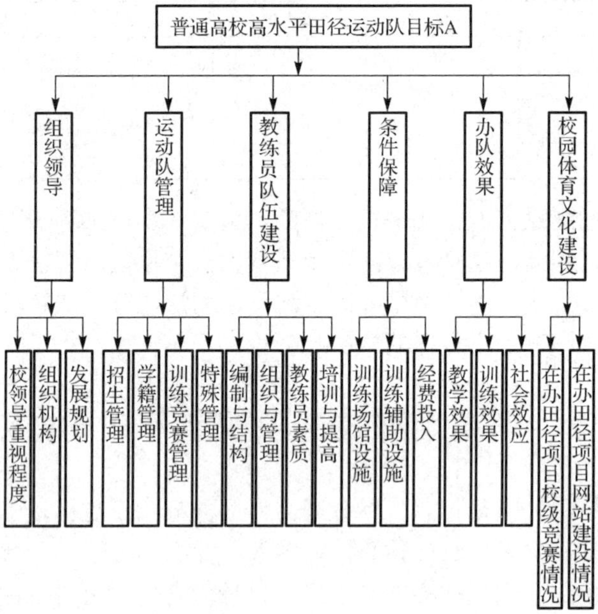

图 6-4　普通高校高水平田径运动队树形多层目标体系

表 6-12　判断矩阵中各元素的确定

标　　度	含　　义
1	两个子目标相比，同等重要
3	两个子目标相比，一个子目标比另一个稍重要
5	两个子目标相比，一个子目标比另一个重要
7	两个子目标相比，一个子目标比另一个明显重要
9	两个子目标相比，一个子目标比另一个绝对重要
2,4,6,8	两个子目标相比，重要性在上述两个相邻等级之间，取中间值
$1,\frac{1}{2},\frac{1}{3},\frac{1}{4},\frac{1}{5},\frac{1}{6},\frac{1}{8},\frac{1}{9}$	若子目标 i 与子目标 j 重要性之比为 a_{ij}，则子目标 j 与子目标 i 重要性之比为 $\frac{1}{a_{ij}}$

判断矩阵 $\boldsymbol{A}$ 的元素 a_{ij} 具有如下性质，称为三要素。

① $a_{ii}=1$；

② $a_{ij}=\dfrac{1}{a_{ji}}$；

③ $a_{ij}=a_{ik}\cdot a_{kj}$。

在实际的专家评判中，由于其估计并非很精确，因此第三条性质不一定成立。

某同学经发放专家问卷调查后得到了各层子目标对上层目标的相对重要性的判断矩阵，如表 6-13 至表 6-19 所示。

表 6-13　普通高校高水平田径运动队目标 A

A	B1	B2	B3	B4	B5	B6
B1	1	1	1	1	1/4	4
B2	1	1	1	1/3	1/4	3
B3	1	1	1	1/2	1/3	3
B4	1	3	2	1	1/3	5
B5	4	4	3	3	1	9
B6	1/4	1/3	1/3	1/5	1/9	1

表 6-14　组织与领导目标 B1

B1	C1	C2	C3
C1	1	5	5
C2	1/5	1	1
C3	1/5	1	1

表 6-15　运动队管理目标 B2

B2	C4	C5	C6	C7
C4	1	1	1	1/2
C5	1	1	1	1/2
C6	1	1	1	1/2
C7	2	2	2	1

表 6-16　教练员队伍建设目标 B3

B3	C8	C9	C10	C11
C8	1	1/2	1	1
C9	2	1	1	2
C10	1	1	1	1
C11	1	1/2	1	1

表 6-17　条件保障目标 B4

B4	C12	C13	C14
C12	1	1	1/7
C13	1	1	1/7
C14	7	7	1

表 6-18　办队效果目标 B5

B5	C15	C16	C17
C15	1	1/7	6
C16	7	1	9
C17	1/6	1/9	1

表6-19　校园体育文化建设目标B6

B6	C18	C19
C18	1	1
C19	1	1

6.2.2　确定权重

对于 n 阶矩阵 $\boldsymbol{A}$，由矩阵理论可知：

$$\boldsymbol{AW}=\eta\boldsymbol{W}$$

式中，$\boldsymbol{W}$ 为向量，且 $\boldsymbol{W}=(W_1,W_2,\cdots,W_n)^{\mathrm{T}}$，$\eta$ 为判断矩阵 $\boldsymbol{A}$ 的特征值，$\boldsymbol{W}$ 为特征值所对应的特征向量。

满足判断矩阵元素三要素的判断矩阵称为一致性判断矩阵，此时，判断矩阵的最大特征值 $\lambda_{\max}=n$，其余特征值为 0。

计算最大特征值的方法很多，但在 SPSS 中没有现成的过程可用，因此，我们以表 6-13 中的判断矩阵 $\boldsymbol{A}$ 为例，结合用几何均数求最大特征值的算法，来说明在 SPSS 中进行层次分析的整个操作程序。

首先，建立数据文件。表 6-13 为 7 行 7 列的结构，因此，建立 7 个变量，第 1 个变量为 A，为字符型名义测度变量，用来存放其下一层的子目标 B1 至 B6；第 2～7 个变量分别为 B1～B6，为数字型尺度测度变量，用来存放对应判断矩阵的值。由此，建立的数据文件名为 data05-03.sav，变量名及其属性见图 6-5，而 data06-03.sa 在编辑窗口中的格式见图 6-6。

	名称	类型	宽度	小数	标签	值	缺失	列	对齐	度量标准	角色
1	A	字符串	8	0		无	无	8	左	名义(N)	输入
2	B1	数值(N)	8	2		无	无	8	右	度量(S)	输入
3	B2	数值(N)	8	2		无	无	8	右	度量(S)	输入
4	B3	数值(N)	8	2		无	无	8	右	度量(S)	输入
5	B4	数值(N)	8	2		无	无	8	右	度量(S)	输入
6	B5	数值(N)	8	2		无	无	8	右	度量(S)	输入
7	B6	数值(N)	8	2		无	无	8	右	度量(S)	输入

图 6-5　data06-03.sav 的变量名及其属性

	A	B1	B2	B3	B4	B5	B6
1	B1	1.00	1.00	1.00	1.00	.25	4.00
2	B2	1.00	1.00	1.00	.33	.25	3.00
3	B3	1.00	1.00	1.00	.50	.33	3.00
4	B4	1.00	3.00	2.00	1.00	.33	5.00
5	B5	4.00	4.00	3.00	1.00	1.00	9.00
6	B6	.25	.33	.33	.33	.11	1.00

图 6-6　data06-03.sav 在编辑窗口中的格式

建立在数据文件 data06-03.sav 基础上的计算各应答选项权重系数的步骤如下。

1. 求判断矩阵 $\boldsymbol{A}$ 的行几何均数

行几何均数即每行所有元素乘积的 n 次方根。

$$M_i = \sqrt[n]{a_{i1} \cdot a_{i2} \cdot \cdots \cdot a_{in}}$$

在 SPSS 数据编辑窗口中，打开数据文件 data06-03.sav。计算新变量的几何均数 M，SPSS 中没有直接计算几何均数的函数，因此，M 须做如下变换后才能求得：

$$\ln M_i = \frac{1}{n}(\ln a_{i1} + \ln a_{i2} + \cdots + \ln a_{in})$$

故

$$M_i = \mathrm{e}^{\frac{1}{n}(\ln a_{i1} + \ln a_{i2} + \cdots + \ln a_{in})}$$

在 SPSS 数据编辑窗口中，按【转换→计算变量】顺序打开【计算变量】对话框，在【目标变量】框中输入“几何均数 M”，即将计算后得到的变量值存放在“几何均数 M”名下，而在【数字表达式】框中输入“exp((ln(B1)+ln(B2)+ln(B3)+ln(B4)+ln(B5)+ln(B6))/6)”，则可计算得到各行的几何均数，结果如图 6-7 所示。(注：计算得到新变量后，在【变量视图】窗口中，将新变量的小数位数修改为“4”，下同。)

	A	B1	B2	B3	B4	B5	B6	几何均数M
1	B1	1.00	1.00	1.00	1.00	.25	4.00	1.00000
2	B2	1.00	1.00	1.00	.33	.25	3.00	.79370
3	B3	1.00	1.00	1.00	.50	.33	3.00	.89090
4	B4	1.00	3.00	2.00	1.00	.33	5.00	1.46780
5	B5	4.00	4.00	3.00	1.00	1.00	9.00	2.74946
6	B6	.25	.33	.33	.33	.11	1.00	.31773

图 6-7　计算得到的行几何均数 M

2. 对列向量 $\boldsymbol{M}_i$ 进行归一化处理

$$\boldsymbol{W}_i = \frac{\boldsymbol{M}_i}{\sum_{j=1}^{n} \boldsymbol{M}_j}$$

该向量为所求权重向量，即权重为 $\boldsymbol{W} = (\boldsymbol{W}_1 \quad \boldsymbol{W}_2 \quad \cdots \quad \boldsymbol{W}_n)^{\mathrm{T}}$。

在 SPSS 中的计算步骤如下。

按【分析→描述统计→描述】顺序，打开【描述性】对话框，见图 6-8。选择【几何均数 M】变量到【变量】框中。

单击【选项】按钮，在弹出的【描述：选项】选项卡中(见图 5-9)选择【合计】选项，其他选项保持系统默认值。

图 6-8 【描述性】对话框

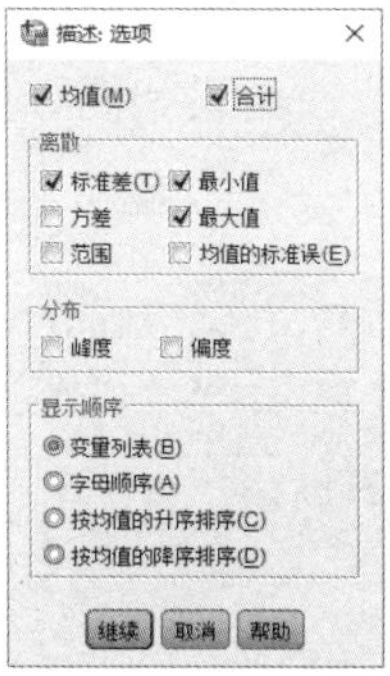

图 6-9 【描述：选项】选项卡

单击【继续】按钮，返回【描述性】对话框。

单击【确定】按钮，则在输出窗口中得到如表 6-20 所示的输出结果，由此可知列向量 ***M*** 的和为 7.21959。

表 6-20 "几何均数 M"变量的总和

	N	极小值	极大值	和	均值	标准差
几何均数 M	6	.31773	2.74946	7.21959	1.2032643	.84279336
有效的 N（列表状态）	6					

在 SPSS 编辑窗口中，按【转换→计算变量】顺序，打开【计算变量】对话框，在【目标变量】框中输入"归一化 M 值"，而在【数字表达式】框中输入"几何均数 M/7.21959"，则可算得权重向量的值，结果如图 6-10 所示。

	A	B1	B2	B3	B4	B5	B6	几何均数M	归一化M值
1	B1	1.00	1.00	1.00	1.00	.25	4.00	1.00000	.1385
2	B2	1.00	1.00	1.00	.33	.25	3.00	.79370	.1099
3	B3	1.00	1.00	1.00	.50	.33	3.00	.89090	.1234
4	B4	1.00	3.00	2.00	1.00	.33	5.00	1.46780	.2033
5	B5	4.00	4.00	3.00	1.00	1.00	9.00	2.74946	.3808
6	B6	.25	.33	.33	.33	.11	1.00	.31773	.0440

图 6-10 归一化后得到的权重

3. 计算最大特征值

$$\lambda_{\max} = \sum_{i=1}^{n} \frac{(\boldsymbol{AW})_i}{n\boldsymbol{W}_i}$$

式中，***A*** 为判断矩阵，***W*** 为其特征向量。

在 SPSS 编辑窗口中，按【转换→计算变量】顺序，打开【计算变量】对话框。在【目标变量】框中输入"特征值"，在【数字表达式】框中输入

B1*0.1385+B2*0.1099+B3*0.1234+B4*0.2033+B5*0.3808+B6*0.0440

则可计算得到判断矩阵 ***A*** 的特征值，结果如图 6-11 所示。

在 SPSS 编辑窗口中，按【转换→计算变量】顺序，打开【计算变量】对话框，在【目

标变量】框中输入“中间量比值”，在【数字表达式】框中输入“特征值/归一化 M 值/6”，则可算得中间量比值，结果如图 6-12 所示。

	A	B1	B2	B3	B4	B5	B6	几何均数M	归一化M值	特征值
1	B1	1.00	1.00	1.00	1.00	.25	4.00	1.00000	.1385	.8463
2	B2	1.00	1.00	1.00	.33	.25	3.00	.79370	.1099	.6668
3	B3	1.00	1.00	1.00	.50	.33	3.00	.89090	.1234	.7324
4	B4	1.00	3.00	2.00	1.00	.33	5.00	1.46780	.2033	1.2652
5	B5	4.00	4.00	3.00	1.00	1.00	9.00	2.74946	.3808	2.3439
6	B6	.25	.33	.33	.33	.11	1.00	.31773	.0440	.2665

图 6-11　判断矩阵 ***A*** 的特征值

	A	B1	B2	B3	B4	B5	B6	几何均数M	归一化M值	特征值	中间量比值
1	B1	1.00	1.00	1.00	1.00	.25	4.00	1.00000	.1385	.8463	1.0183
2	B2	1.00	1.00	1.00	.33	.25	3.00	.79370	.1099	.6668	1.0108
3	B3	1.00	1.00	1.00	.50	.33	3.00	.89090	.1234	.7324	.9892
4	B4	1.00	3.00	2.00	1.00	.33	5.00	1.46780	.2033	1.2652	1.0372
5	B5	4.00	4.00	3.00	1.00	1.00	9.00	2.74946	.3808	2.3439	1.0258
6	B6	.25	.33	.33	.33	.11	1.00	.31773	.0440	.2665	1.0091

图 6-12　计算中间量比值

再在 SPSS 中，按【分析→描述统计→描述】顺序，打开【描述性】对话框，选择“中间量比值”变量到【变量】框中。

单击【选项】按钮，在弹出的【描述：选项】选项卡中，选择【合计】选项，其他保持系统默认选项。

单击【继续】按钮，返回【描述性】对话框。

单击【确定】按钮，则在输出窗口中得到表 6-21 所示的输出结果，由此可知，最大特征值 λ 为 6.0905。

表 6-21　最大特征值 λ

	N	极小值	极大值	和	均值	标准差
中间量比值	6	.9892	1.0372	6.0905	1.015075	.0163652
有效的 N（列表状态）	6					

6.2.3　一致性检验

构造好判断矩阵后，需要根据判断矩阵计算某一准则层各元素的相对权重，并进行一致性检验。虽然在构造判断矩阵 ***A*** 时并不要求它具有一致性，但偏离一致性过大也是不允许的，因此需要对判断矩阵 ***A*** 进行一致性检验。

一致性检验是通过计算一致性指标及检验系数来进行的。

一致性指标：

$$\mathrm{CI}=\frac{\lambda_{\max}-n}{n-1}$$

本例

$$\mathrm{CI}=\frac{6.0905-6}{6-1}=0.0181$$

检验系数：

$$\mathrm{CR}=\frac{\mathrm{CI}}{\mathrm{RI}}$$

式中，RI 是平均一致性指标，可通过表 6-22 查到。一般地，当 CR<0.1 时，可以认为判断矩阵具有满意的一致性；否则，需要重新调整判断矩阵。

表 6-22　RI 系数表

阶数	3	4	5	6	7	8	9
RI	0.58	0.90	1.12	1.24	1.32	1.41	1.45

本例 $CR=\dfrac{CI}{RI}=\dfrac{0.0181}{1.24}\approx 0.0146$，由于它小于 0.1，故可认为判断矩阵 $\boldsymbol{A}$ 具有满意的一致性。

仿上做法，其他 B～C 之间的一致性检验结果见表 6-23。

表 6-23　各 C 层的子子目标对 B 层子目标的权重和一致性检验结果

目　标　层	权　　重	最大特征值	CI	CR	一致性检验结果
B1	W=Y0.714 0.143 0.143^T	3	0	0	满意
B2	W=Y0.2 0.2 0.2 0.4Y^T	4	0	0	满意
B3	W=Y0.21 0.35 0.24 0.2^T	4.060	0.020	0.022	满意
B4	W=Y0.111 0.111 0.777Y^T	3	0	0	满意
B5	W=Y0.18 0.77 0.05Y^T	3.2695	0.1348	0.2323	不满意
B6	W=Y0.5 0.5Y^T	2	0	0	满意

由表 6-23 可知，B5 下的子目标之间一致性检验结果不满意，表明其判断矩阵须重新调整。

调整后的判断矩阵见表 6-24。

计算得到：权重 W=(0.18 0.73 0.09)^T，最大特征值 λ=3，CI=0，CR=0，一致性检验结果为满意。

表 6-24　B5 调整后的判断矩阵

B5	C15	C16	C17
C15	1	1/4	2
C16	4	1	8
C17	1/2	1/8	1

现在，用最底层的子子目标权重乘以其所隶属的上层目标的权重，如 C1 对 A 的权重可用 0.714×0.1385=0.098889 来获取，这样可以得到最底层子子目标对总目标的影响程度，即对总目标的权重，见表 6-25。

表 6-25　底层子子目标对 A 的权重

	子目标	对 A 权重	子子目标	对上层权重	对 A 权重
A	B1	0.1385	C1	0.714	0.098889
			C2	0.143	0.0198055
			C3	0.143	0.0198055
	B2	0.1099	C4	0.2	0.02198
			C5	0.2	0.02198
			C6	0.2	0.02198
			C7	0.4	0.04396
	B3	0.1234	C8	0.21	0.025914
			C9	0.35	0.04319
			C10	0.24	0.029616
			C11	0.21	0.025914

续表

	子目标	对 A 权重	子子目标	对上层权重	对 A 权重
A	B4	0.2033	C12	0.111	0.0225663
			C13	0.111	0.0225663
			C14	0.777	0.1579641
	B5	0.3808	C15	0.18	0.068544
			C16	0.73	0.277984
			C17	0.09	0.034272
	B6	0.0440	C18	0.5	0.022
			C19	0.5	0.022

由此可知，对普通高校高水平田径运动队建设影响最大的前三位因素如下：C16 训练效果，约占 27.8%；C14 经费投入，约占 15.8%；C1 校领导重视程度，约占 9.9%；三者合计的影响程度约为 53.5%。因此，要实现建设一个普通高校高水平田径运动队的总目标，首先必须能出成绩，其次要有经费做保证，另外还要得到学校领导的高度重视。

在得到各子目标权重的基础上，只要得到各高校高水平田径运动队 19 个子子目标的评分值(可以用十分制或百分制)，再乘以表 6-25 中各子子目标的权重，就可得到各高校高水平田径运动队的总得分。总分高者为优，这样就可以进行综合评价了。

思　考　题

1. 做一道问卷调查需要用到的排序题，并简要说明确定各选项对题项的重要程度的常用方法。

2. 做一个实例，并简述确定矩阵式选项权重系数的方法。

第7章　对选项进行分类题型的常用统计分析方法

在一般问卷调查中，有些题项会要求被调查者应答其选项之间两两对比后的相似性或差异性，以及相对重要程度，以便对这些选项进行归类或归位。

7.1　获取选项两两间邻近数据的方法

反映选项(又称对象)间两两对比关系的数据称为邻近数据。

7.1.1　两两间邻近数据的采集方法

在这类题项设计中，基本可以用下列3种测度方法来采集数据。

1. 序数标量法

例如，为研究被调查者的早餐习惯，让每名被调查者按照自己对15种早餐食品的喜爱程度用数字1，2，3，…，15进行排序，数字 1表示最喜爱，数字15表示最不喜爱。

2. 区间标量法

例如，为研究若干国家首都间的相邻情况，让被调查者在地图上测定所研究首都间的两两距离，来表示它们之间的接近性。

3. 比率标量法

例如，为研究15种亲属称谓间的亲近程度，让被调查者对它们进行两两比较，在给定的判定标准下，分别用0、1表示其亲近程度，1表示亲，0表示不亲，再将整理后的合计结果，除以总应答人数来计算概率。

7.1.2　测量邻近性的方法

反映两个选项之间是否邻近，有以下两种方式。

1. 相似性

在用数值表示两个选项之间的相似性时，数值越大，对应选项(研究对象)间越相似。

例如，用两个选项之间的相关系数，来表示二者间的关系，这是相似性测度。

2. 差异性

在用数值表示两个选项之间的相似性时，数值越大，对应选项间越不相似。

例如，测定两个选项(地点、位置)之间的实际距离，以之表示两个选项之间的相似性，这是差异性测度。

由于是通过两两比较的方式得到邻近数据的，所以，所有选项的邻近数据可以用一个邻近矩阵来表示。

7.2 建立数据文件

本题型中，建立的变量数大于等于其选项数。用第 1 个变量表示第 1 个选项，第 2 个变量表示第 2 个选项，……，第 n 个变量表示第 n 个选项。此外，根据不同的需要，还要建立分组变量或描述不同被调查者的变量。

进一步，每个变量测度类型的设定方法，按邻近数据的采集方法来确定。用区间标量法和比率标量法得到的变量设定为尺度测度类型，而用序数标量法得到的变量设定为有序测度类型。

数据文件的具体建法，参见后面的各个实例。

7.3 对选项进行分类的多维尺度分析法简介

用来处理此类问题的常用统计方法为多维尺度(MultiDimensional Scaling，MDS)分析法。

7.3.1 多维尺度分析法的基本原理

给定 n 个 b 维的样本数据

$$X=\begin{bmatrix} x_{11} & x_{12} & \cdots & x_{1b} \\ x_{21} & x_{22} & \cdots & x_{2b} \\ \vdots & \vdots & \vdots & \vdots \\ x_{n1} & x_{n2} & \cdots & x_{nb} \end{bmatrix}$$

则 n 个样本之间的欧氏距离为

$$d(X)=\begin{bmatrix} \delta_{11} & \delta_{12} & \cdots & \delta_{1b} \\ \delta_{21} & \delta_{22} & \cdots & \delta_{2b} \\ \vdots & \vdots & \vdots & \vdots \\ \delta_{n1} & \delta_{n2} & \cdots & \delta_{nb} \end{bmatrix}$$

式中，$\delta_{ij}=\left\|x_i-x_j\right\|=\sqrt{\sum_{s=1}^{b}(x_{is}-x_{js})^2}$，$n$ 为个案数，b 为题项数。

多维尺度分析法是一种将多维空间的研究对象（个案或变量）简化到低维空间，进行定位、分析和归类，同时又保留研究对象间原始关系的数据分析方法。

假设将这 n 个样本映射到新的 p 维空间，映射成的矩阵形式如下：

$$Y=\begin{bmatrix} y_{11} & y_{12} & \cdots & y_{1p} \\ y_{21} & y_{22} & \cdots & y_{2p} \\ \vdots & \vdots & \vdots & \vdots \\ y_{n1} & y_{n2} & \cdots & y_{np} \end{bmatrix}$$

式中，$p<b$，p 一般取 2 或 3。通常计量多维尺度的方法就是，将如下的目标函数最小化：

$$\sigma(X)=\sum_{i=1}^{n}\sum_{j=1}^{n}\left(\delta_{ij}-\left\|y_i-y_j\right\|\right)^2$$

对于欧氏距离，它可以被任意旋转和变换，因为这些变换不会改变样本间的距离。因此，对于 Y 而言，其解不是唯一的，可以通过最优化理论得到其解。

7.3.2　多维尺度模型的分类

1. 根据测量尺度类型来划分

① 古典多维尺度模型，适用于使用“比例”和“区间”尺度测量得到的数据矩阵。它主要通过对象两两之间相似或差异程度的量化值来对点之间的距离进行分析，从而达到聚类目的。

② 非度量多维尺度模型，适用于使用“序数”测量尺度得到的数据矩阵。对于相似程度或差异程度不能被精确测量的情况，该模型是最佳选择。

衡量拟合程度优劣的克鲁斯卡经验标准：应力>=20%为“差”，应力<=10%为“满意”，应力<=5%为“好”，应力<=2.5%为“很好”，应力=0 为“完全匹配”。

2. 根据测量的个体数量来划分

① 不考虑个体差异的多维尺度模型(ALSCAL)，指单个测量个体；

② 考虑个体差异的多维尺度模型(INDSCAL)，指多个测量个体。

这里说的“测量个体”并不是选取的测量指标，而是实际测量的个体，相当于样本。

7.3.3　SPSS 中的 MDS 分析过程

要描述清楚一个题项中多个选项之间的关系，不是一件简单的事情，尤其是当这些选项多于 10 个时。不过，随着多维尺度分析方法的出现，这些原先看起来很难处理的事情，现在已不再是个难题。在 SPSS 中，可以使用多维尺度模型或多维展开模型来解决这类问题，它们位于 SPSS【分析】菜单的【度量】过程中，见图 7-1，共有以下三种类型。

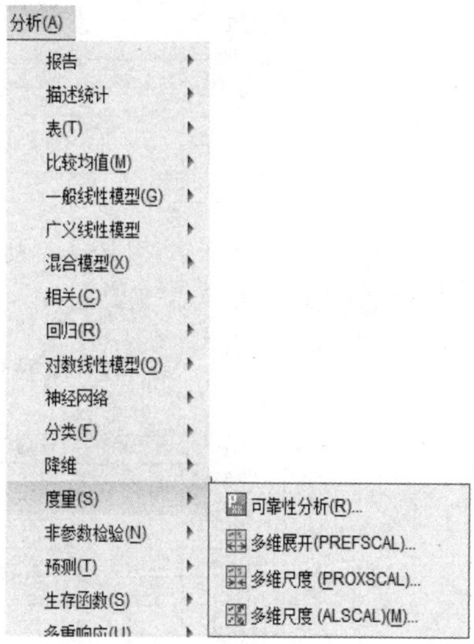

图 7-1　多维尺度过程

1. 多维展开(PREFSCAL)模型

如果研究对象为两组变量，考察的核心是两组对象之间的距离，而同组间的距离不在关心的范围之内，这时多维展开(PREFSCAL)模型就是比较合适的选择。

2. 多维尺度(PROXSCAL)模型

给定一组对象，多维尺度(PROXSCAL)模型的目标是在一个低维空间找到对象的表示法，使用对象之间的相似性来求解。程序使原始数据、转换值、对象近似值及其在低维空间的欧氏距离之间的方差最小化。

嵌入低维空间的目的是揭示对象之间的关系，通过将解限制为自变量的线性组合，或许可以根据这些变量来解释解的维度。

3. 多维尺度(ALSCAL)模型

多维尺度(ALSCAL)模型试图寻找对象间或个体间一组距离测量的结构，其目的是通过将观察值分配到概念空间(通常为2维或3维)中的特定位置，使空间中的点之间的距离尽可能与给定的不相似性相匹配。在很多情况下，这个概念空间的维度可以解释并进一步分析数据。

7.4 实 例 分 析

7.4.1 使用多维尺度(ALSCAL)模型的实例分析

1. 不考虑个体差异的多维尺度(ALSCAL)模型的实例分析

例 7.1 研究人员为研究消费者对市场上常见的牛奶、咖啡、茶、苏打水、果汁、矿泉水、啤酒、葡萄酒共 8 种饮品的相似性感知度，随机抽取 7 名被调查者，在问卷调查表(见表 7-1)中，按照 0～7 的尺度(0 表示完全一样，1 表示非常相似，7 表示非常不相似)，两两对比，给出其相似性感知度。在假定被调查者的相似性感知度评定之间不存在个体差异的前提下，用 7 个被调查者两两对比的相似性感知度的均值，作为饮品间的差异度值，以此来分析消费者认为哪些饮品是相似的。

表 7-1 对 8 种饮品的相似性感知度调查表

	牛奶	咖啡	茶	苏打水	果汁	矿泉水	啤酒	葡萄酒
牛奶								
咖啡								
茶								
苏打水								
果汁								
矿泉水								
啤酒								
葡萄酒								

被调查者给出的结果矩阵(表 7-2 所示为其中一例)是正对称的，因此，在 SPSS 中建立数据文件时，只录入矩阵下三角中的数据即可。

表 7-2 某被调查者对 8 种饮品的相似性感知度调查结果

	牛奶	咖啡	茶	苏打水	果汁	矿泉水	啤酒	葡萄酒
牛奶	0	6	6	7	7	7	7	7
咖啡	6	0	1	7	7	7	7	6
茶	6	1	0	7	5	4	7	5
苏打水	7	7	7	0	5	3	5	4
果汁	7	7	5	5	0	5	3	2
矿泉水	7	7	4	3	5	0	6	6
啤酒	7	7	7	5	3	6	0	1
葡萄酒	7	6	5	4	2	6	1	0

考虑到输出图中英文变量名占据更少的空间，同时避免中文变量名可能会对输出结果产生影响，在建立数据文件时，我们尽量使用英文或拼音来代替中文变量名。

被调查者两两对比的相似性感知度的均值存放在数据文件 data07-01.sav 中，其文件结构如图 7-2 所示。

	sub	milk	coffee	tea	soda	juice	botwater	beer	wine
1	milk	.00	.	.	.	.	.	.	.
2	coffee	5.43	.00	.	.	.	.	.	.
3	tea	5.00	2.57	.00	.	.	.	.	.
4	soda	5.57	5.43	5.14	.00	.	.	.	.
5	juice	4.43	5.43	4.71	4.71	.00	.	.	.
6	botwater	5.14	5.14	3.71	4.29	3.86	.00	.	.
7	beer	5.71	5.43	5.14	5.00	5.29	5.86	.00	.
8	wine	6.57	5.00	5.71	4.43	4.29	6.00	3.14	.00

图 7-2　数据文件结构

变量名与中文名的对应关系如下。

Milk：牛奶，coffee：咖啡，tea：茶，soda：苏打水，juice：果汁，botwater：矿泉水，beer：啤酒，wine：葡萄酒。

在 SPSS 中，使用不考虑个体差异的多维尺度(ALSCAL)模型进行分析的具体步骤如下。

在 SPSS 数据编辑窗口中，打开数据文件 data07-01.sav。

按【分析→度量→多维尺度(ALSCAL)】顺序，打开【多维尺度】对话框，见图 7-3。

在左侧源变量框中，选择变量 milk 至 wine 并将其移入右侧【变量】框中。

数据文件中的数据是距离数据(见图 7-2)，上三角数据不必输入，因为上三角的数据与下三角的数据是正对称的，因此，在【距离】栏中，可保持系统默认选项。

单击【模型】按钮，弹出【多维尺度：模型】选项卡，见图 7-4。

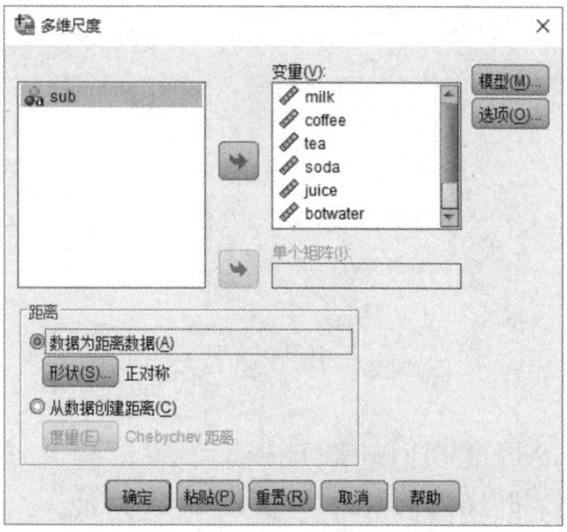

图 7-3 【多维尺度】对话框

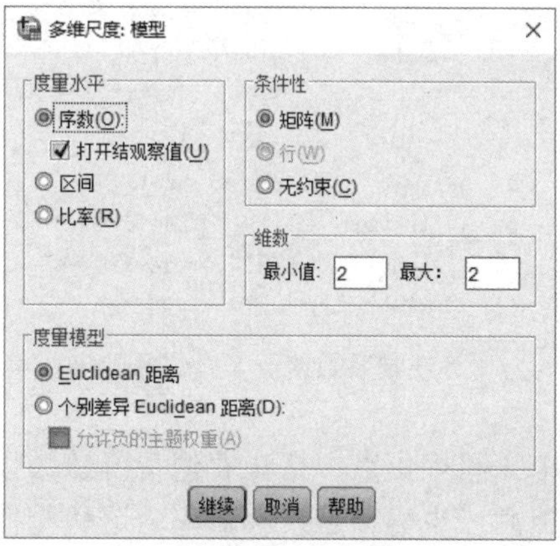

图 7-4 【多维尺度：模型】选项卡

在【度量水平】栏中选择【序数】选项，并选中【打开结观察值】选项。因为用 1～7 给饮品的相似性感知度评分，所以选择【序数】选项。其他保持系统默认选项。

单击【继续】按钮，返回【多维尺度】对话框。

单击【选项】按钮，打开【多维尺度：选项】选项卡，见图 7-5。

在【输出】框中，选择【组图】和【模型和选项摘要】。

单击【继续】按钮，返回【多维尺度】对话框。

单击【确定】按钮，则在输出窗口中得到输出结果。

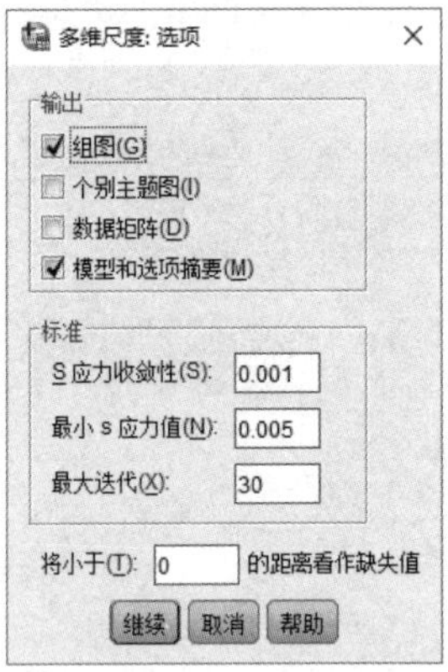

图 7-5 【多维尺度：选项】选项卡

多维尺度输出的分析结果的形式与前面的其他统计方法输出的分析结果的形式有很大不同，表格形式已换成说明方式。此处不解释输出中的所有内容，而只关注对结果说明很有必要的那部分内容，将其整理成如图 7-6 和图 7-7 所示的结果。

图 7-6 所示为 Stress(应力)和 RSQ(决定系数)及 8 种饮品在二维空间中的坐标。

Stress 是拟合劣度指标，百分比值越大，模型拟合越差；RSQ 即 R^2，是拟合优度指标，表明总变异中能被模型所解释的比例，数值越接近 1，模型拟合越好。

本例中应力值为 0.14375，属于基本满意。RSQ 值为 0.85283，本模型解释了总变异中约 85%的信息，说明模型拟合度较好。

图 7-7 为多维尺度分析图，它是多维尺度分析中最关注的结果。其内容包括对图形的每一维寻找散点间相关性的合理解释。

For matrix

Stress = .14375 RSQ = .85283

Configuration derived in 2 dimensions

Stimulus Coordinates

Stimulus Number	Stimulus Name	Dimension 1	Dimension 2
1	milk	-1.7146	-.0296
2	coffee	.0190	-1.3128
3	tea	-.5591	-.8554
4	soda	.4952	1.0977
5	juice	-.1596	.7613
6	botwater	-1.4439	.6640
7	beer	1.7127	-.1497
8	wine	1.6503	-.1755

图 7-6 应力、决定系数值及 8 个饮品的坐标值

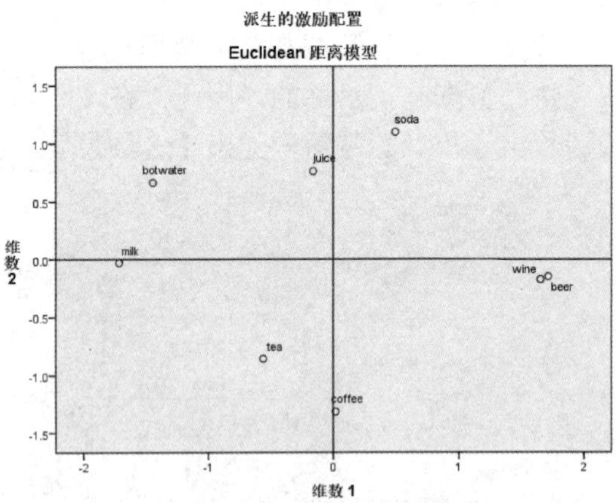

图 7-7 多维尺度分析图

图中 4 组聚焦点，意味着消费者认为以下产品彼此相似：咖啡和茶，果汁和苏打水，啤酒和葡萄酒，牛奶和矿泉水。说明这些相似饮品在市场占有率上彼此有竞争关系。

第一维度(维数 1)基本反映饮品对口感的刺激程度，从左向右，刺激程度由低到高。

第二维度(维数 2)基本反映饮品的提神作用，从上到下，提神作用由小到大。根据该维度数据，可将 8 种饮品分为两类，牛奶、果汁、苏打水和矿泉水属于营养型饮品，啤酒、葡萄酒、咖啡和茶属于提神型饮品。

2. 考虑个体差异的多维尺度模型（INDSCAL）的实例分析

例 7.2 仍以例 7.1 为例，在考虑被调查者的相似性感知度评定之间存在个体差异的前提下，用每位被调查者给出的评分矩阵，建立数据文件，结果存放在 data07-02.sav 中。现用此数据分析消费者认为哪些饮品是相似的。并与例 7.1 的结果比较，看有什么不同。

在 SPSS 数据编辑窗口中，打开数据文件 data07-02.sav。

按【分析→度量→多维尺度（ALSCAL）】顺序，打开【多维尺度】对话框，见图 7-3。

在左侧源变量框中，选择变量 milk 至 wine 并将其移入右侧【变量】框中。同样，数据矩阵是正对称的，因此，在【距离】栏中，可保持系统默认选项。

单击【模型】按钮，弹出【多维尺度：模型】选项卡，见图 7-4。

在【度量水平】栏中选择【序数】选项，并选中【打开结观察值】选项，其他保持系统默认选项。

在【度量模型】栏中选择【个别差异 Euclidean 距离】选项，并选中【允许负的主题权重】选项，其他保持系统默认选项。

单击【继续】按钮，返回【多维尺度】对话框。

单击【选项】按钮，打开【多维尺度：选项】选项卡，见图 7-5。

在【输出】栏中，选择【组图】和【模型和选项摘要】选项。

单击【继续】按钮，返回【多维尺度】对话框。

单击【确定】按钮，则在输出窗口中得到一系列计算结果及说明，归纳成如图 7-8 至图 7-11 所示的结果。

Averaged (rms) over matrices

Stress = .19988 RSQ = .74271

Configuration derived in 2 dimensions

Stimulus Coordinates

Stimulus Number	Stimulus Name	Dimension 1	Dimension 2
1	milk	1.2478	1.5015
2	coffee	1.2096	-.8385
3	tea	1.0500	-.2332
4	soda	-.8452	.6579
5	juice	-.7582	.6716
6	botwater	.0469	.8172
7	beer	-.3910	-1.5308
8	wine	-1.5599	-1.0456

图 7-8 应力、决定系数值及 8 个饮品的坐标值

Subject Weights

Subject Number	Weird-ness	Dimension 1	Dimension 2
1	.0949	.5705	.5969
2	.7689	.8148	.1347
3	.5142	.8956	.3238
4	.7927	.1663	.9121
5	.3368	.4358	.6843
6	.1702	.5419	.6400
7	.2387	.7169	.4399
Overall importance of each dimension:		.4024	.3403

图 7-9 主体权重

Flattened Subject Weights

Subject Number	Plot Symbol	Variable 1
1	1	-.1869
2	2	1.5266
3	3	.9533
4	4	-1.7380
5	5	-.6490
6	6	-.3268
7	7	.4208

图 7-10 单一化的主体权重

图 7-8 所示为 Stress（应力）和 RSQ（决定系数）及 8 种饮品在二维空间中的坐标。应力值为 0.19988，大于上例中的 0.14375，仍属于基本满意。决定系数值为 0.74271，小于上例中的 0.85283，本模型解释了总变异中约 74.2%的信息，说明模型拟合度不如上例。

图 7-9 所示为主体权重，Weirdness 值代表各主体偏离平均水平的程度。第一维度和

第二维度上的主体权重度量了每个维度对每个主体的重要性。每个维度上主体权重系数值的平方的均值即其在总重要性中所占的比例。第一维度在总的重要性中所占比例为 0.4024 $[(0.5705^2+0.8148^2+\cdots+0.7169^2)/7=0.4024]$，第二维度在总的重要性中所占比例为 0.3403，其和为 0.7427，等于 RSQ。

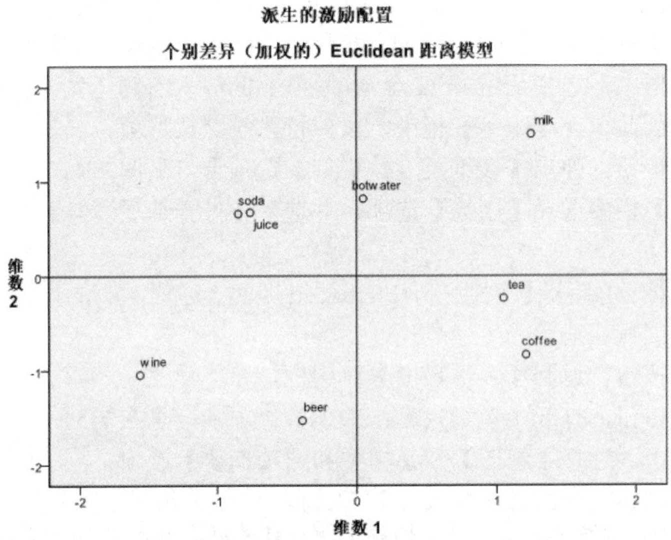

图 7-11　多维尺度分析图

图 7-10 所示为单一化的主体权重，揭示了每个主体在总模型中的权重大小。

图 7-11 为多维尺度分析图。图中有 4 组聚焦点，意味着消费者认为以下产品彼此相似：咖啡和茶，果汁和苏打水，啤酒和葡萄酒，牛奶和矿泉水。这与上例分析结果是一致的，只是本图中矿泉水虽然和牛奶在同一区域，但更靠近果汁。

图 7-11 与图 7-7 顺时针旋转 180 度后基本一致。第一维度不好解释，第二维度(维数 2)基本反映饮品对口感的刺激程度，从上到下刺激程度由低到高，可将 8 种饮品分为两类，牛奶、果汁、苏打水和矿泉水属于营养型饮品，啤酒、葡萄酒、咖啡和茶属于提神型饮品。

7.4.2　使用多维尺度(PROXSCAL)模型的实例分析

多维尺度(PROXSCAL)模型基于最优尺度变换。在下面的例子中，将看到 15 种不同亲属称谓是如何在三维空间表示的，以及该空间是如何对性别、辈分，以及每项的分离程度进行解释的。

例 7.3　罗森伯格和金姆(Rosenberg and Kim, 1975)分析了 15 种亲属称谓(姑母、兄弟、堂兄妹、女儿、父亲、孙女、祖父、祖母、孙子、母亲、外甥、外甥女、姐妹、儿子、叔伯)，他们让 4 组大学生(两组女生、两组男生)根据这些称谓两两间的相似性进行分类，见表 7-3。第一组(一组女生、一组男生)各做一次分类，第二组(一组女生、一组男生)各做两次分类，第二次分类用与第一次不同的标准。这样，总共获得 6 个源，详见表 7-4。

若认为两个称谓之间是非常亲近的，则在相应的横向和纵向称谓交叉的单元格中填 1，否则填 0，都不填则为缺失值。

表 7-3　对 15 种亲属称谓相似性的调查表

	姑母	兄弟	堂兄妹	女儿	父亲	孙女	祖父	祖母	孙子	母亲	外甥	外甥女	姐妹	儿子	叔伯
姑母															
兄弟															
堂兄妹															
女儿															
父亲															
孙女															
祖父															
祖母															
孙子															
母亲															
外甥															
外甥女															
姐妹															
儿子															
叔伯															

每个源对应一个 15×15 的相似性矩阵，其单元格中的值等于源中的人数减去此源中对象分在一起的次数。

为了使用一些变量的线性组合来约束解的空间维度，我们构建了数据文件 data07-03_var.sav，它由三个未来用作自变量的变量 gender(性别)、gener(辈分)、degree(分离度)组成，自变量按以下方式(见表 7-5)构建。它们将作为后续 SPSS 多维尺度分析过程的【约束】选项卡中行约束变量或列约束变量中用到的外部数据文件中的变量。

表 7-4　亲属关系数据的来源结构

来源	性别	条件	样本量
1	女	单次分类	85
2	男	单次分类	85
3	女	第一次分类	80
4	女	第二次分类	80
5	男	第一次分类	80
6	男	第二次分类	80

表 7-5　自变量 gender(性别)、gener(辈分)degree(分离度)赋值说明表

gender	1=男，2=女，9=缺失值(堂兄妹)
gener	与亲戚相差的辈分数，数字越小，表示辈分越大。例如，祖父母辈是–2，孙子辈是 2，同辈是 0
degree	在家族树中的分离度。例如，父母处在你上面一个节点，孩子处在你下面一个节点，那么，他们与你的分离度均为 1；而你的同胞兄妹与你的分离度的计算方法为，他们到父母的节点数（向上一个节点）加父母到你的节点数（向下一个节点），因此，分离度为 2。堂兄妹与你有 4 个分离度，他们向上离你祖父母有 2 个节点，而你祖父母向下通过你的姑妈/叔伯再到你处也是 2 个节点，因此，分离度为 4

组建该数据文件的目的是用它们来解释解的维度。

为加快迭代运算中的收敛速度，我们设定了文件 data07-03.sav 的三维解的初始配置，并将其存放在文件 data07-03_ini.sav 中。

这两个外部数据文件将在接下来的操作过程中用到。

首先，确定解的维度。一般使用碎石图来辅助决定。

建立碎石图的基本步骤如下。

在 SPSS 的数据编辑窗口中，打开数据文件 data07-03.sav。

按【分析→度量→多维尺度(PROXSCAL)】顺序，打开【多维尺度：数据格式】选项卡，见图 7-12。在【源的数目】栏选择【多个矩阵源】。

单击【定义】按钮，展开【多维尺度(矩阵中的跨列近似值)】对话框，如图 7-13 所示。从左侧源变量框中选择除最后一个变量外的其他 15 个变量，将它们移入【近似值】框中，选择左侧源变量框中最后一个变量，将其移入【源】框中。

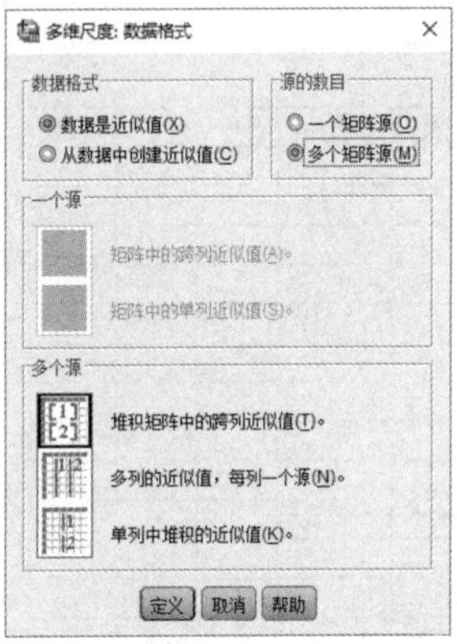

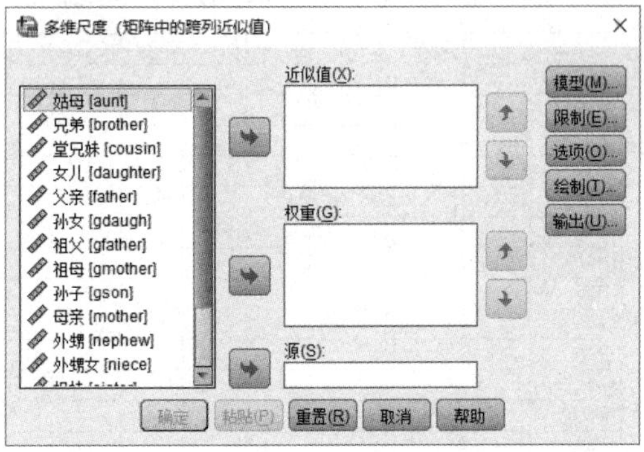

图 7-12 【多维尺度：数据格式】选项卡　　图 7-13 【多维尺度(矩阵中的跨列近似值)】对话框

单击【模型】按钮，打开【多维尺度：模型】选项卡，如图 7-14 所示。【最小值】框系统默认值为 2。在【维数】选项的【最大值】框中输入 10。其他选项保持系统默认值。

单击【继续】按钮，返回【多维尺度(矩阵中的跨列近似值)】对话框。

单击【限制】按钮，打开【多维尺度：约束】选项卡，见图 7-15。在【公共空间的约束】栏中，选择【自变量的线性组合】。在【约束变量】框中选择【外部数据文件】。单击【文件】按钮，在【打开】对话框中，选择 data07-03_var.sav 文件。在【可用】框中，选择 gender、gener、degree 变量到【选定】框中，作为约束变量。

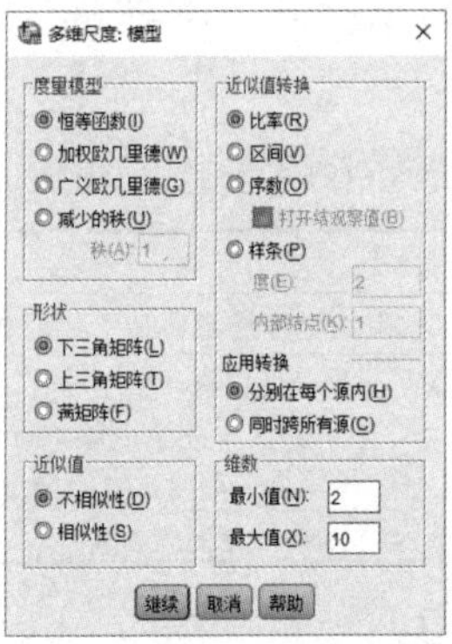

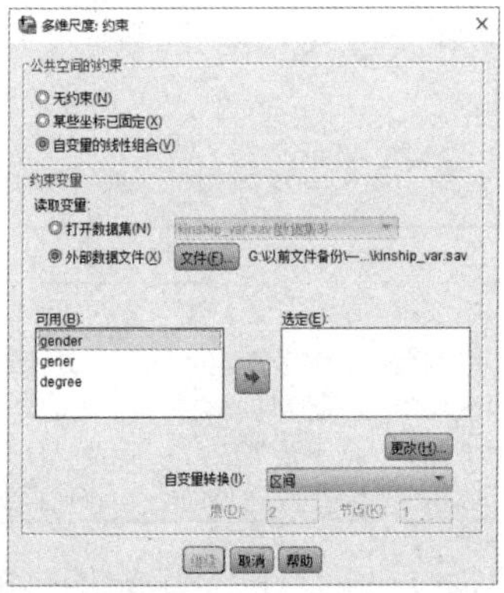

图 7-14 【多维尺度：模型】选项卡　　图 7-15 【多维尺度：约束】选项卡

注意，变量 gender 有一个用户自定义的缺失值 9，代表“堂兄妹”缺失值。程序将这个值当成一个有效类别。因此，默认的线性转换不合适，以名义转换代替。选择 gender，在【自变量转换】的下拉列表中，选择【名义】选项，单击【更改】按钮，将 gender 的转换方式更改为“名义”。

单击【继续】按钮，返回【多维尺度(矩阵中的跨列近似值)】对话框。

单击【绘制】按钮，打开【多维尺度：图】选项卡，见图 7-16。在【图】栏中选择【应力】，其他保持系统默认选项。

单击【继续】按钮，返回【多维尺度(矩阵中的跨列近似值)】对话框。

单击【确定】按钮运行，则在输出窗口中得到如图 7-17 所示的碎石图。

程序开始用 10 个维度的解，并运行至得到 2 个维度的解为止。在每个维度上，图 7-17 所示的碎石图显示了解的“标准化初始应力”值的变化趋势。从图中可见，从 2 维到 3 维，从 3 维到 4 维，随着维度的增加，应力值得到极大改善。在 4 维之后，这种改变非常小，曲线开始变得平坦，所以，可以选择 3 维的解，因为维度小时，结果更容易解释。

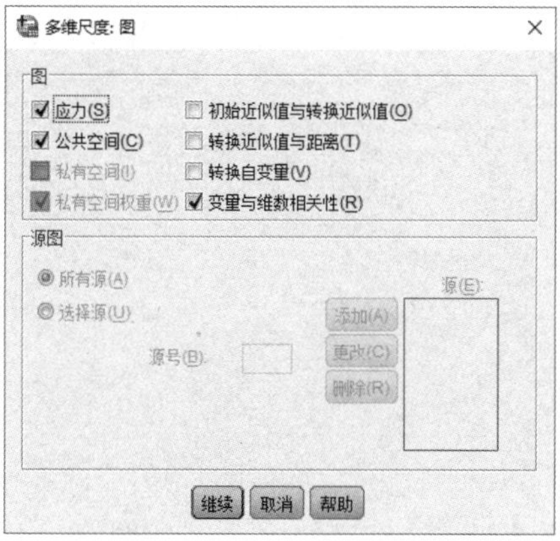

图 7-16 【多维尺度：图】选项卡

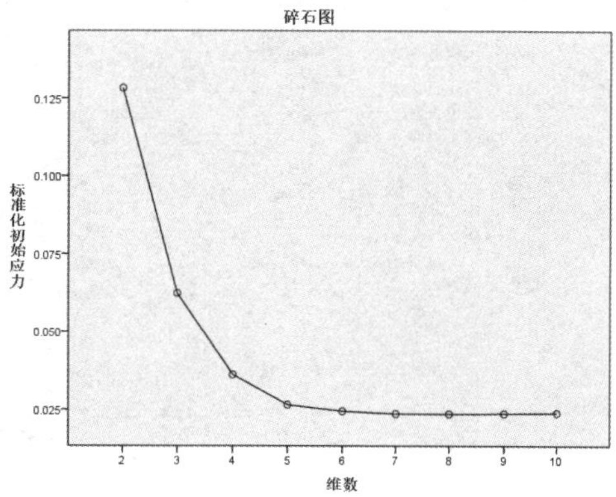

图 7-17 碎石图

为了得到 3 维的解，重新返回【多维尺度(矩阵中的跨列近似值)】对话框。

单击【模型】按钮，打开【多维尺度：模型】选项卡。在【维数】栏的【最小值】和【最大值】框中输入 3。其他选项保持系统默认值。

单击【继续】按钮，返回【多维尺度(矩阵中的跨列近似值)】对话框。

单击【选项】按钮，打开如图 7-18 所示的【多维尺度：选项】选项卡。

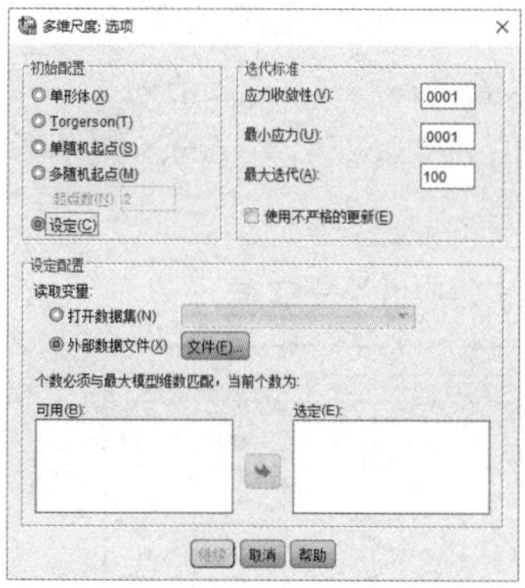

图 7-18 【多维尺度：选项】选项卡

选择【设定】选项，为设定初始配置做准备。

单击【文件】按钮，选定外部文件 data07-03_ini.sav，以便从中读取变量。

在【可用】框中选定变量 dim01、dim02、dim03，将其移入【选定】框中，设定初始配置。

单击【继续】按钮，返回【多维尺度(矩阵中的跨列近似值)】对话框。

单击【绘制】按钮，打开【多维尺度：图】选项卡。在【图】选项中选择【初始近似值与转换近似值】以及【转换自变量】，其他保持系统默认选项。

单击【继续】按钮，返回【多维尺度(矩阵中的跨列近似值)】对话框。

单击【输出】按钮，打开【多维尺度：输出】选项卡，如图 7-19 所示。在【输出】选项中选择【输入数据】、【应力分解】及【变量与维数相关性】。

图 7-19 【多维尺度：输出】选项卡

单击【继续】按钮，返回【多维尺度(矩阵中的跨列近似值)】对话框。

单击【确定】按钮运行，则在输出窗口中得到多张图表，下面根据需要选取其中一些统计表来分析。

表 7-6 示出了解中的距离与初始距离之间的接近程度。上面 4 个应力统计量测度了数据的失拟情况，而“离散所占比例(D.A.F)”和“Tucker 同余系数”(一致性系数)则测度了数据的适拟情况。应力测度值(最小值为 0)越小，适拟测度值越大(最大值为 1)，表明解越好。本例“标准化初始应力”值为 0.06234，“Tucker 同余系数”值为 0.96833，因此，模型效果较佳。

表 7-6 应力和拟合度量值表

标准化初始应力	.06234
Stress-I	.24968[a]
Stress-II	.87849[a]
S-Stress	.14716[b]
离散所占比例 (D.A.F.)	.93766
Tucker 同余系数	.96833

PROXSCAL 使“标准化初始应力”最小化。

a. 最优定标因子 = 1.066。

b. 最优定标因子 = .984。

表 7-7 “标准化初始应力”分解表

		源						
		SRC_1	SRC_2	SRC_3	SRC_4	SRC_5	SRC_6	均值
对象	姑母	.0991	.0754	.0629	.0468	.0391	.0489	.0620
	兄弟	.1351	.0974	.0496	.0813	.0613	.0597	.0807
	堂兄妹	.0325	.0336	.0480	.0290	.0327	.0463	.0370
	女儿	.0700	.0370	.0516	.0229	.0326	.0207	.0391
	父亲	.0751	.0482	.0521	.0225	.0272	.0298	.0425
	孙女	.1410	.0736	.0801	.0707	.0790	.0366	.0802
	祖父	.1549	.1057	.0858	.0821	.0851	.0576	.0952
	祖母	.1550	.0979	.0858	.0844	.0816	.0627	.0946
	孙子	.1374	.0772	.0793	.0719	.0791	.0382	.0805
	母亲	.0813	.0482	.0526	.0229	.0260	.0227	.0423
	外甥	.0843	.0619	.0580	.0375	.0317	.0273	.0501
	外甥女	.0850	.0577	.0503	.0353	.0337	.0260	.0480
	姐妹	.1361	.0946	.0496	.0816	.0629	.0588	.0806
	儿子	.0689	.0373	.0456	.0242	.0337	.0253	.0392
	叔伯	.0977	.0761	.0678	.0489	.0383	.0498	.0631
均值		.1035	.0681	.0613	.0508	.0496	.0407	.0623

表 7-8 最终坐标表

	维数		
	1	2	3
姑母	-.389	.385	.319
兄弟	.405	-.084	-.017
堂兄妹	.103	.861	.116
女儿	-.451	-.464	-.317
父亲	.383	-.585	.175
孙女	-.429	.038	-.509
祖父	.414	-.161	.493
祖母	-.412	-.116	.511
孙子	.397	-.007	-.528
母亲	-.443	-.541	.193
外甥	.428	.418	-.210
外甥女	-.398	.462	-.191
姐妹	-.420	-.039	.001
儿子	.375	-.508	-.335
叔伯	.436	.341	.301

表 7-7 为标准化初始应力分解表，由图可知哪个源和对象对解的总应力贡献最大。在这种情况下，源之间的应力绝大多数可以归结到 SRC-1(源 1)和 SRC-2(源 2)，而在对象之间，绝大多数应力可以归结到兄弟、孙女、祖父、祖母、孙子及姐妹上。应力中的大部分信息，可由第一、二个源来解释，它们对应于表 7-4 中只对 15 个亲戚称谓做一次分类的第一、二个被调查组。该信息表明，在学生对这些称谓进行分类时，他们考虑了多种因素，而那些做两次分类的学生在第一次分类时就关注了其中的部分因素，并且在第二次分类期间同样考虑到了这部分保留因素。

在变量 degree 中分类值为 2 的对象解释了绝大多数应力。这些人与非“核心”家庭(母亲、父亲、女儿、儿子)中的部分因素有关，尽管如此，他们还是比其他关系更近。这个中间位置很容易产生对这些称谓分类不同的情况。

图 7-20 是对象点的公共空间图，它给出了对象之间关系的可视化表示法。

在表 7-8 所示最终坐标中，查看绘制在散点图左下角的对象在“维数 1 ”和“维数 3”上的最终坐标，可知，“维数 1”(在横轴上)与变量 gender(性别)相关，而“维数 3”(在纵轴上)与变量 gener(辈分)相关。从左到右，“维数 1”的值对女性称谓和男性称谓有个大致分割，中间是不分性别的称谓 cousin(堂兄妹)；由下至上，在纵轴上随着数值增加，与称谓有关的是老人。

对象在维数 2 和维数 3 上的最终坐标绘制在散点图的中右侧。从图上可见，维数 2(在纵轴上)与变量 degree(分离度)有关，沿该轴数值越大，对应称谓离“核心”家庭就越远。

使用系统默认的功能（在【多维尺度：模型】选项卡【近似值转换】栏中系统默认选项为【比率】）对选入【近似值(亲近性值)】框中的变量值进行“比率”转换，并在【多维尺度：约束】选项卡的【约束变量】栏选择【外部数据文件】，对选入【选定】栏中的自变量 gener 和 degree 选择【自变量转换】下拉列表中的【区间】选项进行“区间”转换，计算得到前面的解。结果很不错，但还可以通过其他方式的转换进一步优化。例如，如果【近似值】中选入的变量、外部数据文件中的 gener 和 degree 都是自然排序，对它们进行上述操作，通过【有序】转换得到的模型有可能比【线性】转换得到的模型更好。

为验证这一猜测，下面重新刻画亲近性，使变量 gener 和 degree 为有序水平(保留结)。重新返回【多维尺度(矩阵中的跨列近似值)】对话框。

单击【模型】按钮，打开【多维尺度：模型】选项卡。在【近似值转换】选项中选择【序数】。

单击【继续】按钮，返回【多维尺度(矩阵中的跨列近似值)】对话框。

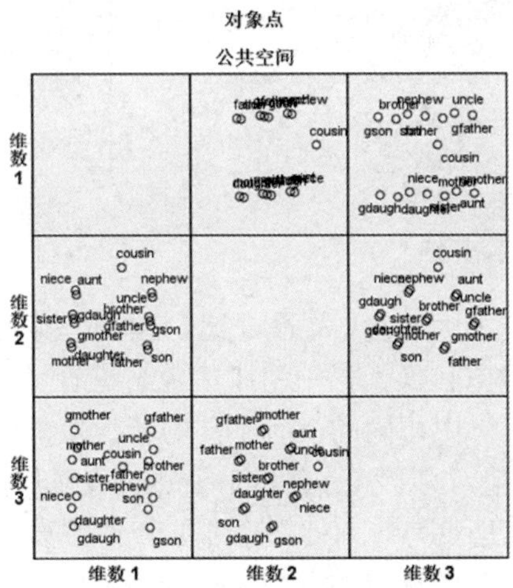

图 7-20　对象点的公共空间图

单击【限制】按钮，打开【多维尺度：约束】选项卡。

从【选定】框中移走 gender，保留 gener，degree 变量作为约束变量。

在【自变量转换】下拉列表中，选择【有序(保持连接)】选项，单击【更改】按钮，将 gener、degree 的转换方式更改为“有序(保留结)”。

单击【继续】按钮，返回【多维尺度(矩阵中的跨列近似值)】对话框。

单击【确定】按钮运行，则在输出窗口中得到表 7-9、图 7-21 和图 7-22。

图 7-21 是转换值的散点图，查看转换图是一种很好的初步检查方式，可以看一看原始的转换值是否合适。如果该图近似于直线，那么线性假设就是恰当的；如果不是，则应检查应力测度值，看是否有改善的效果，并检查公共空间图，看是否更有效。自变量均得到近似的线性转换，因此将它们解释为数值是合适的。但近似值(亲近性值)没有得到线性转换，因此，有序转换可能更适于处理近似值(亲近性值)。

表 7-9　应力和拟合度量值表

标准化初始应力	.04513
Stress-I	.21245[a]
Stress-II	.76312[a]
S-Stress	.13026[b]
离散所占比例 (D.A.F.)	.95487
Tucker 同余系数	.97717

PROXSCAL 使"标准化初始应力"最小化。

a. 最优定标因子 = 1.047。

b. 最优定标因子 = .957。

表 7-9 中为本次计算中得到的应力和拟合度量值。现在解中得到的应力值区分度更高，支持“用有序转换来刻画近似值(亲近性值)效果会更好”的观点。

在表 7-6 中，标准化的初始应力值为 0.06234。通过使用非默认的转换方式来刻画变量，该值减少为 0.04513。

图 7-22 所示为新的公共空间图，提供了与之前相同的维数方面的解释。

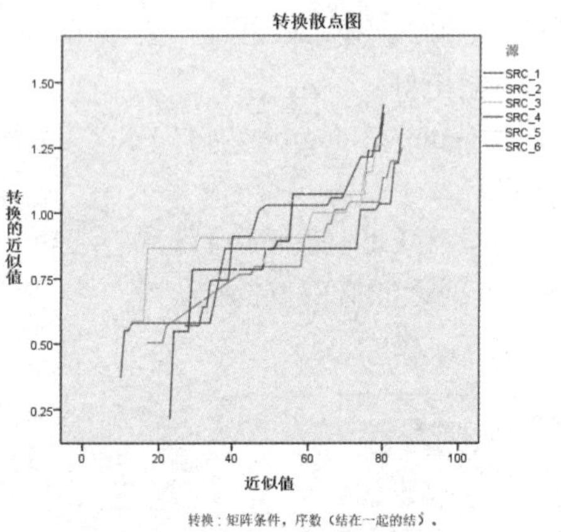

图 7-21　转换值的散点图

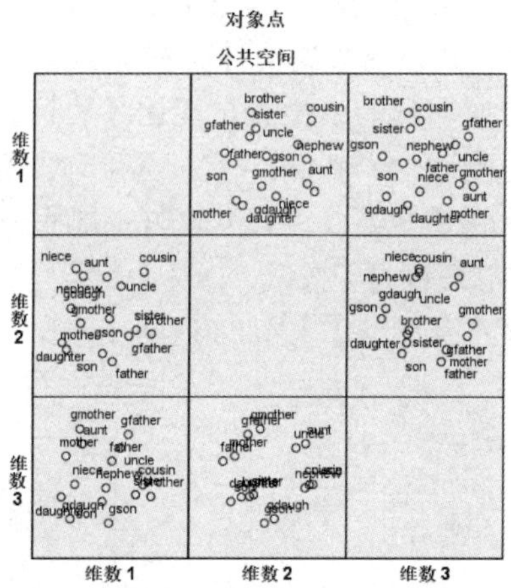

图 7-22　新的公共空间图

由于应力测度值可以得到很大改善，故最好把【近似值(亲近性值)】中选定的变量在【多维尺度：模型】选项卡【近似值转换】栏中用【序数】进行转换，下一步，你可能想要放开上面这种限制，即允许原始变量中相同的值有不同的转换值。例如，在第一个源中，在 Aunt 和 Son 之间的近似值(亲近性值)，以及 Aunt 和 Grandson 之间的近似值(亲近性值)，都是 85。“结”相当于有序测度变量，但是没有特别的理由非要让你假设它们的转换值应该相等，此时，就应允许【近似值(亲近性值)】中选定的变量转换成无结的，这样你就可从不必要的限制中解脱出来。

7.4.3　使用多维展开模型的实例分析

以上的多维尺度模型，无论是传统多维尺度还是非度量多维尺度，都要求各对象间不存在分组，分析时直接考虑各对象两两间的距离，但在实际问题中，可能会遇到对象被分为多组，要考察组间的相似性或差异性，对组内对象间的距离并不关心的情况，这时传统的多维尺度模型就不再适合，需要采用多维展开模型进行分析。多维展开过程试图找到一个公共量化尺度，它允许可视化地检查两组对象之间的关系。

例 7.4 在一项研究中(Green and Rao，1972)，21 名宾夕法尼亚大学学生和其配偶按喜好的程度，从 1—“极喜好”至 15—“极不喜好”来排列 15 种早餐食品。该资料被收集在文件 data07-04.sav 中。

数据文件中的变量如下。

Gender(性别，1 表示男，2 表示女)；

TP：Toast pop-up(刚烤好的吐司)；

BT：Buttered toast(奶油吐司)；

EMM：English muffin and margarine(英式松饼和人造黄油)；

JD：Jelly donut(果酱甜甜圈)；

CT：Cinnamon toast(肉桂吐司)；

BMM：Blueberry muffin and margarine(蓝莓松饼和人造黄油)；

HRB：Hard rolls and butter(硬面包和黄油)；

TMd：Toast and marmalade(烤面包和果酱)；

BTJ：Buttered toast and jelly(奶油烤面包和果酱)；

TMn：Toast and margarine(烤面包和黄油)；

CB：Cinnamon bun(肉桂面包)；

DP：Danish pastry(丹麦甜糕饼)；

GD：Glazed donut(釉面甜甜圈)；

CC：Coffee cake(咖啡蛋糕)；

CMB：Corn muffin and butter(玉米松饼和奶油)。

在多维展开模型算法中，常遇到解的退化问题，在大多数情况下，固有的退化问题可通过转换接近度变动系数来解决，本例算是一个典型实例(Busing, Groenen, and Heiser, 2005)。本例中会出现一个退化的解，那么如何使用多维展开来解决这个问题，从而确定对早餐食品喜好的个体差别？

在 SPSS 中进行多维展开分析的操作步骤如下。

在 SPSS 数据编辑窗口中，打开数据文件 data07-04.sav。

按【分析→度量→多维展开(PREFSCAL)】顺序，打开【多维展开】对话框，见图 7-23。

从左侧源变量框中选择变量 Toast pop-up 至 Corn muffin and butter，并将其移入【近似值】框中，作为近似值变量。

单击【选项】按钮，打开【多维展开：选项】选项卡，见图 7-24。

在【初始配置】栏【经典】选项下的【归因依据】下拉列表中选择 Spearman，作为古典模型初始的估算法。

在【惩罚项】栏的【强度】框中输入 1.0，作为强度参数；在【全距】框中输入 0.0，作为全距参数。惩罚项可关闭。

单击【继续】按钮，返回【多维展开：选项】选项卡。

单击【确定】按钮运行，则在输出窗口中得到表 7-10 和图 7-25。

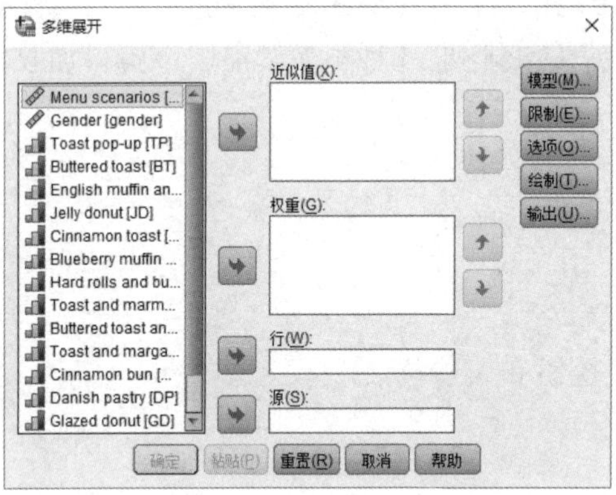

图 7-23 【多维展开】对话框

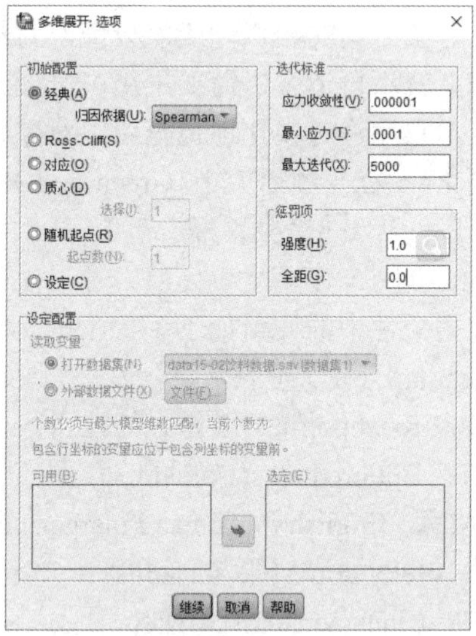

图 7-24 【多维展开：选项】选项卡

表 7-10 度量表

迭代		154
最终的函数值		.0000990
函数值部分	应力部分	.0000990
	惩罚部分	1.0000000
拟合的不良程度	正态化的应力	0E-7
	Kruskal 的应力-I	.0000990
	Kruskal 的应力-II	.6129749
	Young 的 S-应力-I	.0001980
	Young 的 S-应力-II	.7703817
拟合优度	考虑的离散	1.0000000
	考虑的方差	.6230788
	恢复的首选项顺序	.7074830
	Spearman 的 Rho	.7450748
	Kendall 的 Tau-b	.6218729
方差系数	方差近似值	.5590170
	转换的方差近似值	.0000924
	方差距离	.1808765
衰退指标	DeSarbo 的混合指标的平方和	117.3115413
	Shepard 的粗略非衰退索引	0E-7

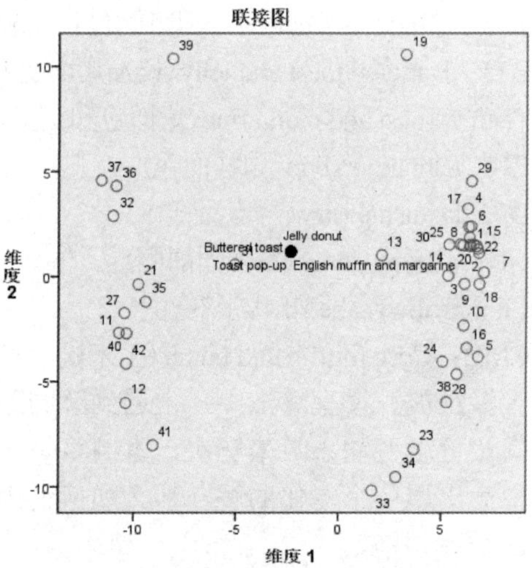

图 7-25 行列对象的共同空间联接图

从表 7-10 可见，在经过 154 次迭代运算后，算法收敛于惩罚应力(最终的函数值)0.0000990 的一个解。由于惩罚项已关闭，所以惩罚应力值等于“Kruskal 的应力-I”值(表中“函数值部分”项中的“应力部分”值等同于 Kruskal 的拟合劣度)。应力值小，通常表明该解拟合数据好，但有几个退化解的预警信号：

- “转换的方差近似值”的“方差系数”值(0.0000924)很小，与初始的“方差近似值”的“方差系数”值有关。这种情况说明每行转换近似值接近常量，因此该解将不会提供对象之间的任何维度。
- “DeSarbo 的混合指标的平方和”指标用来测度不同组的点混合的程度。它越接近于 0，解的混合度越好。如果不同组的点没有混合，则表明该解可能是退化的。表 7-10 中该值很大，暗示该解混合不佳。

● “Shepard 的粗略非衰退索引”(指标)(这里视为不同距离的百分比)等于 0。这是一个明确的数字信号，表明没有足够的距离，该解极可能是退化的。

图 7-25 所示为行、列对象的共同空间联接图，它是由行对象图与列对象图叠加而成的。从该图中可以直观地发现解退化的证据。行对象(被调查的个体)位于以列对象(早餐选项)为圆心的圆周上，其坐标已折叠到一个点上。

为得到一个非退化解，返回【多维展开】对话框。

单击【选项】按钮，打开【多维展开：选项】选项卡。在【惩罚项】栏的【强度】框中输入 0.5，作为强度参数；在【全距】框中输入 1.0，作为全距参数。

单击【继续】按钮，返回【多维展开】对话框。

单击【确定】按钮运行，则在输出窗口中得到表 7-11 和图 7-26。

从表 7-11 可见，在表 7-10 中出现的退化解问题已得到修正：

● 在“拟合的不良程度”项下的“正态化的应力”值不再为 0；
● “转换的方差近似值”的“方差系数”现在已经与初始“方差近似值”的“方差系数”值相似；
● “DeSarbo 的混合指标的平方和”十分接近于 0，表示解的混合度很好；
● “Shepard 的粗略非衰退索引”(指标)这里视为不同距离的百分比，现在将近 80%，有足够的距离，表明该解极可能是非退化的。

表 7-11　度量表

迭代		157
最终的函数值		.6848930
函数值部分	应力部分	.2428268
	惩罚部分	1.9317409
拟合的不良程度	正态化的应力	.0583589
	Kruskal 的应力-I	.2415758
	Kruskal 的应力-II	.5875599
	Young 的 S-应力-I	.3446361
	Young 的 S-应力-II	.5030127
拟合优度	考虑的离散	.9416411
	考虑的方差	.7651552
	恢复的首选项顺序	.7818594
	Spearman 的 Rho	.8179181
	Kendall 的 Tau-b	.6916725
方差系数	方差近似值	.5590170
	转换的方差近似值	.6006156
	方差距离	.4833617
衰退指标	DeSarbo 的混合指标的平方和	.1590979
	Shepard 的粗略非衰退索引	.7895692

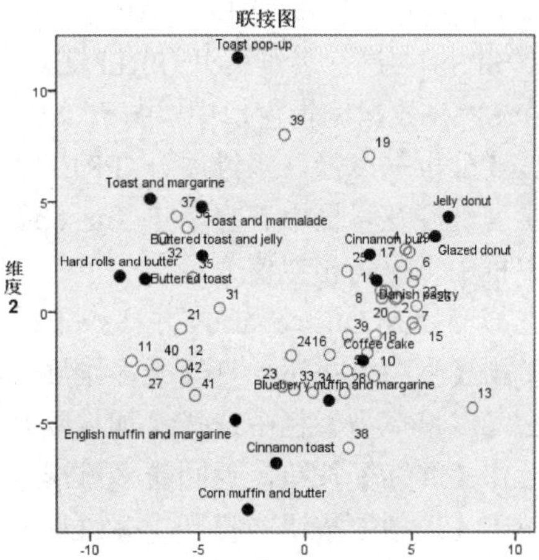

图 7-26　公共空间联接图

图 7-26 为行对象图与列对象图重叠在一起所形成的联接图。这张公共空间联接图可以用来对维度进行解释。由水平维度可看出软式面包和硬式面包(烤面包)之间的区别，沿横轴从左向右移动，软式面包项聚在一起。垂直维度没有很清晰的解释，尽管基于便利性，它或许可以区分，沿纵轴从上向下，较多有“官方称谓”的面包类聚在一起。

该图创建了几个早餐食品类。例如，Donuts(甜甜圈)、Cinnamon bun(肉桂面包)、Danish pastry(丹麦甜糕饼)聚成软式且有日常称谓的面包类；Muffin(松饼)、Cinnamon toast(肉桂吐司)及 Danish pastry(丹麦甜糕饼)聚成硬式且多数具有官方称谓的面包类；其他 toasts(烤面包)

和硬式面包聚成硬式且一些具有官方称谓的面包类；烤面包片是极不正式的称谓，属于硬式面包类。

由行对象所表示的个体根据对硬式或软式面包类的偏好，明显地分成集群，在垂直维度上有显著的群内方差(见表中“拟合优度”项中的“考虑的方差”值)。

接下来在早餐时加入一些场景因素，讨论对被调查者选择早餐食品的影响。

例 7.5 早餐时研究人员加入了下列 6 种场景。

场景 1：Overall preference(全场都可以优先选择)；

场景 2：Breakfast, with juice, bacon and eggs, and beverage(含有果汁、培根、鸡蛋和饮料的早餐)；

场景 3：Breakfast, with juice, cold cereal, and beverage(含有果汁、免煮谷类和饮料的早餐)；

场景 4：Breakfast, with juice, pancakes, sausage, and beverage(含有果汁、薄煎饼、香肠和饮料的早餐)；

场景 5：Breakfast, with beverage only(只含有饮料的早餐)；

场景 6：Snack, with beverage only(只含有饮料的快餐)。

然后要求 21 对被调查者按喜好程度，从 1—“极喜好”至 15—“极不喜好”来排列 15 种早餐食品。6 种场景作为单独的源来处理。

记录的资料收集在数据文件 data07-05.sav 中。

下面使用多维展开(PREFSCAL)模型完成行、列和源 3 维展开的多维尺度分析。

在 SPSS 中进行多维展开(PREFSCAL)模型分析的具体步骤如下。

在 SPSS 数据编辑窗口中，打开文件 data07-05.sav。

按【分析→度量→多维展开(PREFSCAL)】顺序，打开【多维展开】对话框。

从左侧源变量框中选择变量 Toast pop-up 至 Corn muffin and butter，并将其移入右侧【近似值】框中，作为相似值变量。

选择变量 Menu scenarios 并移入【源】框中，作为源变量。

单击【模型】按钮，打开【多维展开：模型】选项卡，见图 7-27。

在【度量模型】栏中选择【加权欧几里德】作为度量模型。其他保持系统默认选项。

单击【继续】按钮，返回【多维展开】对话框。

单击【选项】按钮，打开【多维展开：选项】选项卡。

在【初始配置】栏【经典】选项下的【归因依据】下拉列表中选择 Spearman，作为古典模型初始的估算法。

单击【继续】按钮，返回【多维展开】对话框。

单击【绘制】按钮，打开【多维展开：图】选项卡，见图 7-28。

在【图】栏中，选择【私有空间】选项。

单击【继续】按钮，返回【多维展开】对话框。

单击【确定】按钮运行，则在输出窗口中得到表 7-12 和图 7-29。

从表 7-12 可见，在经过 481 次迭代运算后收敛，最终的惩罚应力值(最终的函数值)为 0.8199642。“方差系数”和“Shepard 的粗略非衰退索引”足够大，“DeSarbo 的混合指标的平方和”足够小，暗示解不存在退化问题。

从图 7-29 所示公共空间联接图中可见，最终的外形结构与对 Overall preference 的两维分析非常相似，解沿 45 度线翻转。因此，由垂直维度可看到软式面包和硬式面包(烤面包)之间的区别，沿纵轴从下到上，面包的类则由硬到软。水平维度上没有很清晰的解释，或许可以根据便利性来加以区分，沿横轴从右向左，出现越来越多具有“官方称谓”的面包类型。

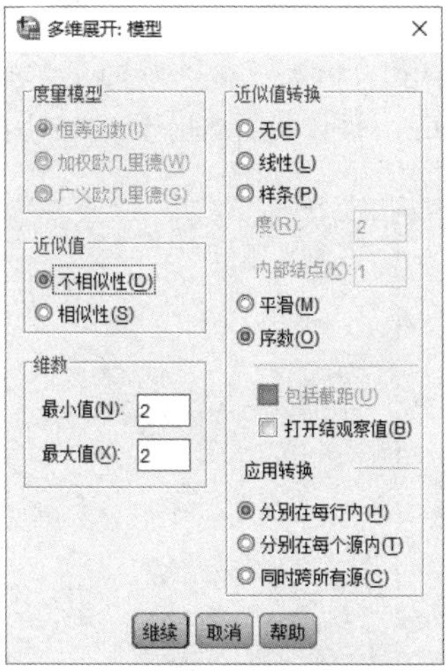

图 7-27 【多维展开：模型】选项卡

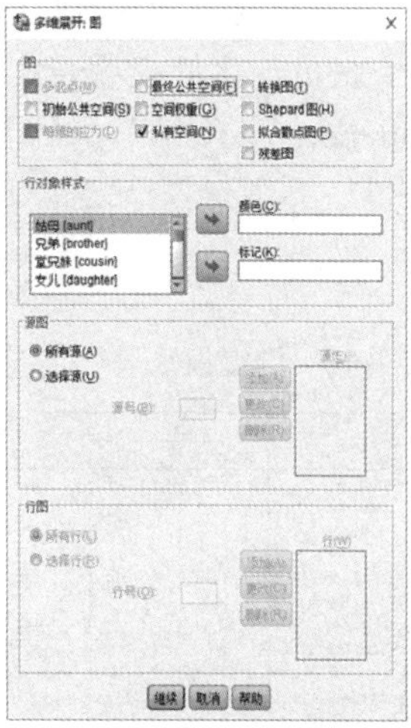

图 7-28 【多维展开：图】选项卡

由行对象所表示的个体基于对软式面包或硬式面包种类的偏好，仍然明显地分成集群，在水平维度上有显著的群内方差(见表中“拟合优度”项中的“考虑的方差”值)。

表 7-12 度量表

迭代		481
最终的函数值		.8199642
函数值部分	应力部分	.3680994
	惩罚部分	1.8265211
拟合的不良程度	正态化的应力	.1335343
	Kruskal 的应力-I	.3654234
	Kruskal 的应力-II	.9780824
	Young 的 S-应力-I	.4938016
	Young 的 S-应力-II	.6912352
拟合优度	考虑的离散	.8664657
	考虑的方差	.5024853
	恢复的首选项顺序	.7025321
	Spearman 的 Rho	.6271702
	Kendall 的 Tau-b	.4991188
方差系数	方差近似值	.5590170
	转换的方差近似值	.6378878
	方差距离	.4484515
衰退指标	DeSarbo 的混合指标的平方和	.2199287
	Shepard 的粗略非衰退索引	.7643613

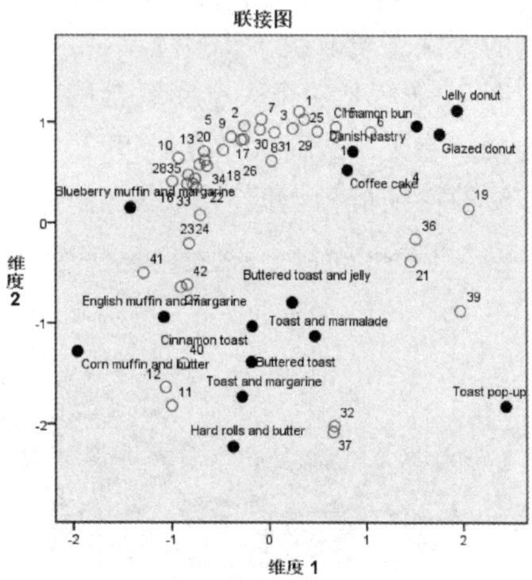

图 7-29 公共空间联接图

表 7-13 所示为各源的维度权重。维度权重显示了在公共空间维度上个人空间载荷的情况。权重越大，说明在个人空间上距离越远，就该个人空间而言，对象间在该维度上的区分度也越大。

- 特征值(**特异性**)是对个人空间与公共空间差异程度的测度。与公共空间相同的个人空间应该有相同的维度权重且特征值为 0，当个人空间的特定维度有较大的维度权重和接近于 1 的特征值时，说明该变量源是分散的。本例中，最分散的源是“Breakfast,with juice(有果汁的早餐)”“Bacon and eggs, and beverage(熏肉、鸡蛋加饮料)”“snack,with beverage only(只有饮料的快餐)”。

- **重要性**是每个维度对解相对贡献的测度。因而，维度等同于重要性。图 7-30 所示维度权重图提供了一张可视化的权重表。“Breakfast, with juice”“bacon and eggs, and beverage”“Snack, with beverage only”是最接近维度轴心的，而且两者都强有力地指向一个特定维度。

表 7-13　维度权重表

		维度 1	维度 2	特征[a]
源	Overall preference	3.235	4.297	.186
	Breakfast, with juice, bacon and eggs, and beverage	4.883	2.193	.457
	Breakfast, with juice, cold cereal, and beverage	4.131	3.438	.109
	Breakfast, with juice, pancakes, sausage, and beverage	4.291	3.267	.164
	Breakfast, with beverage only	3.124	4.413	.223
	Snack, with beverage only	2.750	4.541	.313
重要性[b]		.504	.496	

a. 特征表明源的典型性。特征的范围介于 0 与 1 之间，0 表明具有相同维度权重的均匀源，1 表明某一维度权重特别大而其他权重接近于零的特殊源。

b. 每个维度的相对重要性，以一个维度的平方和与总平方和的比的形式给出。

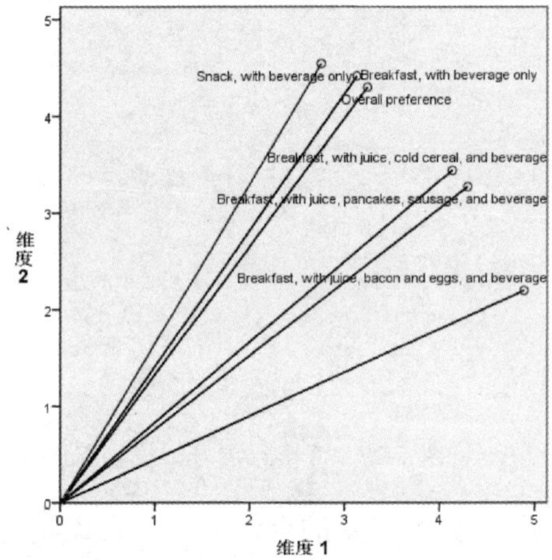

图 7-30　维度权重图

在图 7-31 所示的个人空间联接图中，“Breakfast, with juice”“bacon and eggs, and beverage”显示了在喜好方面本场景的效果。这个源载荷大量在第一维度上，因此，早餐食品之间的区别主要取决于维度 1。

在图 7-32 所示的个人空间联接图中，“Snack, with beverage only”显示了在喜好方面本场景的效果。这个源载荷大量在维度 2 上，因此，早餐食品之间的区别主要取决于维度 2。但由于该源的特征值相当低，所以在维度 1 上差异仍相当大。

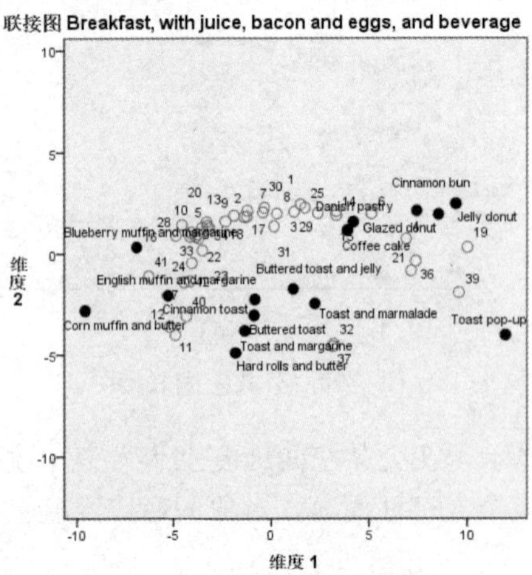

图 7-31　个人空间联接图

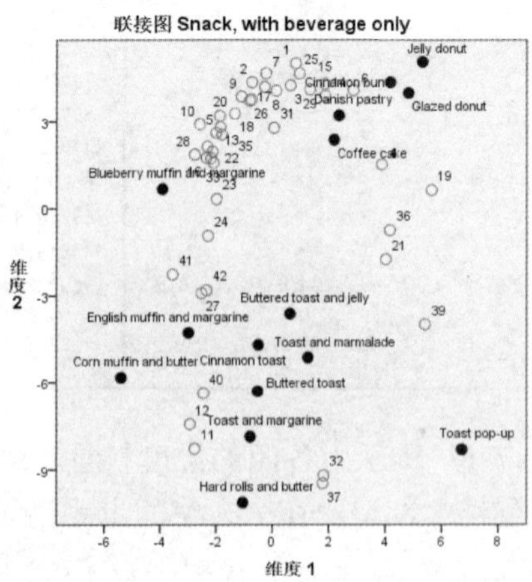

图 7-32　个人空间联接图

最终配置取决于提供给算法的起始点。在理想情况下，解的一般结构应该保持不变，否则，难以确定哪个是正确的。当尝试不同的初始配置时，细节可能会变得更加清晰，因此，为了获取一个与起始点对应的解，返回【多维展开】对话框。

单击【选项】按钮，打开【多维展开：选项】选项卡。

在【初始配置】栏中选择【对应】选项，作为古典模型初始的估算法。

单击【继续】按钮，返回【多维展开】对话框。

单击【确定】按钮运行，则在输出窗口中得到表 7-14 和图 7-33。

表 7-14　度量表

迭代		385
最终的函数值		.8140741
函数值部分	应力部分	.3493640
	惩罚部分	1.8969229
拟合的不良程度	正态化的应力	.1212145
	Kruskal 的应力-I	.3481587
	Kruskal 的应力-II	1.0770522
	Young 的 S-应力-I	.4812632
	Young 的 S-应力-II	.6871733
拟合优度	考虑的离散	.8787855
	考虑的方差	.5183498
	恢复的首选项顺序	.7174981
	Spearman 的 Rho	.6446272
	Kendall 的 Tau-b	.5165230
方差系数	方差近似值	.5590170
	转换的方差近似值	.6122308
	方差距离	.4043695
衰退指标	DeSarbo 的混合指标的平方和	1.7571887
	Shepard 的粗略非衰退索引	.7532124

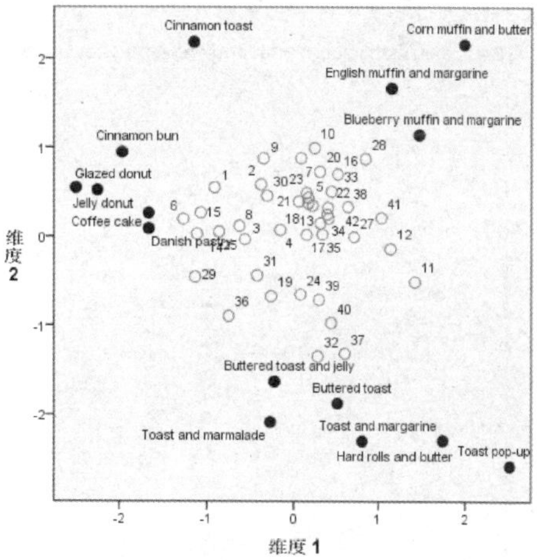

图 7-33　公共空间联接图

从表 7-14 可见，在经过 385 次迭代运算后算法收敛，最终惩罚应力值(最终的函数值)为 0.8140741。“拟合的不良程度”“拟合优度”“方差系数”“Shepard 的粗略非衰退索引”，这些统计量值与使用古典 Spearman 模型开始所得解中的那些统计量值相似。“DeSarbo 的混合指标的平方和”略有不同，1.7571887 替代了原先得到的 0.2199287，表明【初始配置】中选择【对应】选项得到的是一个混合度不佳的解，要理解这一点，可查看公共空间联接图。

图 7-33 所示的公共空间联接图显示了与用古典 Spearman 模型作为初始配置的分析类似的最终配置；不过，列对象(breakfast 选项类)位于行对象(个人)周围而不是与其混合。

表 7-15　维度权重表

		维度		
		1	2	特征[a]
源	Overall preference	2.836	3.877	.279
	Breakfast, with juice, bacon and eggs, and beverage	4.727	1.207	.636
	Breakfast, with juice, cold cereal, and beverage	4.183	2.377	.263
	Breakfast, with juice, pancakes, sausage, and beverage	4.412	1.993	.389
	Breakfast, with beverage only	2.605	4.050	.351
	Snack, with beverage only	1.864	4.415	.552
重要性[b]		.556	.444	

a. 特征表明源的典型性。特征的范围介于 0 与 1 之间，0 表明具有相同维度权重的均匀源，1 表明某一维度权重特别大而其他权重接近于零的特殊源。

b. 每个维度的相对重要性，以一个维度的平方和与总平方和的比的形式给出。

由表 7-15 可见，在对应最初配置下，每个个人空间都有很高的特异性(特征值)，即每种场景下，参与者对 15 种早餐食品的排名都与特定的维度有更密切的关系。发散的源仍为“Breakfast, with juice”“bacon and eggs, and beverage”“Snack, with beverage only”。

图 7-34 中，高特异性值较高。与古典 Spearman 模型开始得到的源载荷相比，这里的源载荷更多地集中于维度 1，因此，行和列对象显示在纵轴上的方差很小，而在横轴上的方差较大。

在图 7-35 中，行和列对象位置比用古典 Spearman 模型开始计算得到的行和列对象位置更接近垂直线。

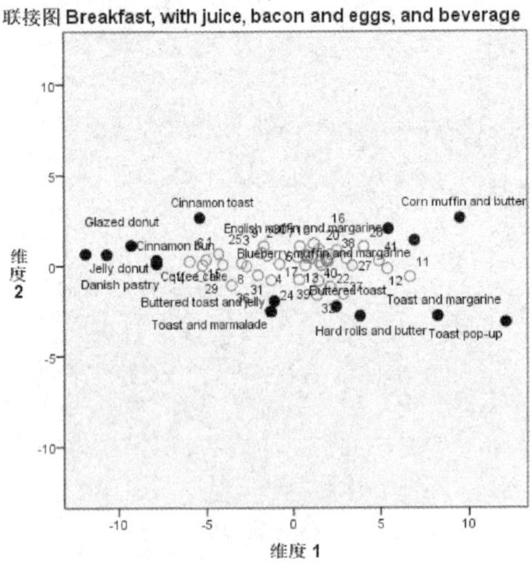

图 7-34　个人空间联接图

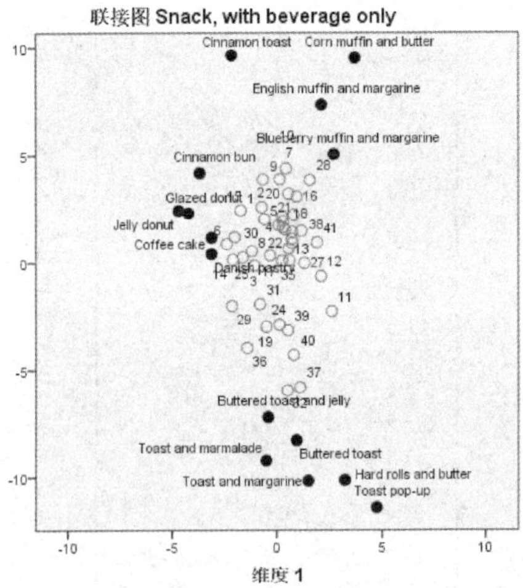

图 7-35　个人空间联接图

例 7.6　在一个经典实例(Price and Bouffard, 1974)中，52 名学生用 0=“极合适”至 9=“极不合适”的 10 分尺度范围，对以下 15 种场景：

1 —— Class(在课上)　2 —— Date(约会)　3 —— Bus(乘公共汽车)　4 —— Dinner(在晚宴上)　5 —— Park(在公园)　6 —— Church(在教堂)　7 —— Interview(面谈中)　8 —— Sidewalk(在人行道上)　9 —— Movies(看电影)　10 —— Bar(在酒吧)　11 —— Elevator(乘电梯)　12 —— Restroom(在洗手间)　13 —— Room(在房间)　14 —— Lounge(在休息室)　15 —— Game(在比赛中)]

和 15 种行为：

[Run(赛跑)、Talk(交谈)、Kiss(接吻)、Write(写信)、Eat(吃饭)、Sleep(睡觉)、Mumble(咕哝)、Read(阅读)、Fight(打架)、Belch(打嗝)、Argue(辩论)、Jump(跳跃)、Cry(哭)、Laugh(笑)、Shout(喊叫)]

的组合进行评分。取所有被试学生打分的平均值，用该值作为差异性值。数据存放在文件 data07-06.sav 中，且两个维度上坐标值的初始配置已存放在文件 data07-06_ini.sav 中。现使用多维尺度分析来寻找他们最密切关联的行为和相似情景的聚类。数据文件中的 ROWID 变量为行标识变量。

在 SPSS 中的具体步骤如下。

在 SPSS 数据编辑窗口中，打开文件 data07-06.sav。

按【分析→度量→多维展开(PREFSCAL)】顺序，打开【多维展开】对话框。

从左侧源变量框中选择 Run 至 Shout 变量，并将其移入右侧【近似值】框，作为相似值。

选择 ROWID，并将其移入【行】框，作为行变量。

单击【模型】按钮，打开【多维展开：模型】选项卡。

在【近似值转换】栏中，选择【线性】和【包括截距】选项，在【应用转换】框中选择【同时跨所有源】选项。其他保持系统默认选项。

单击【继续】按钮，返回【多维展开】对话框。

单击【选项】按钮，打开【多维展开：选项】选项卡。

在【初始配置】栏中选择【设定】选项，在【设定配置】栏中选择【外部数据文件】，单击【文件】按钮，选取已建好的外部文件 data07-06_ini.sav，作为设定初始配置的文件。从【可用】框中选择变量 dim1 和 dim2，并将其移入【选定】框，作为指定的初始配置变量。

单击【继续】按钮，返回【多维展开】对话框。

单击【绘制】按钮，打开【多维展开：图】选项卡。在【图】栏中选择【转换图】选项。

单击【继续】按钮，返回【多维展开】对话框。

单击【确定】按钮运行，则在输出窗口中得到表 7-16 和图 7-36。

表 7-16　度量表

迭代		169
最终的函数值		.6427725
函数值部分	应力部分	.1900001
	惩罚部分	2.1745069
拟合的不良程度	正态化的应力	.0361000
	Kruskal 的应力-I	.1900001
	Kruskal 的应力-II	.5224668
	Young 的 S-应力-I	.2760971
	Young 的 S-应力-II	.4525933
拟合优度	考虑的离散	.9639000
	考虑的方差	.8082862
	恢复的首选项顺序	.8608333
	Spearman 的 Rho	.8981120
	Kendall 的 Tau-b	.7202452
方差系数	方差近似值	.5138436
	转换的方差近似值	.4751934
	方差距离	.3912592
衰退指标	DeSarbo 的混合指标的平方和	.4957969
	Shepard 的粗略非衰退索引	.7173810

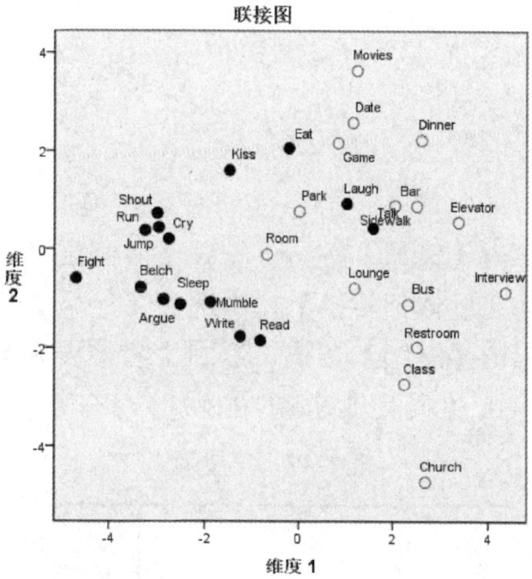

图 7-36　公共空间联接图

由表 7-16 可见，在经过 169 次迭代运算后算法收敛，最终惩罚应力值(最终的函数值)为 0.6427725。“方差系数”“Shepard 的粗略非衰退索引”值足够大，并且“DeSarbo 的混合指标的平方和”值足够小，暗示解没有退化问题。

在图 7-36 中，水平维度显示出列对象(行为)有很强的关联，并且区分开了不适宜行为(打架、打嗝)和更适宜行为。垂直维度显示出行对象(场景)有很强的关联，并且界定了不同场景对行为的制约。

- 在垂直维度下部是由较安静、内省的行为类型(Read、Write)所限制的行为情景(Church、Class)。
- 在垂直维度上部是由社交、性格外向的行为类型(Eat、Kiss、Laugh)所限制的行为情景(Movies、Game、Date)。

● 在垂直维度中间，基于情景的一般性限制，在水平维度上各情景是分散的。离情景(Interview)越远的行为受到的限制也越多，离情景(Room、Park)越近的行为受到的限制越少。

在本分析中，近似值是用线性处理的，因此，在图 7-37 中，“转换的近似值”与“原始近似值”的函数图是一条直线。说明该情景的拟合度较好，但使用近似值的不同转换方法可能会获得更好的拟合度。

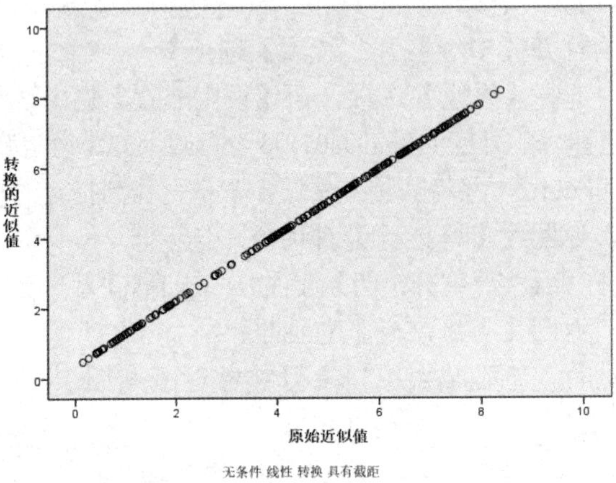

图 7-37 转换图

为了生成一个近似值的有序转换的解，返回【多维展开】对话框。

单击【模型】按钮，打开【多维展开：模型】选项卡。

在【近似值转换】栏中选择【序数】选项。其他保持系统默认选项。

单击【继续】按钮，返回【多维展开】对话框。

单击【确定】按钮运行，则在输出窗口中得到表 7-17 和图 7-38。

表 7-17 度量表

迭代		268
最终的函数值		.6044671
函数值部分	应力部分	.1747239
	惩罚部分	2.0911875
拟合的不良程度	正态化的应力	.0305285
	Kruskal 的应力-I	.1747239
	Kruskal 的应力-II	.4444641
	Young 的 S-应力-I	.2707147
	Young 的 S-应力-II	.3978003
拟合优度	考虑的离散	.9694715
	考虑的方差	.8454488
	恢复的首选项顺序	.8574206
	Spearman 的 Rho	.9032676
	Kendall 的 Tau-b	.7532788
方差系数	方差近似值	.5138436
	转换的方差近似值	.4930018
	方差距离	.4284849
衰退指标	DeSarbo 的混合指标的平方和	.3610680
	Shepard 的粗略非衰退索引	.7469048

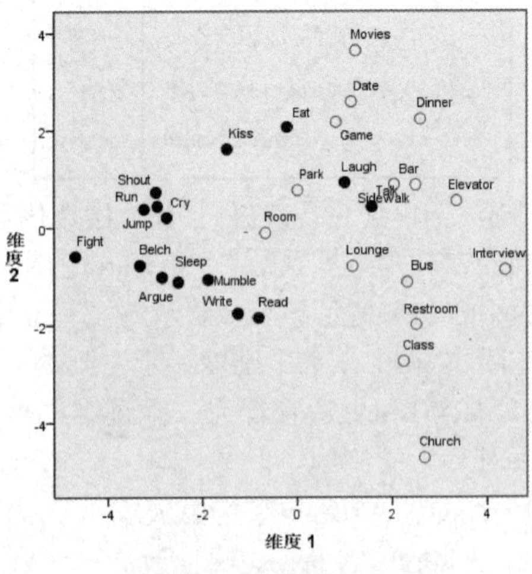

图 7-38 公共空间联接图

从表 7-17 可见，在经过 268 次迭代运算后算法收敛，最终惩罚应力值(最终的函数值)为 0.6044671。本解的该统计量和其他测度值略好于前面用近似值的线性转换的解。

图 7-38 是公共空间联接图。在两种解中，对公共空间的解释是相同的。(用序数转换的)本解与用线性转换的解在垂直维度上比水平维度上可能有相对小的方差。

图 7-39 说明，除最大近似值的值撇开其余值向上弯曲以外，近似值的序数转换是相当线性的，这些近似值解释了序数解和线性解之间绝大部分的差异。但没有足够的信息来确定这种在较大值上的非线性趋势是真正的趋势还是反常现象。

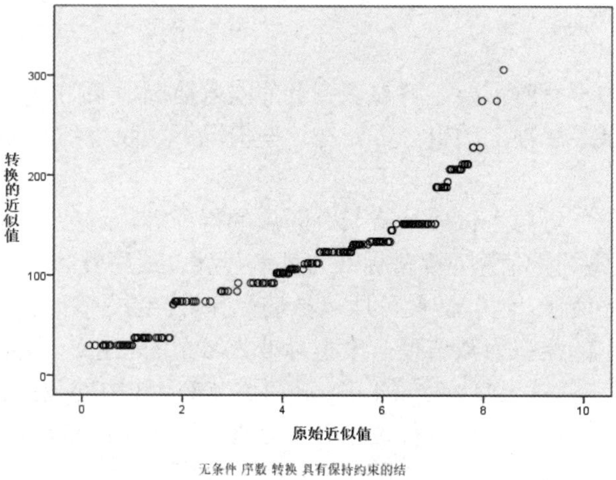

图 7-39　转换图

思　考　题

1. 何谓邻近数据？
2. 两两间邻近数据的采集方法有哪几种？
3. 有几种测量方式可以用来反映两个选项之间的邻近性？
4. 简述多维尺度展开（PREFSCAL）模型的适用条件。
5. 举出一个可以使用多维尺度（ALSCAL）模型的实例，并进行分析。
6. 举出一个可以使用多维尺度（PROXSCAL）模型的实例，并进行分析。

第 8 章　计量（分）题型的常用统计分析方法

在一般问卷调查中，有时需要了解被调查者的收入情况、某门课的期末考试成绩或者被调查者在具有量表的某个题项上的得分等。在这些情况下，收集到的计量（分）题型的数据均为尺度测度数据。

我们将为每种情况、每门考试成绩或某个题项的得分等，单独建立一个变量，该变量在 SPSS 变量属性中的类型为数值型，度量标准为度量（尺度）或序号（有序），以下将这样的变量简称为尺度变量或有序变量。这些变量可以单独进行分析，但更多的情况是与其他变量（如名义变量，即变量属性中的类型为数值型，度量标准为名义的变量）一起进行综合分析。

本章在多数情况下，将以文件 data04-03.sav（4.3 节例 4.3 中的数据文件）中一些变量的数据为例，来介绍对其中的部分变量进行数据分析处理中常用的统计分析方法。

8.1　分析计量（分）题型的描述统计方法

计量（分）题型通过数据资料整理后，在 SPSS 中就成为尺度（或有序）变量，所以对它的统计分析，实质上就是对尺度（或有序）变量进行统计分析。

对尺度（或有序）变量的常规统计分析包括异常数据检查，制作频数分布表、直方图，数据资料的正态性检验，以及给出其集中性趋势、离中性趋势的统计量。

在 SPSS 中，对尺度（或有序）变量做上述分析的方法较为集中地出现在【分析】菜单的【描述统计】过程中，而最常用的是【描述统计】过程中的【探索】分析方法。

下面我们用实例来说明。

例 8.1　对 data04-03.sav 中的 satm（学生智能测验（SAT）-数学）、mathach（数学测验成绩）、visual（想象力测验得分）3 个尺度变量进行常规统计分析。

在 SPSS 中的操作步骤如下。

在 SPSS 数据编辑窗口中，打开数据文件 data04-03.sav。

按【分析→描述统计→探索】顺序，打开【探索】对话框，见图 8-1。在左侧源变量框中选择“学生智能测验（SAT）-数学”“数学测验成绩”和“想象力测验得分”3 个变量，并将其移入右侧【因变量列表】框，作为分析变量。

单击【绘制】按钮，打开【探索：图】选项卡，见图 8-2。在【描述性】框中，选择【茎叶图】【直方图】，并选择【带检验的正态图】选项。其他保持系统默认选项。

单击【继续】按钮，返回【探索】对话框。

单击【确定】按钮运行，则在输出窗口中得到下面分析中用到的各种图表。

为便于理解，接下来分节讨论输出窗口中的各种结果。

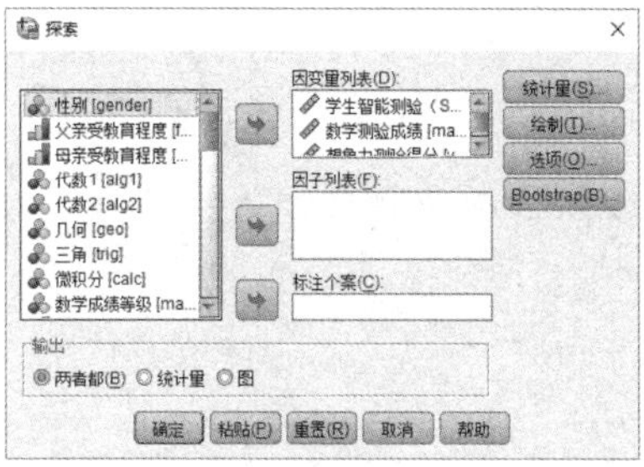

图 8-1 【探索】对话框

图 8-2 【探索：图】选项卡

8.1.1 箱图

箱图是概括数据资料集中性和离中性的一种专用的直观图形，常用于检查数据资料中是否存在特别大或特别小的异常数据。例 8.1 中，在输出窗口中得到 3 个变量的箱图，分别为图 8-3、图 8-4 和图 8-5。

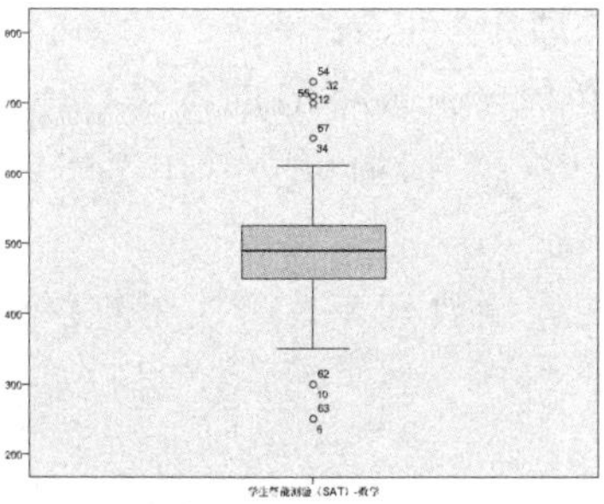

图 8-3 学生智能测验箱图

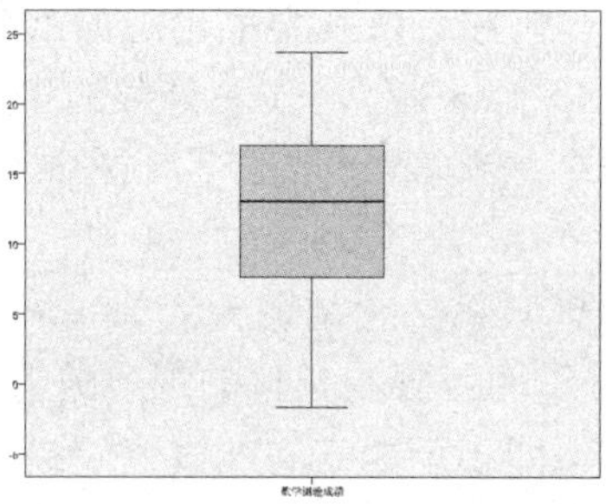

图 8-4 数学测验成绩箱图

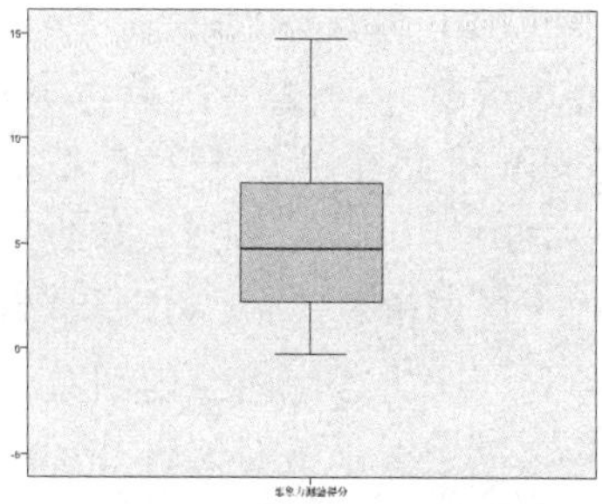

图 8-5 想象力测验得分箱图

箱图的中间部分称为箱体，它代表了观察值中间 50%的值的分布情况，也就是百分位数 25%(下四分位数，用符号 Q1 表示)至 75%(上四分位数，用符号 Q3 表示)之间的观察值的分布情况。由此可知，箱体顶部对应观察值 Q3，箱体底部对应观察值 Q1，称 Q3 与 Q1 之间的距离为四分位间距，用符号 IQR 表示，IQR=Q3−Q1。箱体中间的横线对应于中位数 *M*，即处在有序数列中间位置的观察值。从箱体向上下两侧延伸出的线称为须，这些线延伸至上端线(合理的最大值)和下端线(合理的最小值)，合理的最大值=Q3+1.5IQR，合理的最小值=Q1−1.5IQR。超出合理的最大值和合理的最小值范围之外的观察(测)值，在统计学中称为异常值，异常值用 o 加数据文件中的记录号来标记。

由图 8-3 可见，在对学生的智能测验中，存在 10 个异常数据。6 个特别大的异常数据由小到大分别为，该数据文件中第 34、67、12、55、32、54 记录号学生的智能测验得分；4 个特别小的异常数据由大到小分别为，该数据文件中第 62、10、63、6 记录号学生的智能测验得分。

由图 8-4 和图 8-5 可见，学生的“数学测验成绩”和“想象力测验得分”变量不存在异常数据。

由此，需要检查这些异常数据是否记录或录入数据时人为失误造成的，若不是，就要从专业的角度来看它们是否有存在的合理性。

8.1.2 茎叶图

在 SPSS 的输出窗口中，通过全屏复制及在画图软件中裁剪，得到如图 8-6、图 8-7 和图 8-8 所示的茎叶图。它们常用来描述数据资料的分布情况，具有比传统的频数分布表更强的功能，是一种加强版的频数分布表。

```
Frequency    Stem &  Leaf

    4.00 Extremes    (=<300)
     .00        3 .
    2.00        3 .  58
   12.00        4 .  000000112334
   20.00        4 .  55555556667777888899
   20.00        5 .  00000000001112222233
    6.00        5 .  555589
    5.00        6 .  00001
    6.00 Extremes    (>=650)

Stem width:  100
Each leaf:       1 case(s)
```

图 8-6 学生智能测验茎叶图

```
Frequency    Stem &  Leaf

    1.00       -0 .  1
    8.00        0 .  11233344
   19.00        0 .  5555556667777899999
   22.00        1 .  0000011223334444444444
   12.00        1 .  557777788999
   13.00        2 .  0111222333333

Stem width:  10.0
Each leaf:       1 case(s)
```

图 8-7 数学测验成绩茎叶图

```
Frequency    Stem &  Leaf

    7.00       -0 .  0000000
   35.00        0 .  11111111112222222333333333444444444
   25.00        0 .  5566666666777778888899999999
    8.00        1 .  11113344

Stem width:  10.0
Each leaf:       1 case(s)
```

图 8-8 想象力测验得分茎叶图

茎叶图由如下几部分组成：

第 1 列的频数(Frequency)，即各组内观察值出现的次数；第 2 列的茎(Stem)，它代表分数的第 1 个数字；第 3 列的叶(Leaf)，它代表分数的第 2 个数字；表下方的茎宽(Stem width)。每个叶代表一个样品(个体或观察值)。茎叶图中的具体观察值由(茎+叶)×茎宽组成。

以图 8-6 为例，其茎宽为 100，第一行是表头清单，第 2 行至倒数第 3 行，从左向右，各列依次为各组的组内频数、分组的组限及具体的观察值情况。

第 1 组是极端值(Extremes)，即小于 300 的观察值，共 4 个；

第 2 组分组组限为 300(3×100)～340，该组内没有观察值；

第 3 组分组组限为 350(3.5×100)～390(3.9×100)，该组频数为 2，即有 2 个观察值，分别是 350((3+0.5)×100)和 380((3+0.8)×100)。

由上可知，本茎叶图中的组距为 50。

余下各组可依此类推。

旋转一下，茎叶图就很像直方图或频数分布图了。不过，只有在茎叶图中，才能既知道频数，又知道具体是什么数。这项功能，直方图和传统的频数分布图是实现不了的。

8.1.3 直方图

直方图也是我们直观了解数据资料分布情况的一种常用统计分析方法，其适用条件为变量必须是尺度(等间隔测定的有序)变量。

在 SPSS 输出窗口中，通过选择性复制(选择图像格式)，得到如图 8-9、图 8-10 和图 8-11 所示的直方图。

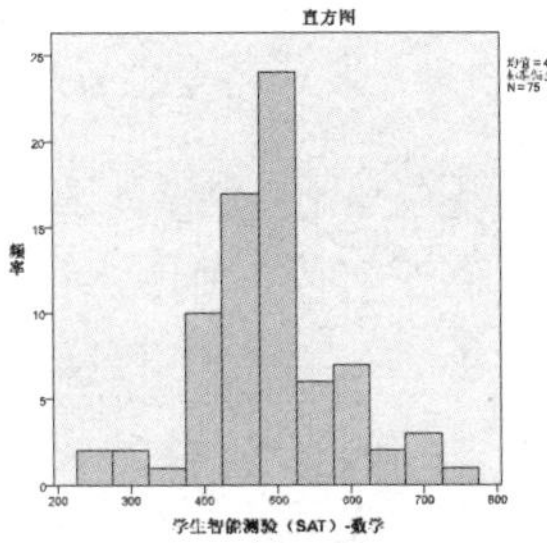

图 8-9　学生智能测验直方图

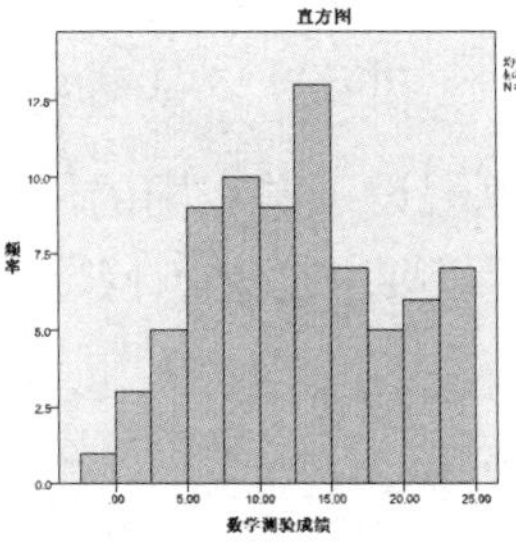

图 8-10　数学测验成绩直方图

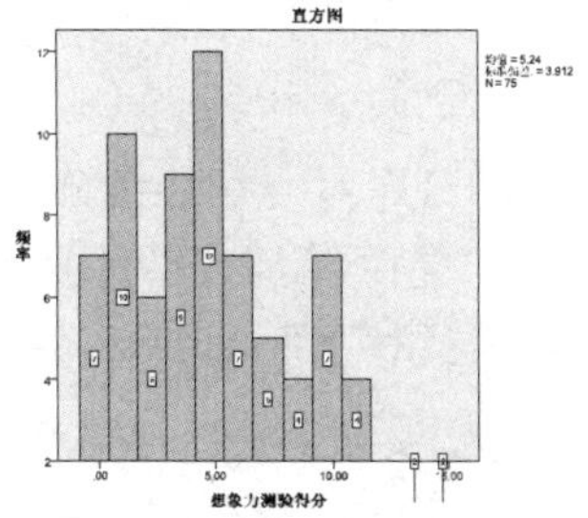

图 8-11　想象力测验得分直方图

尺度变量的直方图与名义变量的条形图相似，只是直方图各条形之间是精密相连的，它描述的是不间断的连续型数据。只要概念上该变量是连续的，就可以使用直方图。

在直方图上，我们也可以让其列出具体的频数，只要在 SPSS 输出窗口中双击选择的图形，在弹出的如图 8-12 所示的【图表编辑器】窗口中，将光标移至直方图的条形上，单击鼠标右键弹出如图 8-13 所示的快捷菜单，选择【显示数据标签】，即可在其弹出的【属性】窗口中进行编辑，生成所期望的最终结果。

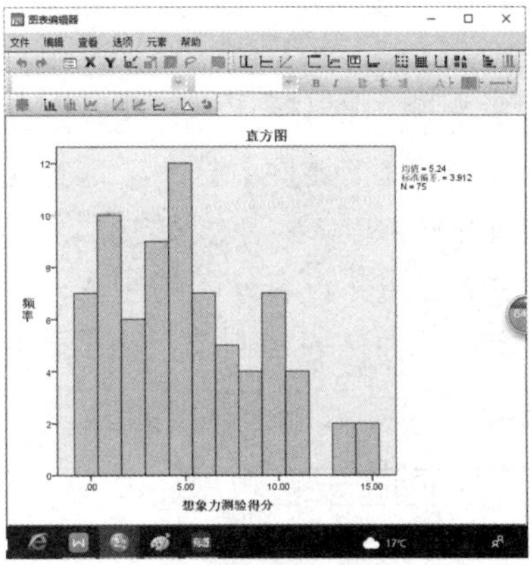

图 8-12　图表编辑器

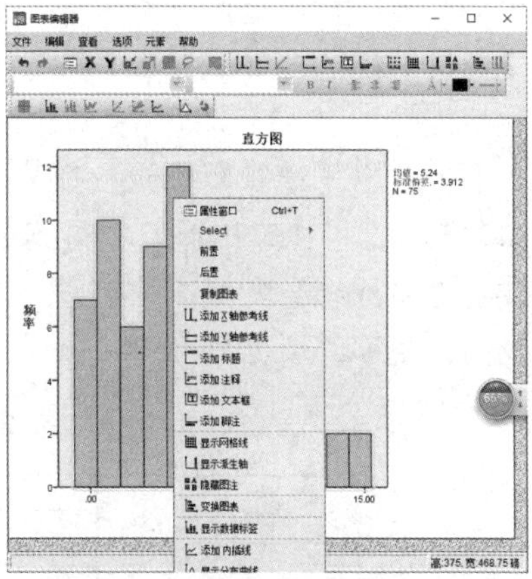

图 8-13　图表编辑器中的快捷菜单

8.1.4　正态性检验

SPSS 提供了多种对尺度变量进行数据资料正态性检验的方法，分别出现在多个过程中，其中使用最多的方法是柯尔莫哥洛夫-斯米诺夫(Kolmogorov-Smirnov)检验。它是分布一致性检验中常用的方法，其基本思想如下。

假定总体 X 的分布函数 $F(x)$ 连续且未知，要在给定的显著性水平 α 下检验假设

$$\mathrm{H}_0: F(x)=F_0(x);\quad \mathrm{H}_1: F(x)\neq F_0(x)$$

设 $S(x)$ 表示一组数据的经验分布。定义一组随机样本 x_1，x_2，…，x_n 的经验分布函数为阶梯函数

$$S(x)=\frac{x_i \leqslant x\text{的个数}}{n}$$

它是小于 x 值的比例，是总体分布 $F(x)$ 的一个估计。检验统计量为

$$D = \sup_x \left| S(x) - F_0(x) \right|$$

D 的分布对一切连续分布 $f(x_0)$ 在原假设下是相同的，故它与分布无关。在实际计算中，因为 $S(x)$ 是阶梯函数，只取离散值，所以要考虑跳跃问题。如果有 n 个观察值，则可用下述统计量来代替上面的 D

$$D = \max_{1 \leqslant i \leqslant n} \left\{ \max\left(\left| S(x_i) - F_0(x_i) \right| ,\ \left| S(x_{i-1}) - F_0(x_i) \right| \right) \right\}$$

当 $n \to \infty$ 时，大样本的渐近公式为

$$P\left(\sqrt{n} D_n < x\right) \to K(x)$$

其分布函数的表达式为

$$K(x) = \begin{cases} 0 & x < 0 \\ \sum_{j=-\infty}^{\infty} (-1)^j \exp(-2j^2x^2) & x > 0 \end{cases}$$

当 $P < \alpha$ 时，拒绝原假设。

进行正态分布检验时，一般需要大样本，即 $n \geqslant 100$。

按【分析→描述统计→探索】顺序，打开【探索】对话框，在左侧源变量框中，选择变量“学生智能测验(SAT)-数学”“数学测验成绩”“想象力测验得分”，将其移入右侧【因变量列表】框，单击【绘制】按钮，打开【绘制】选项卡。在【描述性】框中，选择【带检验的正态图】选项。可在输出窗口中得到如表 8-1 所示的正态性检验表。该表的检验结果表明，只有“数学测验成绩”变量，我们没有足够的理由去拒绝它服从正态分布的假定；其余两个变量，我们有足够的证据(p<0.006, p<0.022)拒绝原假设，从而认为它们不服从正态分布。

表 8-1 正态性检验表

	Kolmogorov-Smirnov[a]			Shapiro-Wilk		
	统计量	df	Sig.	统计量	df	Sig.
学生智能测验（SAT）-数学	.124	75	.006	.963	75	.026
数学测验成绩	.071	75	.200*	.966	75	.040
想象力测验得分	.111	75	.022	.947	75	.004

*. 这是真实显著水平的下限。

a. Lilliefors 显著水平修正

同样，还可在非参数检验过程中，来实现尺度变量数据资料的正态性检验。

通过不同途径得到的正态性检验结果不完全相同，下面介绍非参数检验过程中正态性检验的具体做法。

仍以例 8.1 为例，接下来在非参数检验过程中对所选的 3 个变量进行正态性检验，具体做法如下。

按【分析→非参数检验→单样本】顺序，打开【单样本非参数检验：目标】选项卡，见图 8-14。在该选项卡中，选择【自定义分析】选项。

单击【字段】标签，弹出【单样本非参数检验：字段】选项卡，见图 8-15。在左侧的【字段】框中选择“数学测验成绩”和“想象力测验得分”“学生智能测验(SAT)-数学”3 个变量并移入右侧的【检验字段】框，作为分析变量。

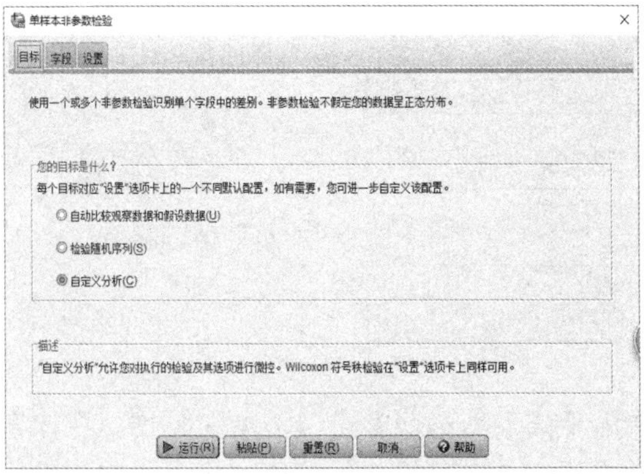

图 8-14 【单样本非参数检验：目标】选项卡

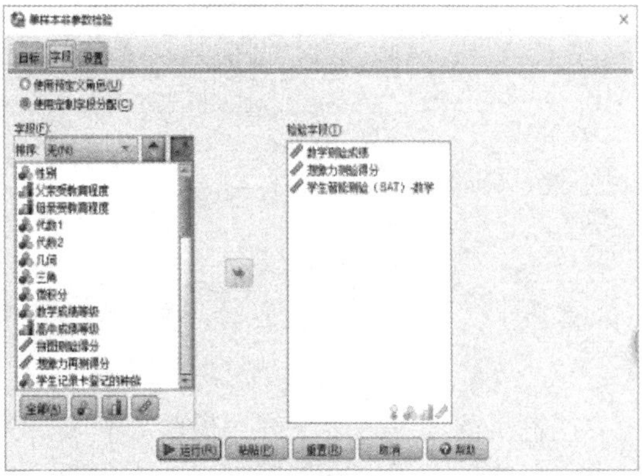

图 8-15 【单样本非参数检验：字段】选项卡

单击【设置】标签，弹出【单样本非参数检验：设置】选项卡，见图 8-16。在【选择项目】框中，选择【选择检验】选项，在右侧选择【自定义检验】选项，并选择【检验观察分布和假设分布(Kolmogorov-Smirnov 检验)】选项。

单击【选项】按钮，弹出【Kolmogorov-Smirnov 检验选项】选项卡，见图 8-17。在【假设分布】栏中，选择【正态分布】选项。大样本时，选择【使用样本数据】选项；小样本时，选择【定制】选项。

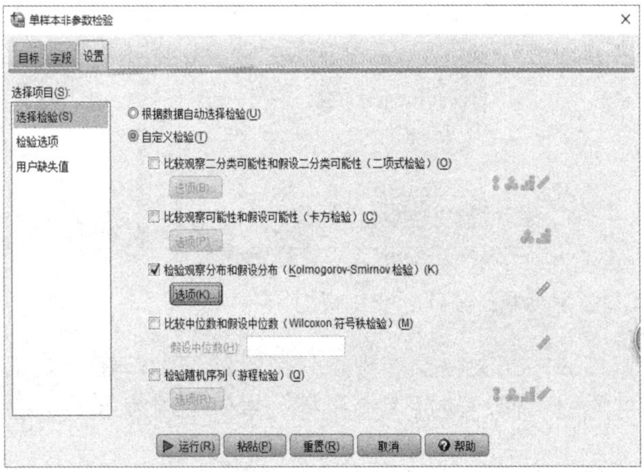

图 8-16 【单样本非参数检验：设置】选项卡

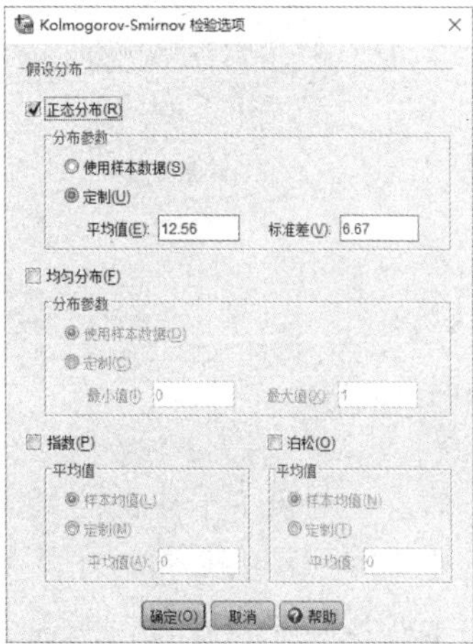

图 8-17 【Kolmogorov-Smirnov 检验选项】选项卡

如果选择【定制】选项，则事先须知道检验总体的均值与标准差。并在【平均值】文本框中输入需要检验的均值，在【标准差】文本框中输入需要检验的标准差值。

由于选择【定制】时，一次只能做一个变量的正态性检验，故在本例中，我们权且将 75 名学生当作大样本处理，选择【使用样本数据】选项。

单击【确定】按钮，返回【单样本非参数检验：设置】选项卡。

单击【运行】按钮，则在输出窗口中得到如表 8-2 所示的假设检验汇总表。

在表 8-2 中，Sig.(即 p)值均大于 0.05，故不拒绝“3 个变量均服从正态分布”的假设。

表 8-2　假设检验汇总表

	原假设	测试	Sig.	决策者
1	数学测验成绩 的分布为正态分布，平均值为 12.56，标准差为 6.67。	单样本 Kolmogorov-Smirnov 检验	.841	保留原假设。
2	想象力测验得分 的分布为正态分布，平均值为 5.24，标准差为 3.91。	单样本 Kolmogorov-Smirnov 检验	.309	保留原假设。
3	学生智能测验（SAT）-数学 的分布为正态分布，平均值为 490.53，标准差为 94.55。	单样本 Kolmogorov-Smirnov 检验	.197	保留原假设。

显示渐进显著性。显著性水平是 .05。

在输出窗口中，双击假设检验汇总表，则弹出【模型浏览器】窗口，见图 8-18。在该窗口中，左侧显示假设检验汇总表，右侧显示假设检验汇总表变量 1 的检验结果。单击假设检验汇总表中的变量 2，则右侧显示假设检验汇总表变量 2 的检验结果。在这里可以看到直方图、模拟正态曲线图及检验中用到的各种统计量的详细信息。

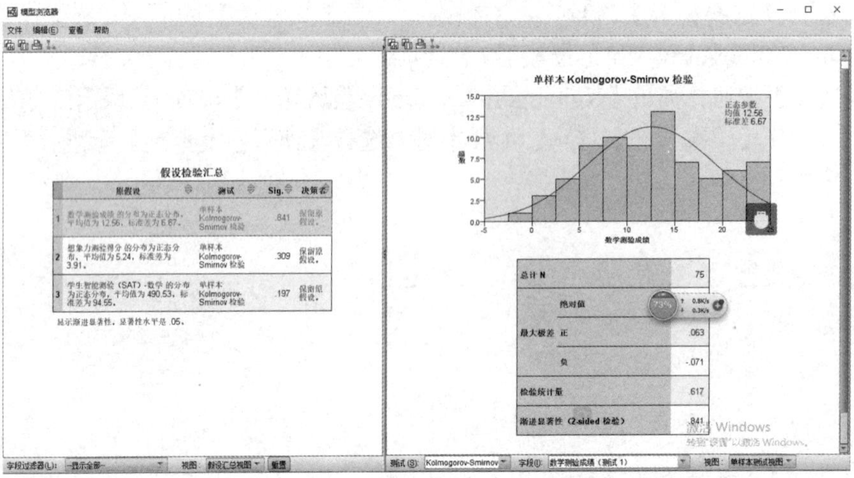

图 8-18　【模型浏览器】窗口

显然，这与表 8-1 中的结果是不完全一致的。在实际操作中，只要条件满足，在一处做正态性检验即可，不必同时在两处做相同目的的工作，最后难以抉择。本例采用表 8-1 中的结论，来展开后续的分析。

8.1.5　尺度变量的集中趋势与离中趋势分析

1. 描述数据资料集中趋势的常用统计量

(1) 均值(平均数)

习惯上用均值来描述数据资料的集中趋势，但实际上，只有在尺度变量服从或近似服从正态分布的前提下，用均值来描述数据资料的集中趋势才是较为适宜的。

一般地，总体均值用符号 μ 表示，样本均值用符号 $\overline{x}$ 表示。均值的计算非常简单，公式为

$$\text{总体：}\mu = \sum_{i=1}^{N} X_i / N ;\qquad \text{样本：}\overline{x} = \sum_{i=1}^{n} x_i / n$$

式中，N 为总体观察值的个数，n 为样本观察值的个数。

若一组样本观察值 $x_1, x_2, \cdots, x_n$ 分别出现了 $f_1, f_2, \cdots, f_n$ 次，则定义 $\bar{x} = \sum_{i=1}^{n} x_i f_i \Big/ \sum_{i=1}^{n} f_i$ 为样本加权均值。

在表 8-3 中可查到变量的均值。“数学测验成绩”变量服从或近似服从正态分布，因此，可用其均值 12.5645 来表示该变量的集中趋势，即大多数学生的数学测验成绩是围绕它波动的，而“学生智能测验(SAT)-数学”和“想象力测验得分”变量的集中趋势统计量用中位数来表示比较合适。

表 8-3　集中趋势与离中趋势统计量表

			统计量	标准误
学生智能测验（SAT）-数学	均值		490.53	10.918
	均值的 95% 置信区间	下限	468.78	
		上限	512.29	
	5% 修整均值		490.37	
	中值		490.00	
	方差		8940.252	
	标准差		94.553	
	极小值		250	
	极大值		730	
	范围		480	
	四分位距		80	
	偏度		.128	.277
	峰度		.943	.548
数学测验成绩	均值		12.5645	.77022
	均值的 95% 置信区间	下限	11.0298	
		上限	14.0992	
	5% 修整均值		12.6148	
	中值		13.0000	
	方差		44.493	
	标准差		6.67031	
	极小值		-1.67	
	极大值		23.67	
	范围		25.33	
	四分位距		9.33	
	偏度		.044	.277
	峰度		-.940	.548
想象力测验得分	均值		5.2433	.45172
	均值的 95% 置信区间	下限	4.3433	
		上限	6.1434	
	5% 修整均值		5.0528	
	中值		4.7500	
	方差		15.304	
	标准差		3.91203	
	极小值		-.25	
	极大值		14.75	
	范围		15.00	
	四分位距		6.25	
	偏度		.536	.277
	峰度		-.398	.548

(2) 中位数

中位数也是反映数据资料集中趋势的指标，中位数用符号 M 表示。它是一个处在有序数列中间位置的观察值。

设该数列共有 N 个观察值，则当 N 为偶数时，中位数 $M = x_{N/2}$；而当 N 为奇数时，中位数 $M = x_{(n+1)/2}$。

当数据资料呈偏态分布时，用中位数做数据资料的集中趋势指标优于均值。

同样，在表 8-3 中可查到描述"学生智能测验(SAT)-数学"成绩和"想象力测验得分"变量的集中趋势统计量——中位数的值(中值)，分别为 490.00 和 4.7500。你可能已经注意到，"想象力测验得分"变量的均值为 5.2433，远大于 4.7500 的中位数。因此，在偏态分布时，用均值作为集中趋势指标有可能高估，也有可能低估数据资料的集中性，关键看偏态分布是左偏还是右偏的。

2. 描述数据资料离中趋势的常用统计量

(1) 两极差 R

两极差 R 是最大值与最小值之差，$R = x_{max} - x_{min}$。在表 8-3 中，"范围"就指两极差。

两极差 R 描述了样本中数据波动的范围。

从表 8-3 中可查到，"学生智能测验(SAT)-数学""数学测验成绩"和"想象力测验得分"变量的两极差分别为 480(波动范围为 250～730)、25.34(波动范围为–1.67～23.67)和 15.00(波动范围为–0.25～14.75)。

两极差越小，数据离散程度越小。该统计量计算起来虽然简单，但容易受异常数据的影响，因而不稳定。

(2) 四分位距(差) Q

四分位距(差) Q 是上四分位值 $Q3$(75%位置的观察值)与下四分位值 $Q1$(25%位置的观察值)之差，$Q = Q_3 - Q_1$。它描述了中间 50%的观察值分布的离散程度。$Q1$ 与 $Q3$ 靠近有序数列的中间，因此不受异常值的影响，比 R 值稳定。

从表 8-3 中可查到，"学生智能测验(SAT)-数学""数学测验成绩"和"想象力测验得分"的四分位距分别为 80、9.33 和 6.25。

四分位距同样有缺陷，它只用数据资料中间部分的两个值来描述整个数据资料的离散程度，因而不能很好地概括整个数据资料离散程度的全貌。

(3) 方差与标准差

观察值与其均值之差称为偏差。

方差是所有变量值与其均值的偏差的平方和的平均值；而方差的算术平方根就称为标准差。

总体方差的计算公式为

$$\sigma^2 = \frac{\sum_{i=1}^{N}(X_i - \mu)^2}{N}$$

总体标准差的计算公式为

$$\sigma=\sqrt{\sigma^2}=\sqrt{\frac{\sum_{i=1}^{N}(X_i-\mu)^2}{N}}$$

在很多情况下无法得到总体方差值，通常使用在大样本情况下求得的样本方差值作为总体方差的估计值。

样本方差的计算公式为

$$S^2=\frac{\sum_{i=1}^{n}(x_i-\overline{x})^2}{n-1}$$

样本标准差的计算公式为

$$S=\sqrt{S^2}=\sqrt{\frac{\sum_{i=1}^{n}(x_i-\overline{x})^2}{n-1}}$$

若样本观察值$x_1,x_2,\cdots,x_n$分别出现了$f_1,f_2,\cdots,f_n$次，则定义

$$S^2=\frac{\sum_{i=1}^{n}f_i(x_i-\overline{x})^2}{\sum_{i-1}^{n}f_i-1}$$

为样本加权方差。

$$S=\sqrt{\frac{\sum_{i=1}^{n}f_i(x_i-\overline{x})^2}{\sum_{i=1}^{n}f_i-1}}$$

为样本加权标准差。

方差和标准差是离中趋势指标，方差越大，标准差也越大，说明该组数据距离均值这个中心值的离散趋势越大。

标准差的计量单位与均值相同，因此，均值与标准差常联用，它们是正态分布的两个参数。

从表 8-3 可见，“数学测验成绩”变量的标准差为 6.67031。

在实际的统计分析中，如果只计算若干变量的均值、标准差、样本量等统计量，那么通常在按【分析→描述统计→描述】顺序打开的【描述】对话框中进行，由此在输出窗口中得到的描述性统计量表在外观上比表 8-3 小得多。

8.2 名义(有序)单选题与计量(分)题型的结合分析

在比较(对比)分析中，由名义单选题创建的变量，可以作为分组变量，来考察不同类别在计量(分)题项上有无差异，这就构成了统计上均值之间或分布之间是否有差异或分布是否一致等的假设检验。

例 8.2 利用数据文件 data04-03.sav，分析男生、女生在数学测验成绩、拼图测验得分、想象力测验得分与想象力再测得分之间是否有显著性差异。

检验方法的选择，取决于所要检验的尺度变量的正态性，因此，为准确选择下面一些检验中所要用到的统计方法，以及节省篇幅，我们首先对这些尺度变量做一次性的正态性检验。

在 SPSS 数据编辑窗口中，打开数据文件 data04-03.sav。

按【分析→描述统计→探索】顺序，打开【探索】对话框。

在左侧源变量框中，选择“数学测验成绩”“拼图测验得分”“想象力测验得分”“想象力再测得分”变量，将其移入右侧【因变量列表】框，将“性别”变量移入右侧【因子列表】框。

单击【绘制】按钮，打开【绘制】选项卡。在【描述性】框中选择【带检验的正态图】选项。

单击【继续】按钮，返回【探索】对话框。

单击【确定】按钮，则在输出窗口中得到如表 8-4 所示的正态性检验表。该表的检验结果表明，男生、女生的“数学测验成绩”变量、“想象力测验得分”变量，女生的“想象力再测得分”变量，以及男生的“拼图测验得分”变量，不拒绝服从正态分布的假设($P>0.1$)。

表 8-4 正态性检验表

		Kolmogorov-Smirnov[a]			Shapiro-Wilk		
	性别	统计量	df	Sig.	统计量	df	Sig.
数学测验成绩	男	.090	34	.200*	.951	34	.129
	女	.090	41	.200*	.966	41	.254
拼图测验得分	男	.128	34	.171	.944	34	.084
	女	.180	41	.002	.893	41	.001
想象力测验得分	男	.087	34	.200*	.955	34	.176
	女	.122	41	.133	.945	41	.047
想象力再测得分	男	.158	34	.031	.888	34	.002
	女	.106	41	.200*	.951	41	.078

*. 这是真实显著水平的下限。

a. Lilliefors 显著水平修正

8.2.1 尺度变量服从正态分布时两类均值间差异的显著性检验

1. 男生、女生数学测验成绩均值间差异的显著性检验

从表 8-4 的分析可知，男生、女生的“数学测验成绩”变量服从正态分布，因此，可以采用 SPSS【分析】菜单【比较均值】选项中的【独立样本 T 检验】过程来检验它们之间是否有差异。

具体操作步骤如下。

按【分析→比较均值→独立样本 T 检验】顺序，打开【独立样本 T 检验】对话框，见图 8-19。在左侧源变量框中，选择“数学测验成绩”变量并将其移入右侧【检验变量】框，将“性别”变量移入右侧【分组变量】框。

单击【定义组】按钮，弹出【定义组】选项卡，见图 8-20。在【组 1】文本框中输入 0，在【组 2】文本框中输入 1(见数据文件中男生、女生的编码)。

单击【继续】按钮，返回【独立样本 T 检验】对话框。

单击【确定】按钮，则在输出窗口中得到表 8-5 和表 8-6。

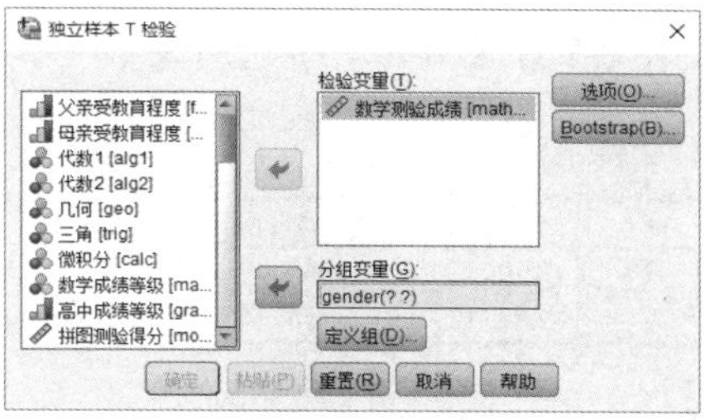

图 8-19 【独立样本 T 检验】对话框

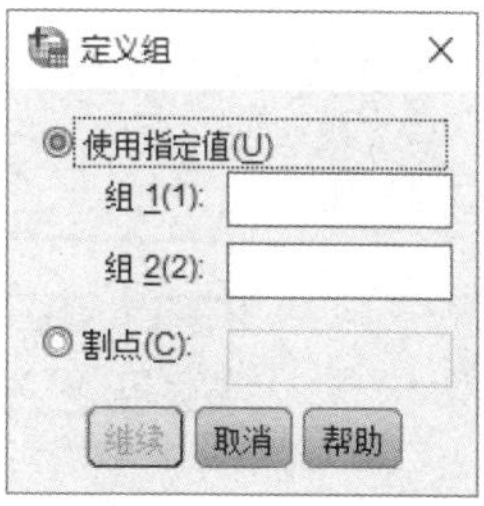

图 8-20 【定义组】选项卡

表 8-5 统计量表

	性别	N	均值	标准差	均值的标准误
数学测验成绩	男	34	14.7550	6.03154	1.03440
	女	41	10.7479	6.69612	1.04576

表 8-6 独立样本检验结果表

		方差方程的 Levene 检验		均值方程的 t 检验						
									差分的 95% 置信区间	
		F	Sig.	t	df	Sig.(双侧)	均值差值	标准误差值	下限	上限
数学测验成绩	假设方差相等	.537	.466	2.697	73	.009	4.00704	1.48548	1.04648	6.96760
	假设方差不相等			2.724	72.472	.008	4.00704	1.47092	1.07515	6.93894

表 8-5 所示为样本量、均值、标准差等统计量计算结果。

表 8-6 所示为独立样本检验的结果。方差齐性检验结果表明，男生、女生“数学测验成绩”变量的方差呈齐性(P=0.466>0.05)，因此采用表中假设方差相等时的 T 检验结果。T 检验结果表明，男生、女生数学测验成绩间有极显著性差异(P=0.009<0.01)，结合表 8-5 可知，男生数学测验成绩($\bar{x}=14.7550$)明显优于女生数学测验成绩($\bar{x}=10.7479$)。

2. 女生想象力测验得分与其想象力再测得分均值间差异的显著性检验

从表 8-4 的分析可知，女生“想象力测验得分”与其“想象力再测得分”变量均服从正态分布，因此，可以采用 SPSS【分析】菜单【比较均值】选项中的【配对样本 T 检验】过程来检验其前后测的得分之间是否有差异。

具体操作步骤如下。

由于【配对样本 T 检验】过程不能分组，所以，先用“性别”变量拆分数据文件。

按【数据→拆分文件】顺序，打开【分割文件】对话框，见图 8-21。

选择【按组组织输出】选项，并将左侧源变量框中的“性别”变量移入【分组方式】框。

单击【确定】按钮，退回数据编辑窗口，完成按“性别”变量拆分数据文件的工作。

现在进行女生“想象力测验得分”与其“想象力再测得分”变量间的配对比较检验。

按【分析→比较均值→配对样本 T 检验】顺序，打开【配对样本 T 检验】对话框，见图 8-22。在左侧源变量框中，选择“想象力测验得分”变量，将其移入右侧【成对变量】框的 Variable1 列；选择“想象力再测得分”变量，将其移入右侧【成对变量】框的 Variable2 列，完成一组变量的配对设定。

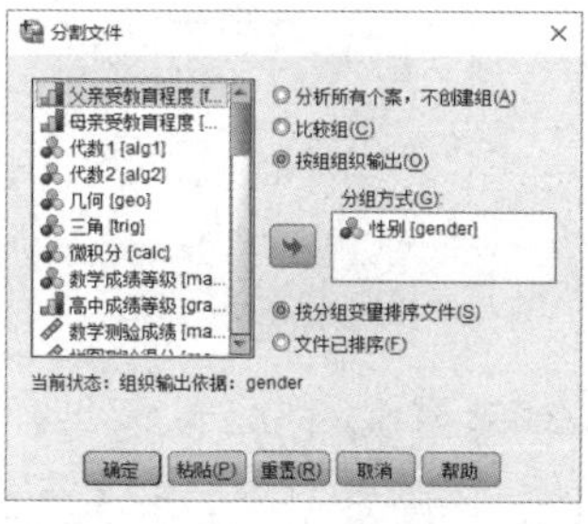

图 8-21 【分割文件】对话框

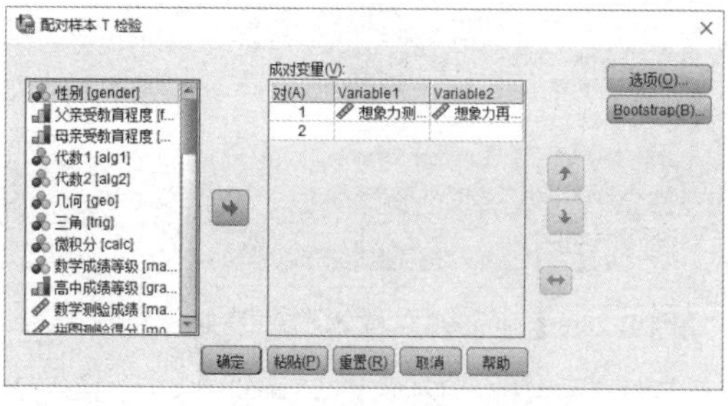

图 8-22 【配对样本 T 检验】对话框

单击【确定】按钮，则在输出窗口中得到如表 8-7 和表 8-8 所示的结果。

表 8-7　统计量表[a]

		均值	N	标准差	均值的标准误
对 1	想象力测验得分	4.2622	41	3.10592	.48506
	想象力再测得分	3.8171	41	2.60710	.40716

性别 = 女

表 8-8　独立样本检验结果表[a]

		成对差分					t	df	Sig.(双侧)
					差分的 95% 置信区间				
		均值	标准差	均值的标准误	下限	上限			
对 1	想象力测验得分 - 想象力再测得分	.44512	1.50053	.23434	-.02850	.91875	1.899	40	.065

性别 = 女

从表 8-8 可见，P=0.065>0.05，因此，现有证据尚不足以支持“女生想象力测验得分与其想象力再测得分之间有显著性差异”的结论。

8.2.2　尺度变量不服从正态分布时两类分布间差异的显著性检验

1. 男生、女生想象力再测得分之间差异的显著性检验

从前面表 8-4 的分析可知，男生、女生的“想象力再测得分”变量不都服从正态分布，因此，可以采用 SPSS【分析】菜单【非参数检验】选项中【旧对话框】的【两个独立样本】过程来检验它们之间是否有差异。具体操作步骤如下。

先将前面设定的拆分文件功能关闭，恢复到数据文件的初始状态。

按【分析→非参数检验→旧对话框→两个独立样本检验】顺序，打开【两个独立样本检验】对话框，见图 8-23。在左侧源变量框中，选择“想象力再测得分”变量并将其移入右侧【检验变量列表】框，将“性别”变量移入右侧【分组变量】框。

单击【定义组】按钮，弹出【两独立样本：定义组】选项卡，见图 8-24。在【组 1】文本框中输入 0，在【组 2】文本框中输入 1(参见数据文件中男生、女生的编码)。

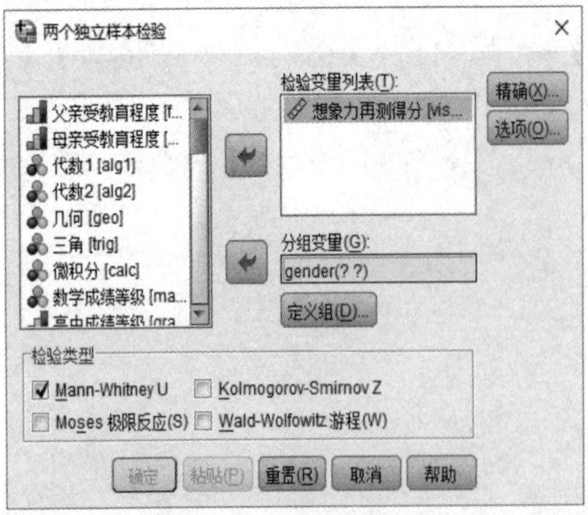

图 8-23 【两个独立样本检验】对话框

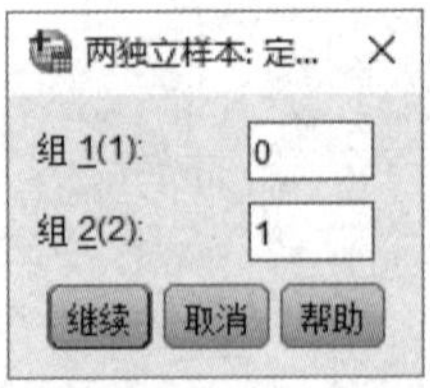

图 8-24 【两独立样本：定义组】选项卡

单击【继续】按钮，返回【两个独立样本检验】对话框。检验类型可保持系统默认选项。即采用 Mann-Whitney U 检验。

单击【确定】按钮运行，则在输出窗口中得到表 8-9 和表 8-10 所示的结果。

表 8-9　秩统计量表

	性别	N	秩均值	秩和
想象力再测得分	男	34	43.65	1484.00
	女	41	33.32	1366.00
	总数	75		

表 8-10　Mann-Whitney U 检验结果表[a]

	想象力再测得分
Mann-Whitney U	505.000
Wilcoxon W	1366.000
Z	-2.056
渐近显著性(双侧)	.040

分组变量: 性别

从表 8-10 可见，*P*=0.040<0.0，因此，有足够的证据表明 Mann-Whitney U 检验结果有显著性差异，而基于对两个样本原始数据排序赋秩时是按由小到大顺序进行的，故根据表 8-9 中男生的秩均值 43.65 大于女生的秩均值 33.32 的事实，可知男生的想象力再测得分明显优于女生。

2. 男生想象力测验得分与其想象力再测得分之间差异的显著性检验

从前面表 8-4 的分析可知，男生的“想象力测验得分”与其“想象力再测得分”变量不都服从正态分布，因此，可以采用 SPSS【分析】菜单【非参数检验】选项中【旧对话框】里的【两个相关样本】过程来检验它们之间是否有差异。

具体操作步骤如下。

先按前面介绍的方法，使用“性别”变量拆分数据文件。

按【分析→非参数检验→旧对话框→两个相关样本检验】顺序，打开【两个关联样本检验】对话框，见图 8-25。在左侧源变量框中，选择“想象力测验得分”变量并将其移入右侧【检验对】框 Variable1 列；在左侧源变量框中，选择“想象力再测得分”变量并将其移入右侧【检验对】框 Variable2 列。在【检验类型】栏中选择【符号检验】。

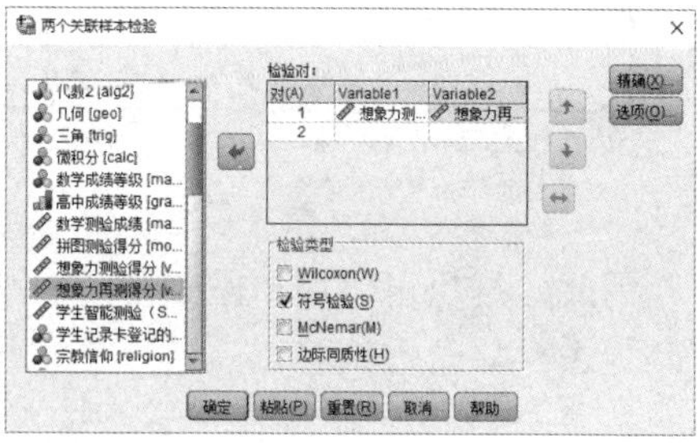

图 8-25　【两个关联样本检验】对话框

单击【确定】按钮运行，则在输出窗口中得到如表 8-11 和表 8-12 所示的结果。

由表 8-11 可知，(“想象力再测得分”–“想象力测验得分”)结果出现负号的个数为 25 个，出现正号的个数为 6 个，出现 0(表中的结)的个数为 3 个。

表 8-11　符号检验统计量表[a]

		N
想象力再测得分 - 想象力测验得分	负差分[b]	25
	正差分[c]	6
	结[d]	3
	总数	34

a. 性别 = 男

b. 想象力再测得分 < 想象力测验得分

c. 想象力再测得分 > 想象力测验得分

d. 想象力再测得分 = 想象力测验得分

表 8-12　符号检验结果表[a,b]

	想象力再测得分 - 想象力测验得分
Z	-3.233
渐近显著性(双侧)	.001

性别 = 男

符号检验

由表 8-12 可知，计算得到的统计量 *Z* 值为–3.233，出现目前统计量或更加极端值的概率为 0.001，因此，有足够的证据拒绝“男生想象力测验得分与其想象力再测得分之间无差异”的假设，而认为对想象力的前后两次测验是存在显著性差异的。结合表 8-11 可知，男生在想象力再测中的得分不如前一次想象力测验中的得分高。

以上讨论了一个尺度变量在名义变量的两个类别的均值或分布间是否存在差异的显著性检验问题，接下来讨论一个尺度变量在名义变量(或有序变量)分三个或三个以上(即多个)类别的均值或分布间是否存在差异的显著性检验问题。

8.2.3 尺度变量服从正态分布时多类均值间差异的显著性检验

例 8.3 利用数据文件 data04-03.sav，分析母亲受教育程度是否影响学生的数学测验成绩。

首先，利用前面介绍过的方法，对根据母亲不同受教育程度所分 3 组中学生的数学测验成绩进行正态性检验，结果见表 8-13。由此表可知，所分 3 组学生的数学测验成绩，可视为正态性的(各组 P 值均大于 0.05)。

表 8-13 正态性检验结果表

	母亲受教育程度变量的转换	Kolmogorov-Smirnov[a]			Shapiro-Wilk		
		统计量	df	Sig.	统计量	df	Sig.
数学测验成绩	高中及以下	.089	46	.200*	.965	46	.184
	本科	.146	19	.200*	.951	19	.409
	学士学位以上	.271	8	.087	.825	8	.053

*. 这是真实显著水平的下限。

a. Lilliefors 显著水平修正

因此，这里可以用单因素方差分析法对各组学生“数学测验成绩”变量的均值之间是否有差异进行显著性检验。

按【分析→比较均值→单因素方差分析】顺序，打开【单因素方差分析】对话框，见图 8-26。

在左侧源变量框中，选择“数学测验成绩”变量并将其移入右侧【因变量列表】框，再从左侧源变量框中，选择“母亲受教育程度变量的转换”变量并将其移入右侧【因子】框。

单击【选项】按钮，弹出【单因素 ANOVA：选项】选项卡，见图 8-27。在【统计量】框中，选择【方差同质性检验】选项。要求对所分 3 组之间的方差进行齐性检验。选择【均值图】选项，要求在输出窗口中输出 3 组对应的均值图。

单击【继续】按钮，返回【单因素方差分析】对话框。

单击【确定】按钮，则在输出窗口中得到如表 8-14、表 8-15 和图 8-28 所示的结果。

从表 8-14 可见，3 组之间的方差不拒绝是齐性的假设(P=0.350>0.05)，因而可以直接使用表 8-15 的结果来分析 3 组均值间是否有显著性差异的问题。(注：否则需要在【单因素 ANOVA：选项】选项卡中选择【Brown-Forsythe】选项，在输出窗口中，方差分析的结果要查看表“均值相等性的健壮性检验”结果，也就是表 8-14 中的检验结果。)

由表 8-15 可见，方差分析的结果有极显著性意义(P=0.002<0.01)，表明至少在两组的均值之间有显著性差异。

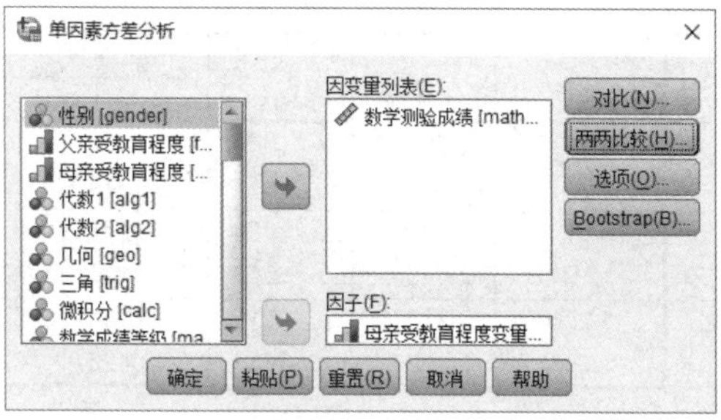

图 8-26 【单因素方差分析】对话框

图 8-27 【单因素 ANOVA：选项】选项卡

表 8-14 方差齐性检验表

数学测验成绩

Levene 统计量	df1	df2	显著性
1.065	2	72	.350

表 8-15 单因素方差分析表

数学测验成绩

	平方和	df	均方	F	显著性
组间	505.834	2	252.917	6.535	.002
组内	2786.647	72	38.703		
总数	3292.481	74			

为找出究竟哪两组的均值之间存在显著性差异，需要进行多重比较，具体操作步骤如下。

按【分析→比较均值→单因素方差分析】顺序，打开【单因素方差分析】对话框，参见图 8-26。

单击【两两比较】按钮，弹出【单因素 ANOVA：两两比较】选项卡，见图 8-29。利用由表 8-14 得出的“3 个组别的数学测验成绩的方差是齐性的”统计结论，在【假定方差齐性】栏中选择【LSD】方法对 3 组学生的数学测验成绩的均值进行两两比较。

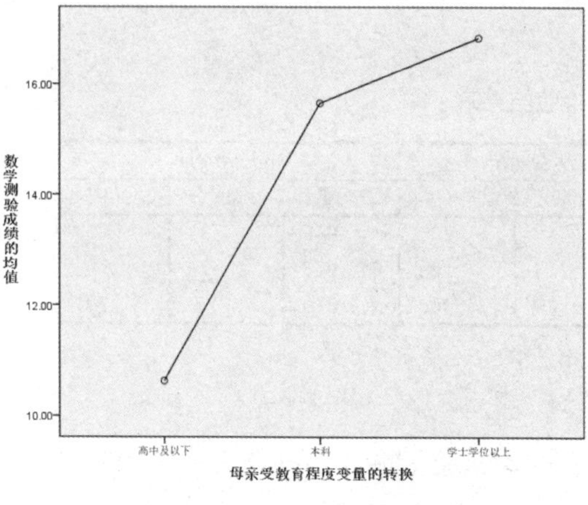

图 8-28 3 组均值图

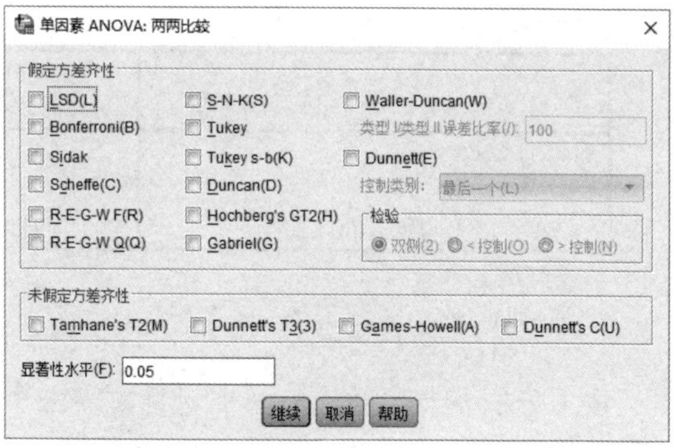

图 8-29 【单因素 ANOVA：两两比较】选项卡

单击【继续】按钮，返回【单因素方差分析】对话框。

单击【确定】按钮，则在输出窗口中得到如表 8-16 所示的结果。

在表 8-16 中，在“均值差”列，凡数值右上角带*的，均为两组均值之间在 0.05 显著性水平上有显著性差异的。

表 8-16　多重比较结果表

因变量: 数学测验成绩
LSD

(I) 母亲受教育程度变量的转换	(J) 母亲受教育程度变量的转换	均值差 (I-J)	标准误	显著性	95% 置信区间	
					下限	上限
高中及以下	本科	-5.01715*	1.68622	.004	-8.3786	-1.6557
	学士学位以上	-6.20142*	2.37576	.011	-10.9374	-1.4654
本科	高中及以下	5.01715*	1.68622	.004	1.6557	8.3786
	学士学位以上	-1.18427	2.62201	.653	-6.4112	4.0426
学士学位以上	高中及以下	6.20142*	2.37576	.011	1.4654	10.9374
	本科	1.18427	2.62201	.653	-4.0426	6.4112

*. 均值差的显著性水平为 0.05。

由此可知，“母亲受教育程度变量的转换”在“高中及以下”组的学生的数学测验成绩的均值，与其他两组有显著性差异，但“母亲受教育程度变量的转换”为“本科”的组与“学士学位以上”的组间，学生的数学测验成绩的均值无显著性差异(P=0.653>0.05)。

从图 8-28 可见，随着母亲受教育程度的提高，3 组学生的数学测验成绩的均值也在逐步提高。这似乎暗示：家长的受教育程度，可能通过家庭辅导等方式影响学生的数学成绩。

8.2.4　尺度变量不服从正态分布时多类分布间差异的显著性检验

例 8.4　利用数据文件 data04-03.sav，分析父亲受教育程度是否影响学生的数学测验成绩。

首先，利用前面介绍过的方法对根据父亲不同受教育程度所分 3 组中学生的数学测验成绩，进行正态性检验，结果见表 8-17。由此表可知，所分 3 组学生的数学测验成绩，不可视为全部正态性的(因“父亲受教育程度变量的转换”为“学士学位以上”组的 P 值=0.046，小于 0.05)，因此，本例使用非参数检验方法。

表 8-17　正态性检验结果表

	父亲受教育程度变量的转换	Kolmogorov-Smirnov[a]			Shapiro-Wilk		
		统计量	df	Sig.	统计量	df	Sig.
数学测验成绩	高中及以下	.114	38	.200*	.945	38	.062
	本科	.182	16	.162	.962	16	.705
	学士学位以上	.199	19	.046	.879	19	.021

*. 这是真实显著水平的下限。

a. Lilliefors 显著水平修正

按【分析→非参数检验→旧对话框→K 个独立样本检验】顺序，打开【多个独立样本检验】对话框，见图 8-30。

在左侧源变量框中，选择“数学测验成绩”变量并将其移入右侧【检验变量列表】框，再选择“父亲受教育程度变量的转换”变量并将其移入右侧【分组变量】框。

单击【分组变量】框中的变量，激活【定义范围】按钮。

单击【定义范围】按钮，弹出【多自变量样本：定义范围】选项卡，见图 8-31。在【最小值】文本框中输入 1，在【最大】文本框中输入 3。

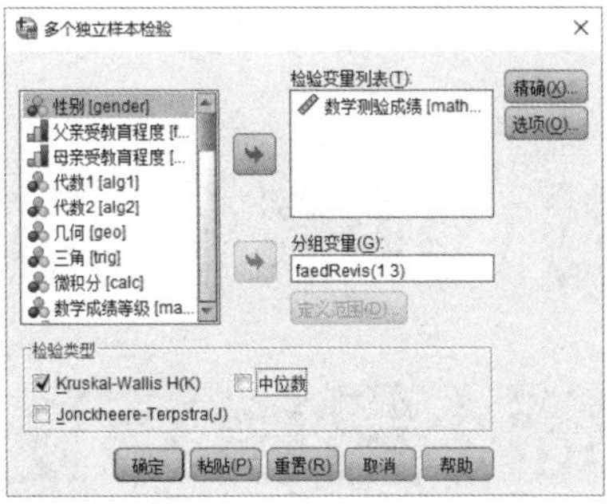

图 8-30 【多个独立样本检验】对话框

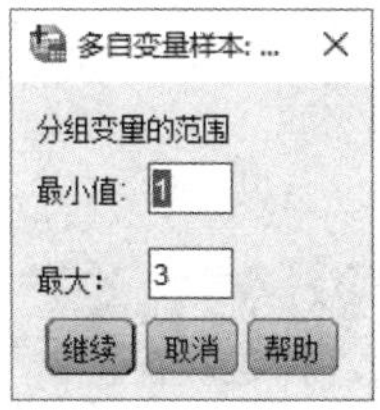

图 8-31 【多自变量样本：定义范围】选项卡

在【检验类型】框中，选择【Kruskal Wallis H】检验法。

单击【继续】按钮，返回【多个独立样本检验】对话框。

单击【确定】按钮，则在输出窗口中得到表 8-18 和表 8-19 所示的结果。

表 8-18 秩表

	父亲受教育程度变量的转换	N	秩均值
数学测验成绩	高中及以下	38	28.43
	本科	16	43.78
	学士学位以上	19	48.42
	总数	73	

表 8-19 检验统计量表[a,b]

	数学测验成绩
卡方	13.384
df	2
渐近显著性	.001

a. Kruskal Wallis 检验

b. 分组变量: 父亲受教育程度变量的转换

表 8-18 给出了按父亲受教育程度所分的 3 组中学生人数及其数学测验成绩排序后的赋秩情况。

表 8-19 给出了 Kruskal Wallis H 检验法的统计量值，由于出现目前卡方统计量值 13.384 或更加极端值的概率为 0.001，所以有充分的证据去拒绝“3 组学生数学测验成绩分布相同”的假设，从而认为“至少有两组之间学生数学测验成绩分布是有差异的”。

从表 8-18 中的秩均值来看，“父亲受教育程度变量的转换”在“高中及以下”组学生的数学测验成绩的均值，与其他两组均有显著性差异。

上述例子中，只是选取了较为常用的一种非参数检验方法，事实上，【检验类型】框的其他方法也是可以选用的，这里不一一介绍。

思 考 题

1．对计量题型常用的统计分析方法有哪些？

2．简述在 SPSS 中对计量题型变量进行正态性检验的过程。

3．对尺度变量进行集中趋势和离中趋势分析时常用的统计量有哪些？

4．在对不同性别的职工进行工资收入方面有无差异的分析时，你会如何选择统计分析方法？

5．如果工资收入服从正态分布，那么在分析 4 个不同地区的相同职业的职工在工资收入方面是否有差异时，你会选择何种统计分析方法？

6．如果工资收入不服从正态分布，那么在分析 4 个不同地区的相同职业的职工在工资收入方面是否有差异时，你会选择何种统计分析方法？

第 9 章　综合多种（或多个相同）题型的多因素统计分析方法

9.1　多因素方差分析

9.1.1　多因素方差分析的前提条件

一般而言，进行多因素方差分析的前提条件有三个：观察样本是独立的，各组方差要齐性，各组因变量服从正态分布。

参与问卷调查的被调查者都要通过随机抽样的方式来获取，因此，可以确保各组间的观察样本是独立的。方差是否齐性，在 SPSS 中可通过计算 Levene 统计量来检验。而因变量是否服从正态分布，需要按自变量各水平分组检验，有时因分到各组的观察值很少，所以难以得到正态分布检验的结果。不管怎样，多因素方差分析对因变量违背正态分布的假设是稳健的。

在 SPSS 中，要进行多因素方差分析，可在【分析】菜单下【一般线性模型】过程中【单变量】或【多变量】的分析程序中进行，见图 9-1。

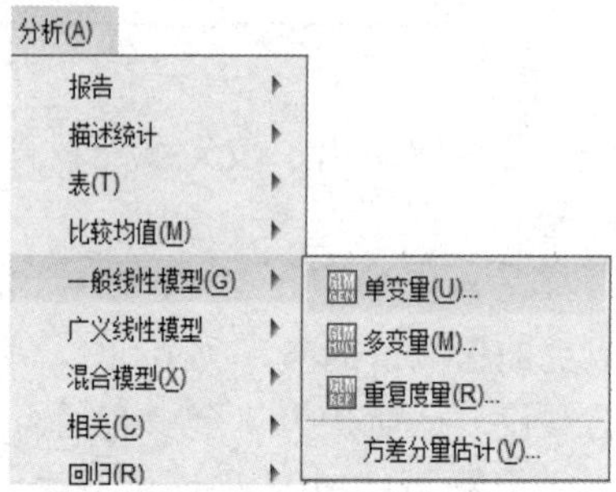

图 9-1　多因素方差分析位置

9.1.2　双因素方差分析实例

以两个名义（或有序）单选题为自变量，以“成绩”等尺度变量为因变量，可组成基本的双因素方差分析模型的应用实例。

1. 只有主效应的双因素方差分析

例 9.1　在文件 data04-03.sav 中，“母亲受教育程度变量的转换”（有序变量）和学生的“数学成绩等级”（名义变量）会对其“数学测验成绩”（尺度变量）产生影响吗？

第一步，在 SPSS 中进行正态性检验。

在 SPSS 中的操作步骤如下。

在 SPSS 数据编辑窗口，打开文件 data04-03.sav。

按【分析→描述统计→探索】顺序，打开【探索】对话框。在左侧源变量框中，选择“数学测验成绩”变量，将其移入右侧【因变量列表】框，作为分析变量；选择“母亲受教育程度变量的转换”“数学成绩等级”变量，将其移入右侧【因子列表】框。

单击【绘制】按钮，打开【绘制】选项卡。在【描述性】框中，选择【带检验的正态图】选项。其他保持系统默认选项。

单击【继续】按钮，返回【探索】对话框。

单击【确定】按钮运行，则在输出窗口中得到表 9-1 和表 9-2 所示的正态性检验结果。

根据表 9-1 和表 9-2，可以认为：因变量“数学测验成绩”是服从正态分布的(所分各组 P 值均大于 0.05)。

表 9-1　正态性检验结果

	母亲受教育程度变量的转换	Kolmogorov-Smirnov[a]			Shapiro-Wilk		
		统计量	df	Sig.	统计量	df	Sig.
数学测验成绩	高中及以下	.081	48	.200*	.977	48	.447
	本科	.146	19	.200*	.951	19	.409
	学士学位以上	.271	8	.087	.825	8	.053

*. 这是真实显著水平的下限。

a. Lilliefors 显著水平修正

表 9-2　正态性检验结果

	数学成绩等级	Kolmogorov-Smirnov[a]			Shapiro-Wilk		
		统计量	df	Sig.	统计量	df	Sig.
数学测验成绩	低于A-B	.078	44	.200*	.983	44	.736
	多数为 A-B	.136	31	.151	.920	31	.024

*. 这是真实显著水平的下限。

a. Lilliefors 显著水平修正

第二步，进行双因素方差分析。

按【分析→一般线性模型→单变量】顺序，打开【单变量】对话框，见图 9-2。在左侧源变量框中，选择“数学测验成绩”变量，将其移入右侧【因变量】框，作为因变量；选择“数学成绩等级(mathgr)”“母亲受教育程度变量的转换(maedRevis)”变量，将其移入右侧【固定因子】框。

单击【模型】按钮，打开【单变量：模型】对话框，见图 9-3。在【指定模型】框中，提供两个选项，一个是【全因子】选项，另一个是自定义模型的【设定】选项。选择【全因子】选项，模型中会自动加入主因子及其所有水平的交互作用因素。本例只有两个因子，而且我们要验证它们之间是否有交互作用，因此，采用系统默认的【全因子】选项。故在【单变量：模型】对话框中不做任何选择。那么，如果不对模型中的参数做任何修改，这一步可以省略。

单击【继续】按钮，返回【单变量】对话框。

单击【绘制】按钮，打开【单变量：轮廓图】对话框，见图 9-4。将【因子】框中的“maedRevis（母亲的受教育程度变量的转换）”移入【水平轴】框，将“mathgr(数学成绩等级)”移入【单图】框。

单击【添加】按钮，将以上所选内容添加到【图】框中，则【图】框中显示 maedRevis* mathgr。

单击【继续】按钮，返回【单变量】对话框。

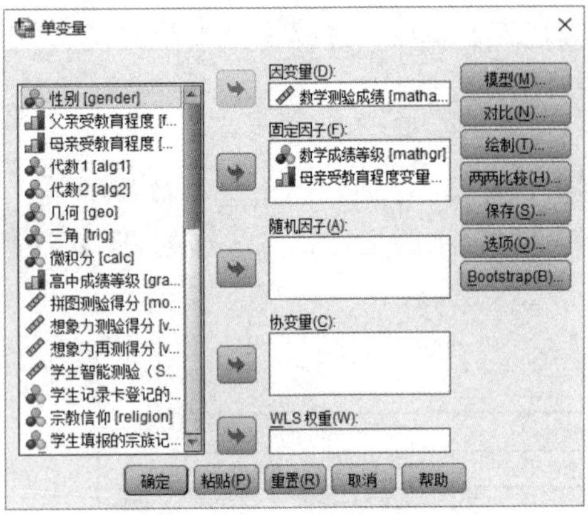

图 9-2 【单变量】对话框

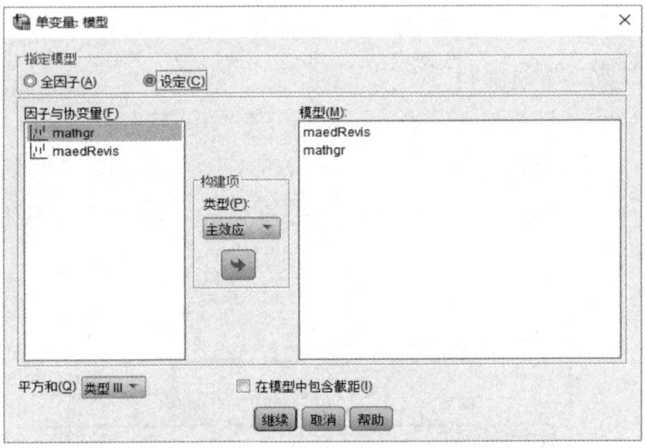

图 9-3 【单变量：模型】对话框

单击【选项】按钮，打开【单变量：选项】对话框，见图 9-5。在【输出】框中选择【描述统计】、【功效估计】、【检验效能】和【方差齐性检验】选项。

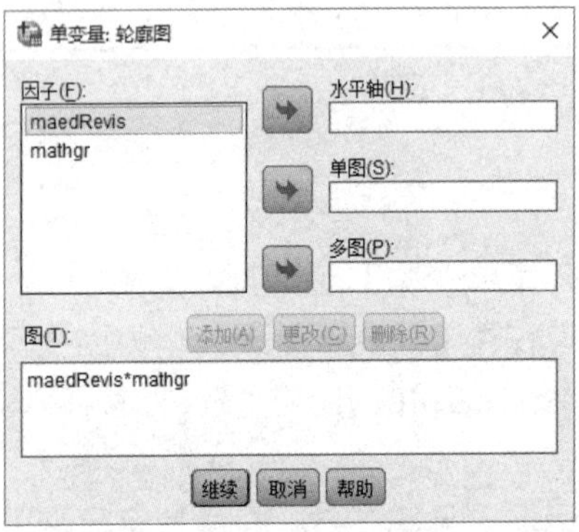

图 9-4 【单变量：轮廓图】对话框

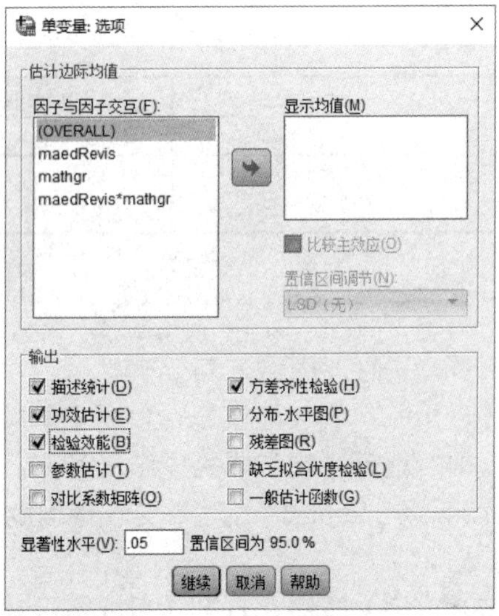

图 9-5 【单变量：选项】对话框

单击【继续】按钮，返回【单变量】对话框。

单击【确定】按钮运行，则在输出窗口中得到如表 9-3、表 9-4、表 9-5、表 9-6(a)和图 9-6 所示结果。

表 9-3 显示了两个主因子所分水平的情况，以及各水平中分布的观察值的个数。

表 9-4 显示了 6(2×3)个水平组合各自的均值、标准差和对应的样本量值，这些值将会显示在下面的轮廓图中。

表 9-5 Levene 方差齐性检验结果显示该检验不显著(P=0.154>0.05)，因此，可以认为主因子及其交互作用各水平的方差是齐性的。

综合前面提到的条件，可以看到本例使用双因素方差分析模型所需的 3 个条件都已基本满足。

表 9-3 两个主因子各水平中对应的观察值数

		值标签	N
数学成绩等级	0	低于A-B	44
	1	多数为A-B	31
母亲受教育程度变量的转换	1.00	高中及以下	48
	2.00	本科	19
	3.00	学士学位以上	8

表 9-4 描述统计量表

因变量: 数学测验成绩

数学成绩等级	母亲受教育程度变量的转换	均值	标准 偏差	N
低于A-B	高中及以下	8.3334	5.15715	26
	本科	15.5555	4.88223	15
	学士学位以上	8.5553	2.03674	3
	总计	10.8106	5.94438	44
多数为A-B	高中及以下	13.3485	6.35591	22
	本科	16.0000	9.19731	4
	学士学位以上	21.8002	3.47688	5
	总计	15.0538	6.94168	31
总计	高中及以下	10.6320	6.21078	48
	本科	15.6491	5.71597	19
	学士学位以上	16.8334	7.42175	8
	总计	12.5645	6.67031	75

表 9-5 Levene 方差齐性检验[a]

因变量: 数学测验成绩

F	df1	df2	Sig.
1.668	5	69	.154

检验零假设，即在所有组中因变量的误差方差均相等。

a. 设计：截距 + maedRevis + mathgr + maedRevis * mathgr

表 9-6(a) 多因素方差分析表

因变量: 数学测验成绩

源	III 型平方和	df	均方	F	Sig.	偏 Eta 方	非中心 参数	观测到的幂[b]
校正模型	1135.098[a]	5	227.020	7.261	.000	.345	36.304	.998
截距	7482.229	1	7482.229	239.306	.000	.776	239.306	1.000
maedRevis	316.127	2	158.063	5.055	.009	.128	10.111	.802
mathgr	374.610	1	374.610	11.981	.001	.148	11.981	.927
maedRevis * mathgr	192.904	2	96.452	3.085	.052	.082	6.170	.577
误差	2157.384	69	31.266					
总计	15132.393	75						
校正的总计	3292.481	74						

a. R 方 = .345（调整 R 方 = .297）

b. 使用 alpha 的计算结果 = .05

表 9-6(a)多因素方差分析表是方差分析中最重要的一张表。

从观察功效(表中“观测到的幂”)一列可见，“数学成绩等级(mathgr)”和“母亲受教育程度变量的转换(maedRevis)”的功效值都大于 0.80(一般需要大于 0.80)，说明它们都有较高的功效。功效高意味着，我们能发现效应不高，但在统计上却很显著的变量。“数学成绩等级(mathgr)”和“母亲受教育程度变量的转换(maedRevis)”变量的功效值只有 0.577，小于 0.80，说明交互作用项的功效很低。

变量的效应要看 η^2(表中“偏 Eta 方”)列，一般 $\eta \geq 10\%$，称为低效应；$\eta \geq 0.24$，称为中等效应；$\eta \geq 0.37$，称为高效应。通过求 η^2 的算术平方根可以得到，两个主因子的效应依次为 0.36 和 0.38，接近高效应标准；交互作用项(maedRevis*mathgr)的效应为 0.29，为中等效应。

maedRevis 行中 η^2 值为 0.128，表明在“数学测验成绩”的总方差中，有 12.8%的方差是由“母亲受教育程度变量的转换(maedRevis)”变量提供的。余类推。

“校正模型”的 η^2 与模型 R^2 相等，为 0.345。对于 R 而言，其值≥0.51 为高效应，在 0.36～0.51 之间为中等效应，在 0.10～0.36 之间则为低效应。

由于模型的校正 R 值约为 0.54(校正 R 方 0.297 的算术平方根)，大于 0.51，因而它属于高效应。

从表 9-6(a)中可见，方差分析模型具有极显著性意义(P=0.000<0.01)，“数学成绩等级(mathgr)”和“母亲受教育程度变量的转换(maedRevis)”也具有极显著性意义(P 均小于 0.01)，

它们的交互作用项 maedRevis*mathgr 没有显著性意义（P=0.052>0.05）。因此在本例分析中可以不考虑主因子的交互作用。

图 9-6 所示为两个主因子 2×3 个水平全搭配时均值曲线的轮廓图。从图 9-6 中可见，数学成绩等级高的组的均值线在上方，数学成绩等级低的组的均值线在下方。在母亲学历满足“学士学位以上”条件时，数学成绩等级高的组与数学成绩等级低的组相比，“数学测验成绩”的均值相差很大，极可能存在显著性差异。

由于“数学成绩等级”变量中只有两个水平，故根据该变量有显著性意义可知，其所分两个水平对应的“数学测验成绩的估算边际均值”之间是具有显著性差异的。

而“母亲受教育程度变量的转换（maedRevis）”变量的 3 个水平（组别）之间有显著性差异，因此，究竟哪些水平之间存在差异？这需要做多重比较。

由上可知，学生的“数学成绩等级（mathgr）”和“母亲受教育程度变量的转换（maedRevis）”变量对学生的“数学测验成绩”变量是有影响的。

第三步，多重比较。

重新返回【单变量】对话框。

单击【两两比较】按钮，弹出【单变量：观测均值的两两比较】对话框，见图 9-7。在左侧【因子】框中，选择 maedRevis，将其移入【两两比较检验】框。不选 mathgr 变量的原因是，它只有两个水平（两类），因此，不用再比较。有 3 个水平（3 类）及以上的变量才需要做两两比较。

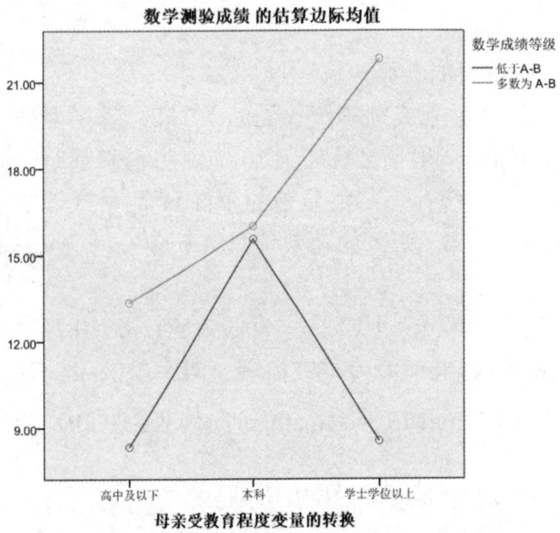

图 9-6 两个主因子 2×3 个水平全搭配时均值曲线的轮廓图

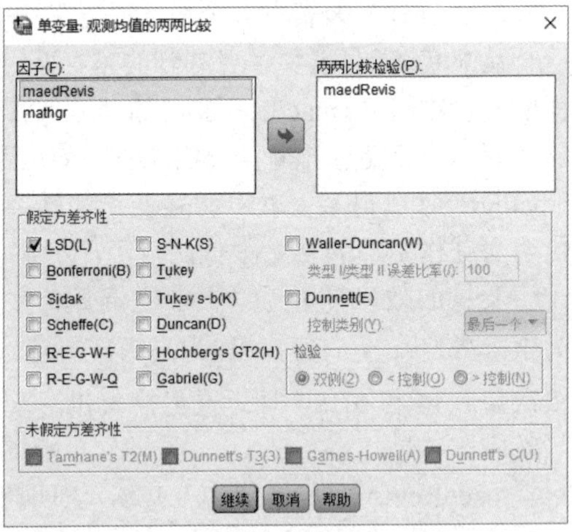

图 9-7 【单变量：观测均值的两两比较】对话框

前面已经知道各水平间的方差是齐性的，因此，在【假定方差齐性】框中，选择一种两两比较的方法，这里选择大家较为熟悉的【LSD】法。

单击【继续】按钮，返回【单变量】对话框。

单击【确定】按钮运行，则在输出窗口中得到表 9-6（b）所示的结果。

表 9-6(b) 方差分析表

因变量: 数学测验成绩
LSD

(I) 母亲受教育程度变量的转换	(J) 母亲受教育程度变量的转换	均值差值 (I-J)	标准 误差	Sig.	95% 置信区间	
					下限	上限
高中及以下	本科	-5.0171*	1.51558	.001	-8.0406	-1.9936
	学士学位以上	-6.2014*	2.13534	.005	-10.4613	-1.9415
本科	高中及以下	5.0171*	1.51558	.001	1.9936	8.0406
	学士学位以上	-1.1843	2.35667	.617	-5.8857	3.5172
学士学位以上	高中及以下	6.2014*	2.13534	.005	1.9415	10.4613
	本科	1.1843	2.35667	.617	-3.5172	5.8857

基于观测到的均值。
误差项为均值方 (错误) = 31.266。
*. 均值差值在 .05 级别上较显著。

在表 9-6(b)中，第二列“均值差值(I-J)”中某些数字右上角的*，意味着用来计算这个差值的两个均值之间有显著性差异。因此，由该表可知，“母亲受教育程度变量的转换”变量为“学士学位以上”组的学生及“母亲受教育程度变量的转换”变量为“本科”组的学生，与“母亲受教育程度变量的转换”变量为“高中及以下”组的学生的“数学测验成绩”均值之间存在显著性差异。而“母亲受教育程度变量的转换”变量为“学士学位以上”组的学生及“母亲受教育程度变量的转换”变量为“本科”组的学生的“数学测验成绩”均值之间无显著性差异。

2. 有交互作用的双因素方差分析

例 9.2 在文件 data04-03.sav 中,“父亲受教育程度变量的转换”(有序变量)和学生的“数学成绩等级”(名义变量)会对其“数学测验成绩”(尺度变量)产生影响吗?

第一步，各组数据资料正态性检验。

仿上例做法，可以得到表 9-7 和表 9-8 所示的检验结果。除“父亲受教育程度变量的转换”变量中第 3 个水平的数据资料不服从正态分布以外,其他各水平数据资料均服从正态分布。

表 9-7 两个主因子各水平中对应的观察值数

	数学成绩等级	Kolmogorov-Smirnov[a]			Shapiro-Wilk		
		统计量	df	Sig.	统计量	df	Sig.
数学测验成绩	低于A-B	.089	43	.200*	.970	43	.327
	多数为 A-B	.134	30	.176	.920	30	.026

*. 这是真实显著水平的下限。
a. Lilliefors 显著水平修正

表 9-8 描述统计量表

	父亲受教育程度变量的转换	Kolmogorov-Smirnov[a]			Shapiro-Wilk		
		统计量	df	Sig.	统计量	df	Sig.
数学测验成绩	高中及以下	.114	38	.200*	.945	38	.062
	本科	.182	16	.162	.962	16	.705
	学士学位以上	.199	19	.046	.879	19	.021

*. 这是真实显著水平的下限。
a. Lilliefors 显著水平修正

鉴于多因素方差分析对因变量违背正态分布的假设是稳健的，这里仍然采用考虑交互作用的双因素方差分析。

第二步，进行考虑交互作用的双因素方差分析。

本例与上例唯一的不同是，上例中的一个影响因子“母亲受教育程度变量的转换(maedRevis)”变量在本例中换成了“父亲受教育程度变量的转换(faedRevis)”变量，因此，在 SPSS 中做双因素方差分析时，所有步骤几乎一样，只要将上例中出现“母亲受教育程度变量的转换(maedRevis)”变量之处换成“父亲受教育程度变量的转换(faedRevis)”变量即可。

在运行完上例第二步之后，在输出窗口中可得到如表 9-9、表 9-10、表 9-11 和表 9-12 所示的结果。

表 9-9 与表 9-10 中的说明参见例 9.1 相同类型表中的说明。

表 9-9　两个主因子各水平中对应的观察值数

		值标签	N
父亲受教育程度变量的转换	1.00	高中及以下	38
	2.00	本科	16
	3.00	学士学位以上	19
数学成绩等级	0	低于A-B	43
	1	多数为 A-B	30

表 9-10　描述统计量表

因变量: 数学测验成绩

父亲受教育程度变量的转换	数学成绩等级	均值	标准 偏差	N
高中及以下	低于A-B	9.8261	5.03708	23
	多数为 A-B	10.4889	6.56574	15
	总计	10.0877	5.61297	38
本科	低于A-B	12.8149	5.05553	9
	多数为 A-B	16.4284	3.43059	7
	总计	14.3958	4.66544	16
学士学位以上	低于A-B	12.3636	7.18407	11
	多数为 A-B	21.8335	2.84518	8
	总计	16.3509	7.40918	19
总计	低于A-B	11.1008	5.69068	43
	多数为 A-B	14.9000	7.00644	30
	总计	12.6621	6.49659	73

表 9-11　Levene 方差齐性检验[a]

因变量: 数学测验成绩

F	df1	df2	Sig.
2.548	5	67	.036

检验零假设，即在所有组中因变量的误差方差均相等。

a. 设计 : 截距 + faedRevis + mathgr + faedRevis * mathgr

表 9-12　方差分析表

因变量: 数学测验成绩

源	III 型平方和	df	均方	F	Sig.	偏 Eta 方	非中心 参数	观测到的幂[b]
校正模型	1029.236[a]	5	205.847	6.863	.000	.339	34.315	.997
截距	12094.308	1	12094.308	403.230	.000	.858	403.230	1.000
faedRevis	646.015	2	323.007	10.769	.000	.243	21.538	.987
mathgr	325.776	1	325.776	10.862	.002	.139	10.862	.901
faedRevis * mathgr	237.891	2	118.946	3.966	.024	.106	7.931	.693
误差	2009.569	67	29.994					
总计	14742.823	73						
校正的总计	3038.804	72						

a. R 方 = .339（调整 R 方 = .289）

b. 使用 alpha 的计算结果 = .05

表 9-11 中方差齐性检验结果与例 9.1 中的相反，P=0.036<0.05，因此，有充分的证据表明，两个主因子及其交互作用项各水平之间方差是不齐的。

表 9-12 显示，模型、两个主因子以及交互作用项的 P 值均小于 0.05，表明它们均有显著性意义。说明学生的“数学成绩等级(mathgr)”和“父亲受教育程度变量的转换(faedRevis)”变量对学生的“数学测验成绩”变量是有影响的。

本例与例 9.1 的不同之处是，“数学成绩等级(mathgr)”与“父亲受教育程度变量的转换(faedRevis)”变量之间存在显著性的交互作用，并且方差不齐。

因此，在做多重比较时，主因子各水平的数学测验成绩均值间两两比较的做法，与上例中的做法是相同的，但交互作用项各水平的数学测验成绩均值间的两两比较，却无法直接在【单变量】对话框中通过单击【两两比较】按钮弹出的【单变量：观测均值的两两比较】对话框中来实现。

所以，下面重点关注交互作用项各水平的数学测验成绩均值间两两比较的做法，而主因子各水平的数学测验成绩均值间的两两比较，仿上例做法即可。

第三步，做交互作用项各水平效应的多重比较。

首先，将两个主因子各水平的全搭配一一列出。

表 9-13　两个主因子各水平的全搭配关系

mathgr	faedRevis	搭配	新变量中编码
0	1	01	1
	2	02	2
	3	03	3
1	1	11	4
	2	12	5
	3	13	6

从打开数据文件后的变量视图窗口中可以看到，“数学成绩等级(mathgr)”变量中包括两类，分别用 0，1 来表示；而“父亲受教育程度变量的转换(faedRevis)”变量中包括 3 类，分别用 1，2，3 来表示。因此(0，1)与(1，2，3)的全搭配关系可用表 9-13 来表示。

现在，在数据文件中建立一个与两个主因子各水平组合有关联的新变量。

具体操作步骤如下。

如果你熟悉 SPSS 中的一些编程技巧，那么用编程来解决是最方便的。

按【文件→新建→语法】顺序，打开【语法编辑器】窗口，见图 9-8。在【语法编辑器】窗口中输入以下语句：

```
IF (mathgr=0 & faedRevis=1) 交互作用=1.
IF (mathgr=0 & faedRevis=2) 交互作用=2.
IF (mathgr=0 & faedRevis=3) 交互作用=3.
IF (mathgr=1 & faedRevis=1) 交互作用=4.
IF (mathgr-1 & faedRevis=2) 交互作用=5.
IF (mathgr=1 & faedRevis=3) 交互作用=6.
EXECUTE.
```

单击【运行】菜单，在其下拉菜单中，单击【全部】选项，则在数据编辑窗口的当前数据文件中有变量名的最后一列出现名为“交互作用”的新变量，并按满足上述 6 种条件的数据，分别被赋予相应的数值，见图 9-9。

图 9-8 【语法编辑器】窗口

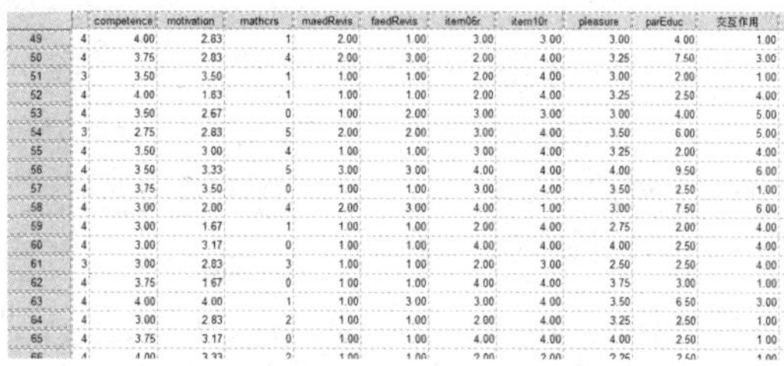

图 9-9　在数据文件中生成的新变量

如果你对 SPSS 中的编程技巧不熟悉，那么请按以下步骤操作，同样可以在当前打开的数据文件中建立一个完全一样的新变量。

按【转换→计算变量】顺序，打开【计算变量】对话框，见图 9-10。

在【目标变量】框中输入“交互作用”，作为新变量名。在【数字表达式】框中输入“1”。

单击【如果】按钮，打开【计算变量：if 个案】对话框，见图 9-11。选择【如果个案满足条件则包括】选项，并在其下框中输入“mathgr = 0 & faedRevis = 1”。

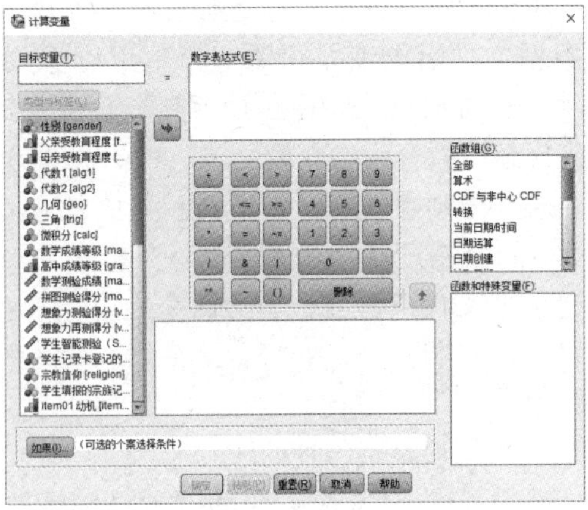

图 9-10 【计算变量】对话框

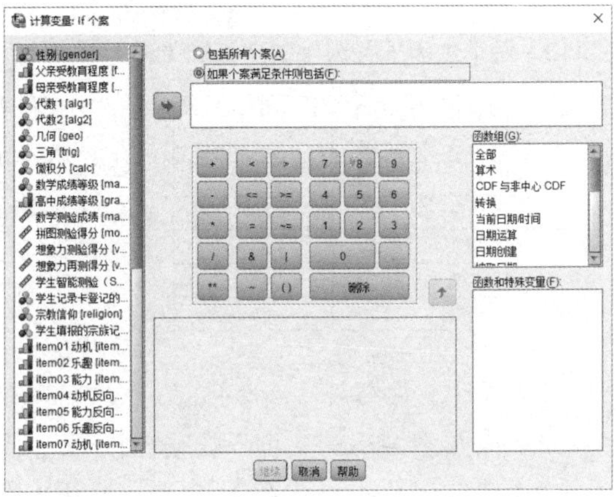

图 9-11 【计算变量：if 个案】对话框

单击【继续】按钮，返回【计算变量】对话框。

单击【确定】按钮，则在数据编辑窗口的当前数据文件中，出现一个名为“交互作用”的新变量，并在符合条件“mathgr = 0 & faedRevis = 1”的行与“交互作用”变量所在列交叉的单元格中出现数字 1。

现在重复上述过程，并在相应的地方进行简单修改，就可完成符合其他条件值的转换。

按【转换→计算变量】顺序，打开【计算变量】对话框。

在【目标变量】框中已有“交互作用”变量，在【数字表达式】框中将 1 修改为 2。

单击【如果】按钮，打开【计算变量：if 个案】对话框。在【如果个案满足条件则包括】框中已有“mathgr=0 & faedRevis=1”。将“faedRevis=1”修改为“faedRevis=2”。

单击【继续】按钮，返回【计算变量】对话框。

单击【确定】按钮，弹出一个对话框，询问是否改变已存变量，单击【确定】按钮即可。这样，在当前数据文件中，在符合条件“mathgr = 0 & faedRevis = 2”的行与“交互作用”变量所在列交叉的单元格中出现数字 2。

参照表 9-13 中的搭配关系，可以仿照上面的做法，完成后续对新变量“交互作用”列中 3 至 6 的赋值。

第四步，对交互作用项进行多重分析。

由于“数学成绩等级(mathgr)”变量与“父亲受教育程度变量的转换(faedRevis)”变量的交互作用 mathgr*faedRevis，已放在新建的“交互作用”变量中，故对 mathgr*faedRevis 的 6 个水平进行两两比较，就转换成对变量交互作用的 6 个水平进行两两比较。这可在单因素方差分析中进行。

按【分析→比较均值→单因素 ANOVA】顺序，打开【单因素方差分析】对话框，参见图 8-26。在左侧源变量框中，选择“数学测验成绩”变量，将其移入右侧【因变量列表】框，作为因变量；选择“交互作用”变量，将其移入右侧【因子】框。

单击【选项】按钮，打开【单因素 ANOVA:选项】选项卡，参见图 8-27。在【统计量】框中，选择【方差同质性检验】和【Brown-Forsythe】选项。要求对所分 3 个组之间的方差进行齐性检验，并输出方差不齐时的 Brown-Forsythe 方差分析检验结果。选择【均值图】选项，要求在输出窗口中输出 3 个类别对应的均值图。

单击【继续】按钮，返回【单因素方差分析】对话框。

单击【确定】按钮，则在输出窗口中得到表 9-14、表 9-15 和图 9-12。

由表 9-14 可见，“交互作用”变量 6 个水平间的方差是不齐的($P=0.036<0.05$)，这与前面双因素方差分析的结果是一致的。因此，方差分析结果不能采用输出窗口中得到的单因素方差分析表，因为该表是方差齐性条件下得到的方差分析结果，而需要使用方差不齐时的 Brown-Forsythe 方差分析检验结果，即表 9-15 所示的结果。

表 9-14 Levene 方差齐性检验结果

数学测验成绩

Levene 统计量	df1	df2	显著性
2.548	5	67	.036

表 9-15 Brown-Forsythe 方差分析检验结果

数学测验成绩

	统计量[a]	df1	df2	显著性
Brown-Forsythe	7.584	5	48.637	.000

a. 渐近 F 分布。

由表 9-15 可见，方差分析的结果是有显著性意义的($P=0.000<0.05$)，表明 6 个水平对应的数学测验成绩的均值之间，至少有两个水平的数学测验成绩的均值之间存在显著性差异。这与前面双因素方差分析中得到的结论是一致的。

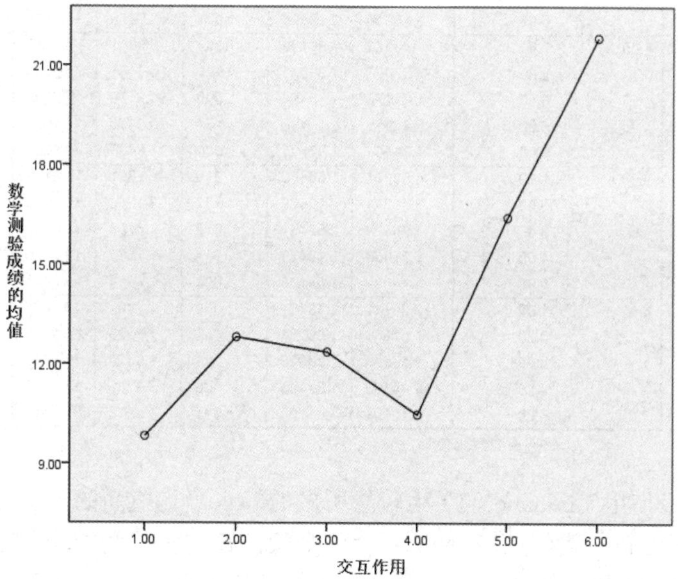

图 9-12 均值图

图 9-12 所示为交互作用 6 个水平对应数学测验成绩的均值的变化图。从图中可见，水平 5.00、6.00 两处的均值大于其他水平处的均值，尤其是水平 6.00 处的均值远大于其他水平处的均值。至少水平 6.00 与水平 1.00 处的均值之间有显著性差异。其他不同水平处的均值之间是否存在差异，还要通过多重比较检验才能确认。

接下来，返回【单因素方差分析】对话框。

单击【两两比较】按钮，打开【单因素 ANOVA：两两比较】选项卡，参见图 8-29。

表 9-14 显示了交互作用变量 6 个水平间方差是不齐的，因此，我们在【未假定方差齐性】栏选择【Tamhane's T2】方法来对 6 组学生的数学测验成绩的均值进行两两比较。

单击【继续】按钮，返回【单因素方差分析】对话框。

单击【确定】按钮，则在输出窗口中得到如表 9-16 所示的多重比较结果。

表 9-16 多重比较结果

因变量: 数学测验成绩

Tamhane

(I) 交互作用	(J) 交互作用	均值差 (I-J)	标准误	显著性	95% 置信区间	
					下限	上限
1.00	2.00	-2.98880	1.98569	.918	-9.9159	3.9383
	3.00	-2.53755	2.40729	.996	-10.9079	5.8328
	4.00	-.66278	1.99426	1.000	-7.1267	5.8011
	5.00	-6.60234*	1.66866	.019	-12.4156	-.7891
	6.00	-12.00741*	1.45431	.000	-16.7739	-7.2409
2.00	1.00	2.98880	1.98569	.918	-3.9383	9.9159
	3.00	.45125	2.74440	1.000	-8.8215	9.7240
	4.00	2.32602	2.39035	.998	-5.5886	10.2407
	5.00	-3.61354	2.12629	.831	-11.1123	3.8852
	6.00	-9.01861*	1.96258	.008	-16.0450	-1.9922
3.00	1.00	2.53755	2.40729	.996	-5.8328	10.9079
	2.00	-.45125	2.74440	1.000	-9.7240	8.8215
	4.00	1.87477	2.75060	1.000	-7.2283	10.9778
	5.00	-4.06479	2.52451	.872	-12.8093	4.6798
	6.00	-9.46986*	2.38826	.021	-17.8878	-1.0520
4.00	1.00	.66278	1.99426	1.000	-5.8011	7.1267
	2.00	-2.32602	2.39035	.998	-10.2407	5.5886
	3.00	-1.87477	2.75060	1.000	-10.9778	7.2283
	5.00	-5.93956	2.13429	.161	-13.0473	1.1682
	6.00	-11.34463*	1.97125	.000	-17.8683	-4.8209
5.00	1.00	6.60234*	1.66866	.019	.7891	12.4156
	2.00	3.61354	2.12629	.831	-3.8852	11.1123
	3.00	4.06479	2.52451	.872	-4.6798	12.8093
	4.00	5.93956	2.13429	.161	-1.1682	13.0473
	6.00	-5.40507	1.64108	.094	-11.4019	.5918
6.00	1.00	12.00741*	1.45431	.000	7.2409	16.7739
	2.00	9.01861*	1.96258	.008	1.9922	16.0450
	3.00	9.46986*	2.38826	.021	1.0520	17.8878
	4.00	11.34463*	1.97125	.000	4.8209	17.8683
	5.00	5.40507	1.64108	.094	-.5918	11.4019

*. 均值差的显著性水平为 0.05。

表 9-16 给出了使用 Tamhane's T2 比较法所做的多水平均值间的多重比较结果。第 1 列所示为各水平的两两比较方式，第 2 列所示为两个相比较的水平间的均值差，数值右上方的*号标记，表示这两个水平的均值之间存在显著性差异(P<0.05)，具体概率值可在第 4 列（“显著性”列）的对应行列交叉的单元格中查到。

由表 9-16 可知，水平 6.00 的均值与水平 1.00、2.00、3.00、4.00 的均值之间均有显著性差异；水平 5.00 的均值与水平 1.00 的均值之间有显著性差异；其他水平的均值间不存在显著性差异。

结合交互作用变量中各水平的实际含义可知，“数学成绩等级”高且“父亲受教育程度变量的转换”为“学士学位以上”的学生的“数学测验成绩的均值”，除与“数学成绩等级”高且“父亲受教育程度变量的转换”为本科的学生的“数学测验成绩的均值”间无显著性差异外，显著优于其他条件下各组的均值。

3. *协方差分析*

在 8.2.1 节中，讨论了男生、女生在数学测验成绩上是否存在显著性差异的问题，并得出了男生数学测验成绩的均值（$\bar{x}=14.755$）明显优于女生（$\bar{x}=10.7479$）的结论。那么这种显著性差异究竟是由性别差异造成的，还是由男生比女生选修了更多数学课程这一因素造成的？这就有必要在方差分析中引入一个尺度变量作为协变量来进一步分析。

在多因素方差分析中，引进协变量以后，就称这种分析方法为协方差分析，它是多因素方差分析的一种延伸。

在做协方差分析时，除要满足多因素方差分析中提到的假设(假定)外，还要满足协变量和因变量之间要有线性相关关系的条件，另外，每组协变量与因变量的回归斜率要相等，这可通过检验自变量与协变量交互作用的 F 检验是否具有显著性来加以判别，如果 F 检验没有显著性，则表明接受每组协变量与因变量的回归斜率齐性的假设。

例 9.3 在文件 data04-03.sav 中，学生选修数学课程的数量会对男生、女生的数学测验成绩产生影响吗？

在前面的章节中，讨论了男生、女生“数学测验成绩”变量的独立性、正态性和方差齐性等问题，它们都满足使用多因素方差分析的条件。

因此，这里首先来看“数学测验成绩”变量与“选修数学课程数量”变量之间是不是线性相关的。

(1)两个变量间的线性相关检验

在 SPSS 数据编辑窗口中，打开文件 data04-03.sav。

按【分析→相关→双变量】顺序，打开【双变量相关】对话框，参见图 4-4。在左侧源变量框中选择变量“数学测验成绩”和“选修数学课程数量”，移入右侧【变量】框中，作为分析变量。保持系统默认选项【Pearson】。

单击【确定】按钮，则在输出窗口中得到相关系数计算结果，见表 9-17。

Person 相关系数是用来计算两个变量之间线性相关程度的统计量。从表 9-17 可见，两个变量的相关系数为 0.794($P=0.000$)，说明两个变量之间存在高度线性相关。

(2)协变量与自变量的回归斜率齐性检验

按【分析→一般线性模型→单变量】顺序，打开【单变量】对话框。在左侧源变量框中，选择“数学测验成绩”变量，移入右侧【因变量】框，作为因变量；选择“性别”变量，移入右侧【固定因子】框；选择“选修数学课程数量”变量，移入右侧【协变量】框，作为协变量。

单击【模型】按钮，打开【单变量：模型】对话框，参见图 9-3。在【指定模型】框中，选择【设定】选项。在【因子与协变量】框中，选择 gender(性别)变量，移入右侧【模型】框；选择 mathcrs(选修数学课程数量)变量，移入右侧【模型】框；同时选择 gender 和 mathcrs 变量，移入右侧【模型】框，则在【模型】框中出现 gender*mathcrs 交互作用项。

单击【继续】按钮，返回【单变量】对话框。

单击【确定】按钮，则在输出窗口中得到表 9-18。

表 9-17　Pearson 相关系数计算结果

		数学测验成绩	选修数学课程数量
数学测验成绩	Pearson 相关性	1	.794**
	显著性（双侧）		.000
	N	75	75
选修数学课程数量	Pearson 相关性	.794**	1
	显著性（双侧）	.000	
	N	75	75

**. 在 .01 水平（双侧）上显著相关。

表 9-18　协变量与自变量的交互作用检验结果

因变量: 数学测验成绩

源	III 型平方和	df	均方	F	Sig.
校正模型	2085.698[a]	3	695.233	40.903	.000
截距	833.723	1	833.723	49.051	.000
gender	8.941E-005	1	8.941E-005	.000	.998
mathcrs	1775.937	1	1775.937	104.486	.000
gender * mathcrs	3.369	1	3.369	.198	.658
误差	1206.783	71	16.997		
总计	15132.393	75			
校正的总计	3292.481	74			

a. R 方 = .633（调整 R 方 = .618）

由表 9-18 可见，gender*mathcrs 交互作用项的 *P* 值为 0.658，远大于 0.05，表明交互作用项没有显著性意义。这说明，协变量与自变量的回归斜率是齐性的。

(3) 观察在控制学生选修数学课程数量后，男生、女生数学测验成绩的差异

返回【单变量】对话框。

单击【模型】按钮，打开【单变量：模型】对话框，参见图 9-3。在【模型】框中将 gender* mathcrs 移除。

单击【继续】按钮，返回【单变量】对话框。

单击【选项】按钮，打开【单变量：选项】对话框，参见图 9-5。在【输出】框中选择【描述统计】、【功效估计】、【检验效能】和【方差齐性检验】选项。

在【因子与因子交互】框中，选择 gender，移入【显示均值】框。

单击【继续】按钮，返回【单变量】对话框。

单击【确定】按钮运行，则在输出窗口中得到表 9-19、表 9-20、表 9-21 和表 9-22。

表 9-19 所示为在不控制协变量时，男生、女生数学测验成绩的均值，男生均值明显高于女生。

表 9-19　不考虑协变量时男生、女生数学测验成绩均值

因变量: 数学测验成绩

性别	均值	标准 偏差	N
男	14.7550	6.03154	34
女	10.7479	6.69612	41
总计	12.5645	6.67031	75

表 9-20　误差方差的齐性检验结果

因变量: 数学测验成绩

F	df1	df2	Sig.
5.572	1	73	.021

检验零假设，即在所有组中因变量的误差方差均相等。

a. 设计 : 截距 + gender + mathcrs

表 9-20 所示为在协变量作用下，男生、女生两组数学测验成绩的误差方差的齐性检验结果，结论为方差不齐(*P*=0.21)，但在 SPSS 协方差分析中，这个结果不影响后续的分析。

表 9-21　主效应方差分析表

因变量: 数学测验成绩

源	III 型平方和	df	均方	F	Sig.	偏 Eta 方	非中心 参数	观测到的幂[b]
校正模型	2082.329[a]	2	1041.164	61.946	.000	.632	123.892	1.000
截距	946.381	1	946.381	56.306	.000	.439	56.306	1.000
gender	6.001	1	6.001	.357	.552	.005	.357	.091
mathcrs	1783.894	1	1783.894	106.136	.000	.596	106.136	1.000
误差	1210.152	72	16.808					
总计	15132.393	75						
校正的总计	3292.481	74						

a. R 方 = .632（调整 R 方 = .622）

b. 使用 alpha 的计算结果 = .05

表 9-22　控制数学选修课程数量后的男生、女生均值

因变量: 数学测验成绩

性别	均值	标准 误差	95% 置信区间 下限	95% 置信区间 上限
男	12.893[a]	.726	11.446	14.340
女	12.292[a]	.658	10.981	13.603

a. 模型中出现的协变量在下列值处进行评估: 选修数学课程数量 = 2.11.

从表 9-21 所示的主效应方差分析结果中可见，学生的“选修数学课程数量(mathcrs)”变量显著影响学生的数学测验成绩(P=0.000)，而“性别(gender)”变量对学生的数学测验成绩无显著性影响(P=0.552)。

从表 9-22 可见，在考虑数学选修课程数量后，男生、女生在数学测验成绩的均值上，已无显著性差异，两个均值只差 0.6，远小于表 9-19 中均值差 4。

9.2 聚 类 分 析

9.2.1 聚类分析基本概述

聚类分析是研究分类问题的一种多元统计方法。这里，我们将类定义为相似或相近元素的集合。因此，聚类分析的目的就是把相似的或相近的对象归并成类，它研究的主要内容就是如何度量相似性，以及构造聚类的具体方法。

根据聚类对象的不同，可将聚类分析方法分为两种：一种是对测定指标进行分类，称为“指标聚类”，又称“R 型聚类”；另一种是对样品进行分类，称为“样品聚类”，又称“Q 型聚类”。

聚类的方法很多，这里只介绍科研工作中使用最多的系统聚类法。

系统聚类法的基本思想是，首先，把每个变量(每个样品)看作一类，并规定将变量间的相似性测度换算成的距离($d_{ij}^2=1-c_{ij}^2$，其中 c_{ij} 表示变量 i 和变量 j 之间的相关系数，或样品 i 和样品 j 之间的相似系数)(或样品之间的距离)看作类与类之间的距离，然后将距离最近的两类合并成新的一类，每次减少一类，重新计算新类与其他各类的距离，重复进行最近类的合并，直至所有的变量(或样品)合并成一类。

9.2.2 指标聚类实例分析

例 9.4 在文件 data04-03.sav 中，试对学生的“数学测验成绩”“拼图测验得分”“想象力测验得分”“想象力再测得分”“学生智能测验(SAT)-数学”5 个变量做 R 型指标聚类。

在 SPSS 中，做聚类分析可在【分析】菜单的【分类】过程中进行。实现 R 型指标聚类的具体步骤如下。

在 SPSS 数据编辑窗口中，打开文件 data04-03.sav。

按【分析→分类→系统聚类】顺序，打开【系统聚类分析】对话框，见图 9-13。在左侧源变量框中选择“数学测验成绩”“拼图测验得分”“想象力测验得分”“想象力再测得分”“学生智能测验(SAT)-数学”变量，移入右侧【变量】框。在【聚类】框中选择【变量】选项，意味着要做 R 型指标聚类。

单击【绘制】按钮，打开【系统聚类分析：图】选项卡，见图 9-14。选择【树状图】。

单击【继续】按钮，返回【系统聚类分析】对话框。

单击【方法】按钮，打开【系统聚类分析：方法】选项卡，见图 9-15。在【聚类方法】下拉列表中选择【组间联接】，在【度量标准】框中，选择【区间】选项，并在其下拉列表中选择【Pearson 相关性】。

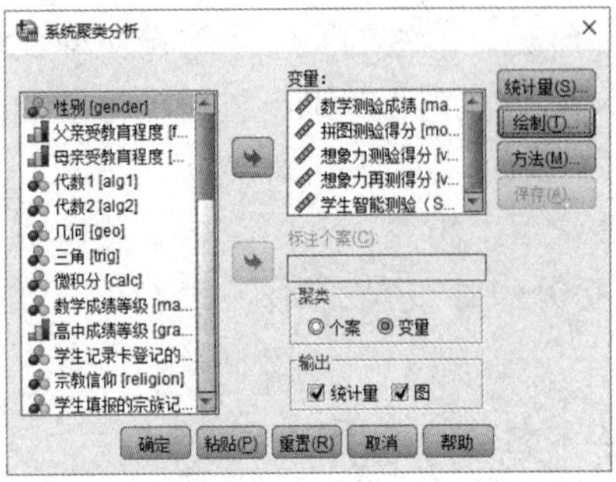

图 9-13 【系统聚类分析】对话框

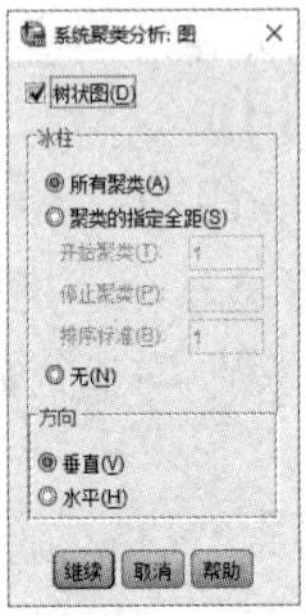

图 9-14 【系统聚类分析: 图】选项卡

单击【继续】按钮，返回【系统聚类分析】对话框。

单击【确定】按钮，则在输出窗口中得到如图 9-16 所示的树状图。

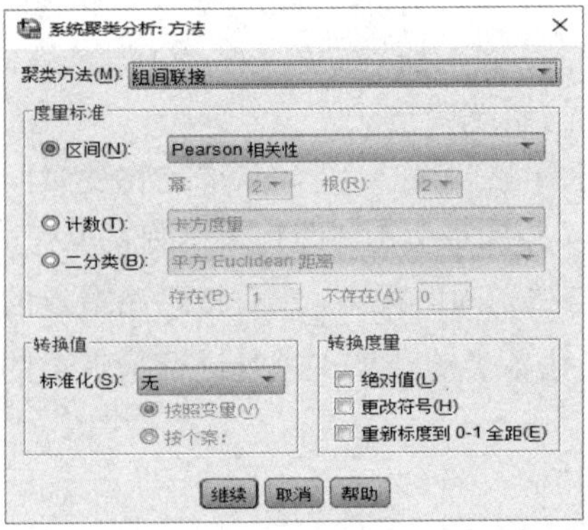

图 9-15 【系统聚类分析: 方法】选项卡

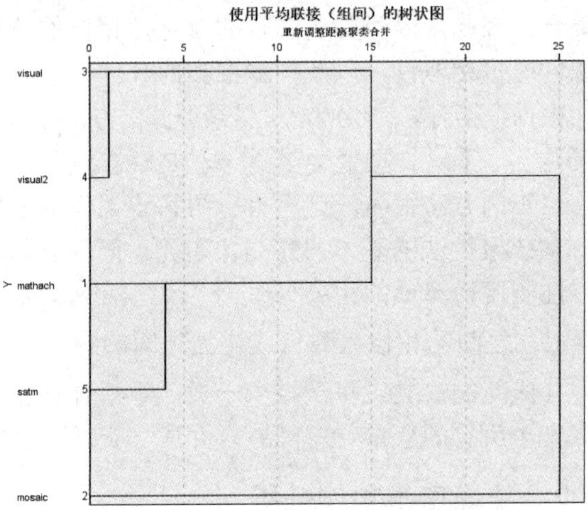

图 9-16 树状图

现在，如果在图 9-16 中横坐标点 10 的位置垂直将树状图截断，则可将 5 个变量分成 3 类。

第 1 类：想象力测验得分(visual)、想象力再测得分(visual2)；

第 2 类：数学测验成绩(mathach)、学生智能测验(SAT)-数学(satm)；

第 3 类：拼图测验得分(mosaic)。

显然，第 1 类为抽象概括能力类，第 2 类为推理能力类，第 3 类为选择判断能力类。

相对统计学的其他方法而言，聚类分析方法理论比较粗糙，但很实用，关键看分完类后与实际情况的吻合度，这需要专业知识的支撑。

9.2.3 样品聚类实例分析

例 9.5 在文件 data04-03.sav 中，根据学生的“数学测验成绩”“拼图测验得分”“想象力测验得分”“想象力再测得分”“学生智能测验(SAT)-数学”5 个变量的数据，对男生做 Q 型样品聚类。

对男生进行聚类分析，就是典型的 Q 型样品聚类，具体步骤如下。

在 SPSS 数据编辑窗口中，打开文件 data04-03.sav。

按【数据→拆分文件】顺序，打开【分割文件】对话框。选择【按组织输出】选项，并将“性别”移入【分组方式】框。

单击【确定】按钮，按性别男、女将数据文件分为两部分，并进行后续的运算。

按【分析→分类→系统聚类】顺序，打开【系统聚类分析】对话框，参见图 9-13。在左侧源变量框中选择“数学测验成绩”“拼图测验得分”“想象力测验得分”“想象力再测得分”“学生智能测验(SAT)-数学”变量，移入右侧【变量】框。在【聚类】框中选择【个案】选项，意味着要做 Q 型样品聚类。

单击【绘制】按钮，打开【系统聚类分析：图】选项卡，参见图 9-14，选择【树状图】选项。

单击【继续】按钮，返回【系统聚类分析】对话框。

单击【方法】按钮，打开【系统聚类分析：方法】选项卡，参见图 9-15。在【聚类方法】下拉列表中选择【组间联接】，在【度量标准】框中选择【二分类】选项，并在其下拉列表中选择【平方 Euclidean 距离】，即选择欧氏距离平方来检验样品之间的相似性。注意，在样品聚类时，可以选用距离类、余弦统计量，但不能选用 Pearson 相关系数。原因很简单，把数据文件中的行、列转置，当样品变为变量时，同一个变量中的内容已经是各门测试成绩了，有时还可能连单位量纲都不一样，所以，此时不能用 Pearson 相关系数来检验两个样品的相似性。

单击【继续】按钮，返回【系统聚类分析】对话框。

单击【确定】按钮，则在输出窗口中，可以得到男生聚类的树状图，见图 9-17。当然，女生聚类结果的树状图也在输出窗口中，但此处不讨论女生的聚类结果，因为两者的分析方法是一样的。

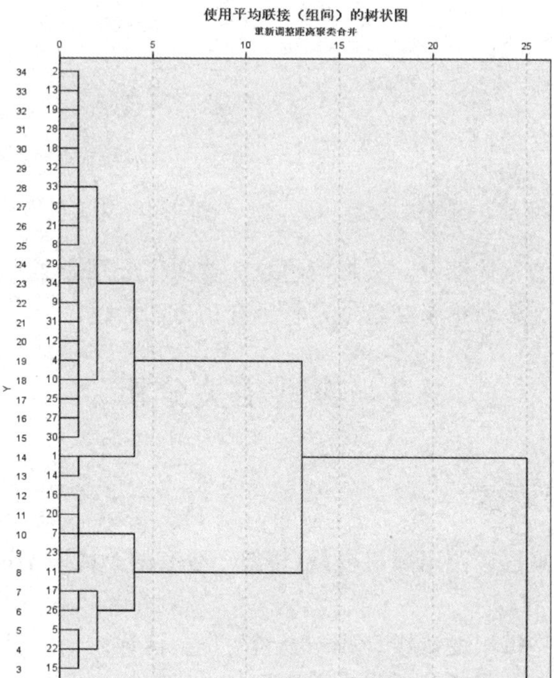

图 9-17　男生聚类的树状图

在图 9-17 中，从左向右数，第 1 列数是倒序的聚类过程编号，第 1 列第 1 个数也代表男生的样本量，也就是男生共有 34 名。

现在，如果在图 9-17 中距离点 5(图中上方横线标记 5 处)的位置垂直将树状图截断，则可将 34 名男生变量聚成 3 类。

第 1 类共有(第一列倒序号)34–13+1=22 名男生聚在一起，第 2 类有 10 名男生聚在一起，第 3 类有 2 名男生聚在一起。

你一定想知道每类中究竟是哪些学生聚在一起，这个很简单，因为图 9-17 中从左往右数第 2 列数据是学生所在数据文件中的记录号。

例如，在第 3 类中，记录号 3 和记录号 24 的男生聚在一起，余类推。

现在回到数据编辑窗口，看一看第 3 类男生的 5 门测试成绩，见图 9-18；再看一下第 2 类男生的 5 门测试成绩，见图 9-19，当然还要看其他学生 5 门测试成绩的整体情况，至此可以为这 3 类男生命名了。

		mathach	mosaic	visual	visual2	satm
3	5	3.67	27.5	3.75	3.00	300
4	6	21.00	27.0	11.00	9.50	500
5	8	23.67	26.5	4.75	4.00	700
6	2	9.00	18.0	1.00	.00	450
7	7	19.67	33.0	13.50	9.50	590
8	7	7.67	33.0	-.25	1.00	430
9	5	14.33	27.0	6.00	5.00	500
10	6	14.33	26.0	9.75	9.50	510
11	5	17.00	41.0	-.25	1.00	580
12	5	19.67	22.0	4.75	5.00	500
13	5	14.33	26.0	2.25	2.00	480
14	3	9.00	31.0	13.50	8.00	400
15	6	23.67	34.0	9.50	9.50	710
16	4	18.33	24.5	9.75	9.50	600
17	7	15.67	23.0	6.00	5.00	650
18	6	15.67	29.5	9.75	8.00	470
19	7	7.67	33.0	-.25	3.00	470
20	5	21.00	23.0	6.50	6.00	610
21	7	10.33	20.5	3.50	3.00	450
22	8	21.00	28.0	11.00	9.50	700
23	7	22.33	36.0	7.25	7.00	600
24	3	5.00	51.5	2.25	2.00	300
25	4	13.00	30.5	3.50	3.00	510

图 9-18　第 3 类男生的 5 门测试成绩

	mathach	mosaic	visual	visual2	satm
5	23.67	26.5	4.75	4.00	700
6	9.00	18.0	1.00	.00	450
7	19.67	33.0	13.50	9.50	590
8	7.67	33.0	-.25	1.00	430
9	14.33	27.0	6.00	5.00	500
10	14.33	26.0	9.75	9.50	510
11	17.00	41.0	-.25	1.00	580
12	19.67	22.0	4.75	5.00	500
13	14.33	26.0	2.25	2.00	480
14	9.00	31.0	13.50	8.00	400
15	23.67	34.0	9.50	9.50	710
16	18.33	24.5	9.75	9.50	600
17	15.67	23.0	6.00	5.00	650
18	15.67	29.5	9.75	8.00	470
19	7.67	33.0	-.25	3.00	470
20	21.00	23.0	6.50	6.00	610
21	10.33	20.5	3.50	3.00	450
22	21.00	28.0	11.00	9.50	700
23	22.33	36.0	7.25	7.00	600
24	5.00	51.5	2.25	2.00	300
25	13.00	30.5	3.50	3.00	510
26	23.67	22.0	4.75	4.00	650

图 9-19　第 2 类男生的 5 门测试成绩

根据 5 门测试成绩的整体情况，大概可将这 3 类男生分别命名为数学课学习过程中的中等生、尖子生和落伍生。该名称未必合适，权当介绍方法而已。

9.3　典型相关分析

9.3.1　典型相关分析概述

典型相关分析是用来描述两组随机变量(每组至少有两个或两个以上变量)间关系的统计分析方法。

它的基本思想是，将每组变量组合成一个新变量，这样讨论两组随机变量间的关系，就变成讨论两个新变量之间的相关关系，从而达到减少研究变量个数的目的。

每组变量之间有无数多个线性组合，要使其具有确定性，必须对其施加一定的条件约束。

因此，我们首先从每组变量中找出变量的线性组合，同时使其具有最大的相关性；接下来再从每组变量中找出第二对线性组合，使其与第一对线性组合不相关，并且它本身要具有最大的相关性，以此类推，直到两组变量间的相关性被提取完毕为止。

9.3.2 典型相关实例分析

例 9.6 在数据文件 data04-03.sav 中，动机与乐趣题项之间有何关系？

由于动机和乐趣中的题项数多大于 2，所以本例在讨论这两者之间的关系时，可用典型相关分析来加以处理。

在 SPSS 中的解题步骤如下。

① 首先，找出典型相关分析程序 canonical correlation.sps 在计算机中的存放位置。

只要安装了 SPSS，计算机中就会有这个程序。该程序在每台计算机中的存放路径不完全相同，通过计算机的搜索功能就能找到。

假设 canonical correlation.sps 程序的存放路径为 C:\Program Files\IBM\SPSS\Statistics\20\Samples\Simplified Chinese。

② 在语法编辑器窗口中编写典型相关分析的计算程序语句。

在 SPSS 数据编辑窗口中，打开文件 data04-03.sav。

按【文件→新建→语法】顺序，打开【语法编辑器】窗口，参见图 9-8。对于已经建好的语句文件，则按【文件→打开→语法】顺序，直接打开即可。

在【语法编辑器】窗口中，输入下列语句：

```
include'c:\Program Files\IBM\SPSS\Statistics\20\Samples\Simplified Chinese\canonical
    correlation.sps'.
cancorr set1=item01 item04 item07 item08 item12 item13/
    set2=item02 item06 item10 item14/.
```

单击【运行】菜单中的【全部】选项，则在输出窗口中得到一系列输出结果。

② 输出结果及其解释。

表 9-23 给出了 6 个动机题项（第一组变量）间的相关系数。

表 9-24 给出了 4 个乐趣题项（第二组变量）间的相关系数。

表 9-23 第一组变量间的相关系数

Correlations for Set-1

	item01	item04	item07	item08	item12	item13
item01	1.0000	-.2504	.4644	-.2963	.1794	.1674
item04	-.2504	1.0000	-.5514	.5763	-.3819	-.3162
item07	.4644	-.5514	1.0000	-.5870	.3441	.3601
item08	-.2963	.5763	-.5870	1.0000	-.3891	-.3108
item12	.1794	-.3819	.3441	-.3891	1.0000	.6033
item13	.1674	-.3162	.3601	-.3108	.6033	1.0000

表 9-24 第二组变量间的相关系数

Correlations for Set-2

	item02	item06	item10	item14
item02	1.0000	-.2764	-.3875	.4902
item06	-.2764	1.0000	.2054	-.4568
item10	-.3875	.2054	1.0000	-.4493
item14	.4902	-.4568	-.4493	1.0000

从以上两个表可见，每组中大多数变量间为低度到中度之间的相关关系。

表 9-25 所示为两组变量中各变量间的相关系数。

表 9-26 所示为 4 对综合变量间的典型相关系数，其平方（λ_i^2）可以说明两个变量集之间共享方差的百分比，由此可知，第一行的典型相关系数说明第一组变量和第二组变量之间的共享方差是 $0.528^2 = 27.88\%$。

表 9-25　两组变量中各变量间的相关系数

Correlations Between Set-1 and Set-2

	item02	item06	item10	item14
item01	.4226	-.1468	.0454	.0319
item04	-.1069	.3299	.0708	-.0429
item07	.3593	-.2565	-.1817	.1864
item08	-.1725	.1965	.0553	-.1186
item12	.1078	-.0440	-.0583	.0666
item13	.0631	.0034	-.0655	-.0149

表 9-26　4 对综合变量间的典型相关系数

Canonical Correlations

1	.528
2	.360
3	.258
4	.136

第一行的典型相关系数 0.528 没有超过两组变量间最大的单个相关系数，表明两组变量之间的关联关系不会很强。

表 9-27 所示为 4 对典型变量之间的典型相关系数等于 0 的显著性检验结果，第 1 列为 Wilk’s Lambda 值，第 2 列为卡方值，第 3 列为自由度，第 4 列为 P 值。

从上面的结果中可以看出，只有第一对典型变量的相关系数是显著的(P=0.046<0.05)，说明第一对典型变量是有价值的，第二对及以后的典型变量可以不考虑。

表 9-27　4 对典型变量之间的典型相关系数等于 0 的显著性检验结果

Test that remaining correlations are zero:

	Wilk's	Chi-SQ	DF	Sig.
1	.575	36.788	24.000	.046
2	.798	15.025	15.000	.450
3	.917	5.797	8.000	.670
4	.982	1.233	3.000	.745

表 9-28 和表 9-29 所示为建立 4 对典型变量的线性组合时，第一组变量与典型变量的标准典型系数和一般典型系数。一般用标准典型系数来建立变量之间的线性组合，它直观上给人以更清楚的印象。由此可得第一对典型变量中 v_1 的线性组合（只有第一个典型相关系数是显著的，见表 9-27）：

$$v_1 = -0.886x_1 + 0.065x_4 - 0.323x_7 - 0.0761x_8 + 0.000x_{12} + 0.197x_{13}$$

式中，第一组变量用符号 x 表示，其下标与其题项号一一对应。上式中的各变量应是标准化处理后的变量。

从中可见，相应于第一个特征值（也是最重要）的典型变量 v_1 主要代表 item01，即学生学习的动机——我喜欢做数学技能训练，直到做好为止。（注：题项说明见第 4 章。）

表 9-28　第一组变量与典型变量的标准典型系数

Standardized Canonical Coefficients for Set-1

	1	2	3	4
item01	-.828	-.339	-.687	.000
item04	.059	-1.148	.520	.186
item07	-.344	.021	1.249	-.318
item08	-.070	.142	.019	-.847
item12	.000	-.285	.289	.426
item13	.157	-.110	-.225	-.972

表 9-29　第一组变量与典型变量的一般典型系数

Raw Canonical Coefficients for Set-1

	1	2	3	4
item01	-.886	-.363	-.736	.000
item04	.065	-1.250	.566	.202
item07	-.323	.020	1.174	-.299
item08	-.076	.155	.021	-.930
item12	.000	-.345	.350	.516
item13	.197	-.137	-.281	-1.215

表 9-30 和表 9-31 所示为建立 4 对典型变量的线性组合时，第二组变量与典型变量的典型系数，即第二组变量各变量的权重。由此可得第一对典型变量中 w_1 的线性组合（只有第一个典型相关系数是显著的，见表 9-27）：

$$w_1 = -1.072y_2 + 0.351y_6 - 0.283y_{10} + 0.394y_{14}$$

式中，第二组变量用符号 y 表示，其下标与其题项号一一对应。

从中可见，相应于第一个特征值(也是最重要)的典型变量 w_1 主要代表 item02，即学生学习的乐趣——解决一道难题后我就感到高兴。(注：题项说明见第 4 章。)

表 9-30　第二组变量与典型变量的标准典型系数

Standardized Canonical Coefficients for Set-2

	1	2	3	4
item02	-1.072	-.432	-.056	-.217
item06	.351	-1.049	.181	-.116
item10	-.283	-.317	-.638	.853
item14	.394	-.387	.635	.997

表 9-31　第二组变量与典型变量的一般典型系数

Raw Canonical Coefficients for Set-2

	1	2	3	4
item02	-1.237	-.498	-.064	-.250
item06	.356	-1.065	.184	-.118
item10	-.380	-.427	-.857	1.146
item14	.547	-.538	.882	1.384

表 9-32 所示为第一组变量的典型载荷，即第一组每个动机题项得分变量与同组 4 对典型变量之间的相关系数。

表 9-33 所示为第一组变量的典型交叉载荷，即第一组每个动机题项得分变量与第二组 4 对典型变量之间的相关系数。

表 9-32　第一组变量的典型载荷

Canonical Loadings for Set-1

	1	2	3	4
item01	-.956	-.154	-.229	-.030
item04	.366	-.850	-.025	.018
item07	-.663	.276	.651	-.127
item08	.363	-.287	-.253	-.417
item12	-.167	-.021	.254	-.012
item13	-.102	-.012	.114	-.625

表 9-33　第一组变量的典型交叉载荷

Cross Loadings for Set-1

	1	2	3	4
item01	-.505	-.055	-.059	-.004
item04	.193	-.306	-.007	.002
item07	-.350	.099	.168	-.017
item08	.192	-.103	-.065	-.056
item12	-.088	-.008	.065	-.002
item13	-.054	-.004	.029	-.085

表 9-34 所示为第二组变量的典型载荷，即第二组每个乐趣题项得分变量与同组 4 对典型变量之间的相关系数。

表 9-34　第二组变量的典型载荷

Canonical Loadings for Set-2

	1	2	3	4
item02	-.867	-.209	.452	-.027
item06	.409	-.818	-.224	-.337
item10	.028	-.191	-.864	.465
item14	-.165	.023	.811	.560

表 9-35 所示为第二组变量的典型交叉载荷，即第二组每个乐趣题项得分变量与第一组 4 对典型变量之间的相关系数。

接下来的输出部分是冗余分析(Redundancy Analysis)，它是典型相关的重要内容。

表 9-36 所示为第一组各典型变量从同组变量中提取的方差比例，即第一组变量解释同组变量的方差比例。

表 9-35　第二组变量的典型交叉载荷

Cross Loadings for Set-2

	1	2	3	4
item02	-.458	-.075	.117	-.004
item06	.216	-.294	-.058	-.046
item10	.015	-.069	-.223	.063
item14	-.087	.008	.209	.076

表 9-36　第一组变量解释第一组变量的方差比例

Proportion of Variance of Set-1 Explained by Its Own Can. Var.

	Prop Var
CV1-1	.276
CV1-2	.151
CV1-3	.103
CV1-4	.097

表 9-37 所示为第一组各典型变量从第二组变量中提取的方差比例，即第二组变量解释第一组变量的方差比例。

表 9-37　第二组变量解释第一组变量的方差比例

```
Proportion of Variance of Set-1 Explained by Opposite Can.Var.
                Prop Var
CV2-1             .077
CV2-2             .020
CV2-3             .007
CV2-4             .002
```

表 9-38 所示为第二组各典型变量从同组变量中提取的方差比例，即第二组变量解释同组变量的方差比例。

表 9-38　第二组变量解释同组变量的方差比例

```
Proportion of Variance of Set-2 Explained by Its Own Can. Var.
                Prop Var
CV2-1             .237
CV2-2             .187
CV2-3             .415
CV2-4             .161
```

表 9-39 所示为第二组各典型变量从第一组变量中提取的方差比例，即第一组变量解释第二组变量的方差比例。

表 9-39　第一组变量解释第二组变量的方差比例

```
Proportion of Variance of Set-2 Explained by Opposite Can. Var.
                Prop Var
CV1-1             .066
CV1-2             .024
CV1-3             .028
CV1-4             .003
```

结论：v_1 与 w_1 最相关，说明 v_1 所代表的“我喜欢做数学技能训练，直到做好为止”这种坚持不懈努力的精神，与 w_1 所代表的“解决一道难题后我就感到高兴”这种成功之后的喜悦之间的关系。

注：在语句编辑窗口中写入以下语句：

```
manova item01 item04 item07 item08 item12 item13 with item02 item06 item10 item14
/discrim all alpha(1)
/print=sig(eigen dim).
```

运行后，既能得到典型相关分析的结果，还能得到多重回归分析的结果。

9.4　主成分分析

9.4.1　主成分分析的基本概念

在一般问卷调查中，尤其是特定领域的问卷量表的制作中，经常会遇到需要调查十多个甚至几十个题项的问题，由于不同题项得分指标之间多少存在一定的相关性，这就使得原先就不简单的研究问题变得更加复杂，而不便于解释。因此，需要有一个将多个具有一定相关性的题项得分指标简化为少数几个相互不相关的综合指标的统计方法，以此为基础来解决此类问题，称这种方法为主成分分析，又称主分量分析。

Karl Parson 于 1901 年在讨论非随机变量时引进主成分概念，Hotelling 于 1933 年将这一概念推广到随机向量，现在主成分分析已在许多学科中得到广泛应用。

在量表问卷调查中，主成分分析常用来分析量表的结构效度。

9.4.2 主成分分析的基本思想

假设每个被调查者给出 p 个相互间有相关性的题项得分 $\boldsymbol{X}_1,\boldsymbol{X}_2,\cdots,\boldsymbol{X}_p$，共有 n 个被调查者，则可得到如下的原始数据资料矩阵：

$$\boldsymbol{X}=(\boldsymbol{X}_1,\boldsymbol{X}_2,\cdots,\boldsymbol{X}_p)$$

其中

$$\boldsymbol{X}_i=\begin{bmatrix} x_{1i} \\ x_{2i} \\ \vdots \\ x_{ni} \end{bmatrix} \qquad (i=1,2,\cdots,p)$$

为将多个（p 个）指标化为少数几个互不相关的综合指标，可用数据矩阵 $\boldsymbol{X}$ 的 p 个指标向量 $\boldsymbol{X}_1,\boldsymbol{X}_2,\cdots,\boldsymbol{X}_p$ 做线性组合，得到以下综合指标：

$$\boldsymbol{F}_i=a_{1i}\boldsymbol{X}_1+a_{2i}\boldsymbol{X}_2+\cdots+a_{pi}\boldsymbol{X}_p=\boldsymbol{a}_i'\boldsymbol{X} \qquad (i=1,2,\cdots,p)$$

称 $\boldsymbol{F}_i$ 为综合指标。这种线性组合有无限多个，为将其控制在少数几个范围内，有必要对这种线性组合用以下条件加以约束：

① 要求 p 个指标的方差总和为 p，并且综合指标 $\boldsymbol{F}_1,\boldsymbol{F}_2,\cdots,\boldsymbol{F}_p$ 是按其反映原指标的信息量的大小，由大到小排列的，而信息量是用方差表示的，因此，综合指标 $\boldsymbol{F}_1,\boldsymbol{F}_2,\cdots,\boldsymbol{F}_p$ 实际上是按方差由大到小顺序排列的。综合指标对应的方差越大，表示其反映原指标的信息量越大；依次称 $\boldsymbol{F}_1$ 为第一主成分，$\boldsymbol{F}_2$ 为第二主成分，$\boldsymbol{F}_i$ 为第 i 主成分。

② 前面主成分提取的信息不再出现在后面的主成分中，即各主成分间要相互独立。

③ $\boldsymbol{F}_1$ 应尽可能多地反映原指标的信息，当第一主成分不足以反映原指标的信息时，考虑选取第二主成分 $\boldsymbol{F}_2$，直至累积贡献率达到要求为止，一般为 70%～80%，也有学者提出应为 85%以上。

④ 系数应满足 $a_{1i}{}^2+a_{2i}{}^2+\cdots+a_{pi}{}^2=1 \quad (i=1,2,\cdots,p)$。

当满足上述条件时，理论上可以证明：系数 a_{ij} 恰好就是 $\boldsymbol{X}$ 的协差阵 $\boldsymbol{\Sigma}$ 的特征值所对应的特征向量，并且主成分 $\boldsymbol{F}_i$ 对应的特征值 λ_i 就是该主成分 $\boldsymbol{F}_i$ 的方差。

9.4.3 主成分实例分析

例 9.7 本例所用是心理学中为研制运动员意志品质评价量表初期制作的预测版，见表 9-40。其中列出了 50 个题项，用该表对 312 人进行了问卷调查。所得数据存放在文件 data09-01 中。

研究人员据此数据，通过项目分析后，删除题项 7、8、14、28、29、35、36、37、38、40、43、48，并将剩余的 38 个题项分为 5 个维度，所包括的项目如下。

自觉性维度：包括题项变量 x_1、x_2、x_4、x_{10}、x_{13}、x_{39}、x_{41}、x_{45}，共 8 个。

果断性维度：包括题项变量 x_{25}、x_{31}、x_{32}、x_{34}、x_{42}、x_{44}、x_{47}、x_{49}、x_{50}，共 9 个。

自制力维度：包括题项变量 x_3、x_6、x_{15}、x_{17}、x_{18}、x_{21}，共 6 个。

坚韧性维度：包括题项变量 x_5、x_9、x_{11}、x_{12}、x_{16}、x_{20}、x_{23}、x_{24}、x_{26}、x_{30}、x_{46}，共 11 个。

主动性维度：包括题项变量 x_{19}、x_{22}、x_{27}、x_{33}，共 4 个。

那么，从主成分分析的角度，你能否接受这张量表？

表 9-40　运动员意志品质评价量表(预测版)

测试内容	评定等级				
	完全不符合	不太符合	说不清楚	比较符合	完全符合
1．只要是一件有意义的事，我就会去做	1	2	3	4	5
2．在一天的训练中，即使是重复同一个动作，我也会一丝不苟地完成	1	2	3	4	5
3．一件事完成以后，我经常后悔自己为何不早下决心	1	2	3	4	5
…	…	…	…	…	…
15．对困难的任务我会想尽办法完成	1	2	3	4	5
16．在以往的比赛中，因为犹豫我错过了许多机会	1	2	3	4	5
…	…	…	…	…	…
24．我决定做一件事时，常常是说干就干，决不拖拉或让它落空	1	2	3	4	5
25．我常常为做决定犯难	1	2	3	4	5
	…	…	…	…	…
27.遇到棘手的事情我常常举棋不定，拿不出主意	1	2	3	4	5
…	…	…	…	…	…
32.我主动找过教练商量下一步的练习计划	1	2	3	4	5
33.如果见到有人落水，我会马上去救他	1	2	3	4	5

第一步，主成分探索分析。

按【分析→降维→因子分析】顺序，打开【因子分析】对话框，见图 9-20。在左侧源变量框中将题项变量 x1 至 x50 移入右侧【变量】框中。

单击【描述】按钮，打开【因子分析：描述统计】选项卡，见图 9-21。在【统计量】框中，选择【原始分析结果】选项。在【相关矩阵】框中，选择【系数】、【行列式】和【KMO 和 Bartlett 的球形度检验】选项。

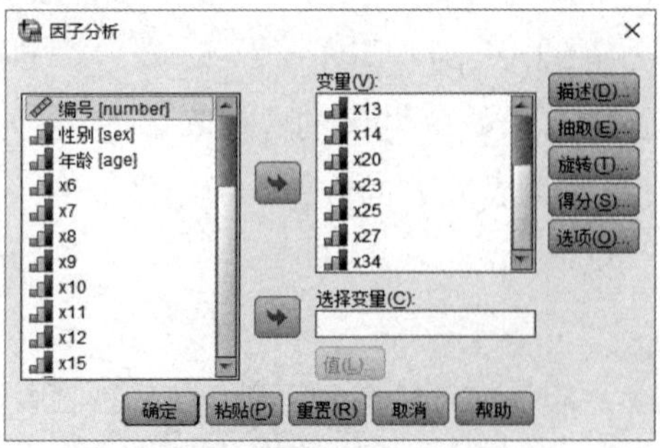

图 9-20 【因子分析】对话框

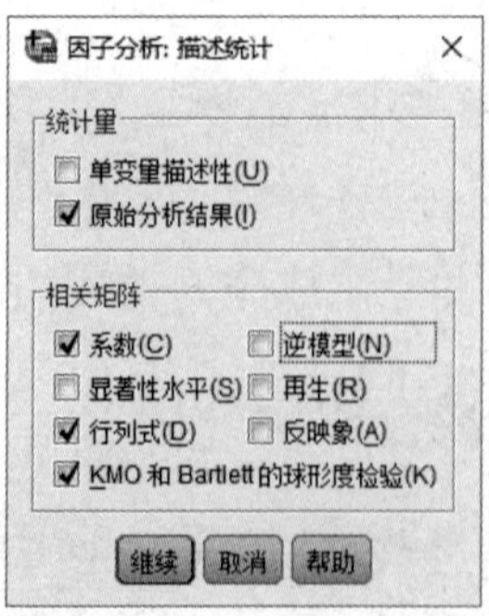

图 9-21 【因子分析：描述统计】选项卡

单击【继续】按钮，返回【因子分析】对话框。

单击【抽取】按钮，打开【因子分析：抽取】选项卡，见图 9-22。在【输出】栏中，选择【碎石图】选项。其他保持系统默认选项。

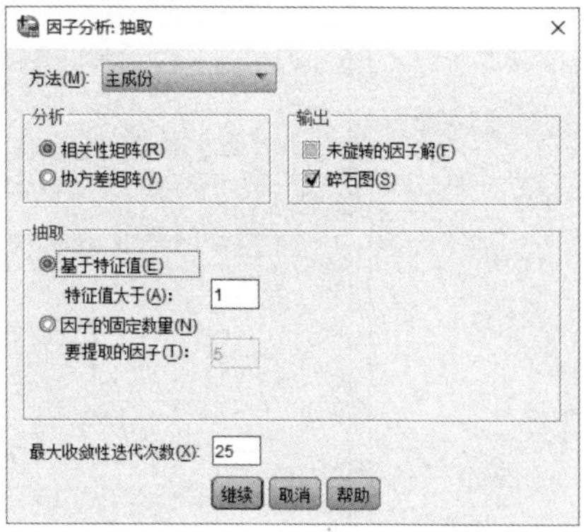

图 9-22 【因子分析：抽取】选项卡

单击【继续】按钮，返回【因子分析】对话框。

单击【确定】按钮，则在输出窗口中得到表 9-41、表 9-42、表 9-43 和表 9-44。

表 9-41 为相关系数表，该表所示为各题项变量与其他题项变量之间的相关系数，即它们之间线性关联的程度。该表左下方的行列式值 1.619E-005 (0.00001619) 很小，接近于零，单从该统计量来看，50 个题项变量间可能存在严重的共线性问题。

表 9-42 所示为 KMO 和 Bartlett 的球形度检验结果。KMO 和 Bartlett 的球形度检验法是主成分分析中用来进行变量间相关性检验的方法，KMO 值的计算公式为

$$\mathrm{KMO}=\frac{\sum\sum_{i\neq j} r_{ij}^2}{\sum\sum_{i\neq j} r_{ij}^2+\sum\sum_{i\neq j} p_{ij}^2}$$

式中，r_{ij}^2 是题项变量 i 和 j 之间的简单相关系数，p_{ij}^2 是题项变量 i 和 j 之间的偏相关系数。KMO 值接近于 1，说明所有题项变量之间的简单相关系数平方和远大于偏相关系数平方和，可以做主成分分析。

统计学家 Kaiser 给出了用 KMO 值来判断是否适合做主成分 (因子) 分析的标准：

0.9<KMO：非常适合；

0.8<KMO<0.9：适合；

0.7<KMO<0.8：一般；

0.6<KMO<0.7：不太适合；

KMO<0.6：不适合。

在做主成分 (因子) 分析前，一般可先用 KMO 和 Bartlett 的球形度检验法来判断所得到的诸多变量是否适合做主成分 (因子) 分析。

KMO 和 Bartlett 的球形度检验的结果表明，在相关系数矩阵是一个单位矩阵 (即相关系数矩阵对角线上的元素都为 1，非对角线上的元素都为 0) 的原假设下，观测的显著性水平为 0.000，因此拒绝各题项间相互独立的原假设，即这些题项变量之间有简单线性相关关系，可以做主成分分析。KMO 值 (“取样足够多的 Kaiser-Meyer-Olkin 度量”值) 为 0.736，大于 0.70，说明题项数足够多，一般情况下可以做主成分分析，但效果不会很好。

表 9-43 为公因子方差表，它给出的是各题项变量和所有其他题项变量之间的关系，即它们之间复相关系数的平方。

表 9-41 相关系数表

相关矩阵[a]

		x1	x2	x3	x4	x5	x6	x7	x8	x9	x10	x11	x12	x13	x14	x15
相关	x1	1.000	.098	-.036	.141	.129	.092	.235	-.064	.120	.107	.175	.146	.142	-.025	.169
	x2	.096	1.000	-.102	.170	.173	.160	.227	.044	.176	.170	.233	.031	.214	-.081	.050
	x3	-.036	-.102	1.000	.064	-.025	-.061	.111	-.011	.051	.044	-.101	-.069	.063	.181	.014
	x4	.141	.170	.064	1.000	.136	.068	.142	.013	.229	.326	.132	.034	.097	-.120	.125
	x5	.129	.173	-.025	.136	1.000	.123	.169	.072	.153	.127	.162	.148	.061	-.102	.160
	x6	.092	.160	-.061	.068	.123	1.000	.237	.092	.023	.059	.287	.125	.072	-.052	.016
	x7	.235	.227	.111	.142	.169	.237	1.000	.150	.070	.123	.167	.030	.069	.000	.263
	x8	-.064	.044	-.011	.013	.072	.092	.150	1.000	.033	.152	.137	.035	.060	.105	-.047
	x9	.120	.176	.051	.229	.153	.023	.070	.033	1.000	.137	.065	.044	.123	.003	.120
	x10	.107	.170	.044	.326	.127	.059	.123	.152	.137	1.000	.109	.095	.000	.003	.073
	x11	.175	.233	.101	.132	.162	.287	.167	.137	.065	.109	1.000	.127	.067	.117	.119
	x12	.146	.031	.069	.034	.148	.125	.030	.036	.044	.095	.127	1.000	.082	.035	.171
	x13	.142	.211	.063	.097	.081	.072	.069	.060	.123	.090	.067	.082	1.000	-.001	.067
	x14	-.025	-.081	.181	-.120	-.102	-.052	.000	.105	.003	.003	-.117	-.035	-.001	1.000	-.108
	x15	.169	.050	.014	.125	.186	.016	.263	-.047	.120	.073	.119	.171	.067	-.108	1.000
	x16	.119	.081	.133	.051	-.058	.074	.073	-.066	.010	.020	-.073	.008	.079	.197	.026
	x17	.058	.235	-.128	.022	.056	.188	.027	.011	-.031	.110	.177	.130	.139	-.101	.008
	x18	.198	.101	.016	.084	.177	.169	.170	.063	.041	.161	.067	.299	.147	-.022	.145
	x19	.183	.180	-.007	.144	.072	.045	.043	-.064	.169	.165	.134	.276	.062	.005	.156
	x20	.163	.082	-.112	.054	.061	.093	.118	.122	-.001	.153	.073	.113	.177	-.137	.177
	x21	.215	.180	-.077	.087	.140	.069	.142	-.022	.135	.176	.063	.095	.066	-.038	.116
	x22	.078	.269	-.017	.135	.147	.131	.165	.066	.211	.030	.132	.097	.072	-.044	.070
	x23	.198	.211	-.075	.091	.198	.120	.153	.058	.066	.101	.264	.307	.129	-.079	.217
	x24	.255	.135	-.092	.096	.197	.028	.128	.078	.079	.127	.039	.175	.198	-.086	.167
	x25	-.104	.035	.213	.083	-.055	-.003	.113	.146	.100	.042	-.160	-.149	.000	.090	.022
	x26	.091	.073	-.030	.094	.077	.019	.214	.138	-.034	.186	.011	.097	-.066	.029	.123
	x27	-.137	-.012	.232	-.069	-.145	.003	.123	.080	.006	-.049	-.168	-.170	-.034	.134	-.001
	x28	.080	.194	-.094	.170	.139	.050	.142	.150	.058	.101	.176	.100	.137	-.091	.080
	x29	.161	.186	-.104	.204	.176	.156	.085	.015	.094	.161	.151	.137	.160	-.061	.103
	x30	.166	.162	-.036	.110	.085	.096	.123	-.109	.124	.110	.100	.114	.167	-.051	.049
	x31	-.013	-.034	.099	.023	-.129	.035	-.070	.106	.092	-.015	-.023	.070	.051	.107	-.061
	x32	.083	.128	.077	.156	.175	.037	.051	.082	.149	.175	.093	.177	.076	-.002	-.016
	x33	.044	.098	-.043	-.053	.057	.077	.004	.015	.032	-.005	.099	.217	.066	-.001	.066
	x34	-.053	-.103	.060	-.076	-.019	.024	-.043	.031	-.005	.001	-.131	-.061	-.353	.190	-.007
	x35	.139	.223	-.019	.072	.184	.143	.211	.015	.062	.163	.115	.148	.260	-.058	.148
	x36	.110	.103	-.122	.002	.127	.028	.053	-.026	-.037	-.054	.117	.190	.140	-.086	.233
	x37	.087	.018	.029	.091	.054	.073	.020	.016	.126	.053	-.029	-.095	.110	.000	.193
	x38	-.024	-.140	.162	-.122	-.110	-.098	-.009	.062	-.049	-.010	-.161	-.002	.003	.264	-.039
	x39	-.073	-.194	-.039	-.182	-.047	.023	-.132	.067	-.227	-.036	-.090	-.008	-.150	.144	-.009
	x40	.070	.255	.305	.219	.221	.075	.020	.115	.073	.033	.241	.092	.108	.330	.012
	x41	.003	.171	.277	.135	.169	.084	.005	.071	.019	.030	.223	.089	.046	.275	.041
	x42	.031	.056	.075	.319	.071	.100	.112	.132	.037	.107	.000	.022	.010	.138	.064
	x43	.045	.017	.001	-.052	-.076	.034	.003	-.005	-.021	-.099	-.018	.009	-.017	.054	.033
	x44	-.064	-.190	.097	-.144	-.166	.016	-.064	.161	-.149	-.157	-.032	.024	-.137	.121	-.045
	x45	-.078	-.153	.157	.008	-.129	-.070	.045	.075	-.061	.077	-.108	.066	-.129	.245	-.069
	x46	.202	.014	-.024	.005	.119	.059	.127	.024	-.007	-.013	.101	.230	.045	-.043	.118
	x47	-.021	.015	.262	-.066	-.128	-.119	.053	.136	.014	.007	-.178	-.066	.002	.156	-.031
	x48	.316	.011	.195	.015	.010	-.122	.165	.060	.035	.096	-.119	-.089	.103	.051	.024
	x49	.157	.180	.018	.027	.217	.153	.070	-.053	.151	.031	.124	.119	.138	-.023	.107
	x50	-.399	-.110	.136	-.071	-.393	-.125	-.395	.078	-.024	-.035	-.178	-.035	-.039	.166	-.061

		x16	x17	x18	x19	x20	x21	x22	x23	x24	x25	x26	x27	x28	x29
相关	x1	.119	.058	.138	.183	.153	.215	.078	.198	.255	-.104	.091	-.137	.080	.161
	x2	.081	.235	.131	.180	.092	.180	.239	.211	.135	.035	.073	-.012	.194	.186
	x3	.133	-.128	.016	-.002	-.112	-.072	-.017	-.075	-.092	.213	-.030	.232	-.094	-.104
	x4	.051	.022	.084	.144	.054	.087	.135	.091	.096	.083	.094	-.069	.170	.204
	x5	-.058	.056	.177	.072	.031	.140	.147	.198	.197	-.055	.077	-.145	.139	.176
	x6	.074	.188	.139	.045	.093	.069	.131	.120	.028	-.003	.019	.003	.050	.150
	x7	.073	.027	.170	.043	.118	.142	.135	.153	.128	.113	.214	.123	.142	.085
	x8	-.066	.011	.033	-.064	.122	-.022	.056	.050	.078	.146	.130	.080	.150	.015
	x9	.010	-.031	.041	.109	-.031	.135	.211	.066	.079	.100	-.034	.006	.050	.094
	x10	.020	.110	.131	.165	.153	.126	.030	.101	.127	.042	.186	-.049	.101	.161
	x11	.073	.177	.067	.134	.023	.063	.132	.264	.039	.160	.011	.168	.176	.161
	x12	.008	.130	.239	.276	.113	.095	.037	.307	.175	.140	.097	.170	.100	.137
	x13	.079	.139	.147	.092	.127	.096	.072	.129	.198	.000	-.066	-.034	.137	.160
	x14	.197	-.101	-.022	.005	-.137	-.038	-.017	-.079	-.036	.090	.029	.134	-.091	-.061
	x15	.026	.008	.145	.196	.177	.116	.070	.217	.157	.022	.123	-.001	.080	.103
	x16	1.000	-.063	.018	-.071	-.139	-.004	.059	.068	.015	.171	.012	.163	-.090	.081
	x17	-.063	1.000	.155	.237	.224	.116	.115	.143	.024	-.096	.063	-.168	.016	.087
	x18	.018	.155	1.000	.274	.229	.233	.073	.222	.257	-.090	.193	-.077	.074	.125
	x19	-.071	.237	.274	1.000	.236	.207	.150	.211	.229	-.160	.095	-.244	-.033	.056
	x20	-.109	.224	.229	.236	1.000	.337	.041	.162	.157	-.001	.175	-.061	.087	.020
	x21	-.004	.116	.233	.207	.337	1.000	.131	.159	.133	-.100	.106	-.126	.025	.085
	x22	.069	.115	.073	.160	.041	.181	1.000	.268	.131	.129	.041	-.037	.129	.164
	x23	.068	.143	.222	.211	.152	.159	.238	1.000	.337	-.113	.176	-.196	.073	.165
	x24	.015	.024	.257	.229	.157	.163	.131	.307	1.000	-.112	.065	-.212	-.086	.197
	x25	.171	-.086	-.030	-.160	-.031	-.100	.129	-.113	-.112	1.000	.040	.491	.085	-.108
	x26	.012	.053	.193	.089	.179	.108	.041	.178	.055	.040	1.000	-.005	.052	.048
	x27	.163	-.168	-.077	-.244	-.051	-.126	-.037	-.196	-.212	.491	-.005	1.000	.046	-.154
	x28	-.090	.016	.074	-.033	.037	.025	.129	.073	-.038	.085	.052	.046	1.000	.136
	x29	.081	.087	.125	.055	.020	.085	.154	.165	.197	-.108	.046	-.154	.136	1.000
	x30	.109	.058	.126	.103	.042	.023	.240	.115	.070	.039	-.062	-.054	.127	.227
	x31	.001	-.054	.034	-.006	-.042	.000	.032	.013	-.032	.020	-.106	.063	.041	-.034
	x32	-.051	.196	.135	.244	.236	.170	.049	.090	.037	.003	.163	-.100	.119	.074
	x33	-.050	.149	.244	.145	.135	.191	.078	.053	.039	-.090	.065	-.020	.049	.153
	x34	.137	-.054	.037	-.068	.037	.020	-.019	-.035	-.056	.233	.003	.141	-.128	-.181
	x35	.055	.070	.133	.098	.117	.139	.001	.094	.027	-.048	.162	-.011	.190	.193
	x36	.051	.006	.134	.208	.052	.076	.129	.107	.092	-.197	.053	-.173	.039	.252
	x37	.062	.089	.123	.041	.111	.061	.030	.028	.036	.222	.031	.142	.113	.020
	x38	.104	-.115	.039	-.114	.020	-.123	-.134	-.070	-.031	.190	.046	.323	-.092	-.002
	x39	.109	-.025	.027	-.078	.033	.021	-.224	-.001	-.035	-.027	-.029	.043	-.228	-.115
	x40	.226	.129	.046	.186	.132	.107	.137	.092	.136	.300	.022	.331	.120	.119
	x41	.140	.204	.030	.153	.011	.085	.030	.113	.021	.275	.066	.313	.046	.047
	x42	.024	.014	.037	.071	.035	.025	.026	.029	.011	.124	.066	.072	.023	.068
	x43	.047	.053	-.016	-.029	-.036	-.091	.011	-.053	-.019	.142	.019	.016	.076	.004
	x44	.012	-.080	-.074	-.075	-.034	-.094	-.110	-.126	-.117	.066	-.067	.113	-.011	-.085
	x45	.183	.014	.113	.067	.030	.024	-.036	.016	-.048	.028	.082	.055	-.097	-.109
	x46	.037	-.063	.110	.112	.147	.123	.073	.281	.211	-.101	.058	-.091	-.007	.112
	x47	.084	-.102	.016	-.060	-.053	-.039	-.031	-.002	.023	.186	.030	.218	-.004	-.203
	x48	.123	-.045	.032	.018	.039	-.011	.035	-.007	.049	.225	.047	.233	.005	.037
	x49	.033	.111	.136	.231	.077	.169	.171	.356	.240	-.023	.066	-.075	-.015	.151
	x50	.027	-.129	-.157	-.100	-.119	-.147	-.048	-.032	.031	.115	-.077	.158	-.090	-.214

		x30	x31	x32	x33	x34	x35	x36	x37	x38	x39	x40	x41	x42	x43	x44
相关	x1	.166	-.013	.083	.044	-.053	.139	.110	.087	-.024	-.073	-.070	.003	-.031	.045	-.064
	x2	.162	-.034	.128	.098	-.103	.223	.183	.013	-.140	-.194	-.255	-.171	-.056	.017	-.190
	x3	-.036	.099	.077	-.043	.060	-.019	-.122	.029	.162	-.039	.305	.277	.075	.001	.097
	x4	.110	.023	.156	-.053	-.076	.072	.002	.091	-.122	-.182	-.219	-.135	-.319	-.052	-.144
	x5	.085	-.129	.175	.057	-.019	.184	.127	.054	-.110	-.047	-.221	-.109	-.071	-.073	-.166
	x6	.096	.035	.037	.077	.024	.143	.028	.073	-.098	.023	-.075	-.084	.100	.034	.010
	x7	.123	-.070	.051	.004	-.043	.211	.053	.020	-.009	-.132	-.020	-.005	.112	.003	-.064
	x8	-.109	.106	.002	.015	.031	.015	-.026	.016	.062	.067	.115	.071	.132	-.005	.161
	x9	.124	.092	.149	.032	-.005	.062	-.037	.125	-.049	-.227	-.073	.019	-.037	-.021	-.149
	x10	.110	-.015	.175	-.005	.001	.163	-.054	.053	-.010	-.036	-.033	-.030	-.187	-.099	-.157
	x11	.100	.023	.093	.009	.131	.115	.117	.023	.161	.090	.241	.223	.000	.013	.032
	x12	.114	.070	.177	.217	.061	.143	.190	.095	.082	.088	.092	.080	.022	.003	.024
	x13	.167	.051	.076	.096	-.363	.268	.140	.110	.003	-.193	-.108	-.045	.019	-.017	-.137
	x14	-.061	.107	-.002	-.001	.190	-.053	-.086	.003	.264	.144	.330	.275	.138	.054	.121
	x15	.019	-.061	-.016	.066	-.007	.143	.233	.193	-.039	-.009	-.012	-.041	-.064	.033	-.045
	x16	.109	.001	-.051	-.050	.137	.055	.051	.062	.184	.109	.226	.143	.024	.047	.012
	x17	.056	-.054	.196	.149	-.054	.073	.006	.093	-.115	-.025	-.129	-.204	-.014	.053	-.080
	x18	.126	.034	.195	.244	.067	.133	.104	.123	.099	.027	-.046	-.033	.007	-.013	-.074
	x19	.103	-.006	.244	.145	-.088	.093	.208	.041	-.114	-.073	-.186	-.153	-.071	-.073	-.075
	x20	.042	-.042	.266	.105	.007	.117	.062	.111	.020	.033	-.102	.011	.035	-.035	-.094
	x21	.075	.000	.170	.191	.026	.139	.076	.061	-.173	.071	-.107	-.065	.025	-.081	-.094
	x22	.240	.002	.049	.078	-.019	.061	.129	.080	-.184	-.224	-.107	-.080	-.026	.011	-.110
	x23	.115	.013	.090	.053	-.035	.094	.167	.023	-.078	-.081	-.092	-.113	.028	-.053	-.126
	x24	.070	-.032	.067	.069	-.056	.027	.092	.006	-.081	-.035	-.105	-.021	-.011	-.019	-.117
	x25	.039	.020	.003	-.090	.233	-.043	-.197	.222	.198	-.027	.309	.275	.124	.142	.066
	x26	-.062	-.108	.163	.085	.003	.162	.053	.031	.046	-.029	.022	-.055	-.065	.013	-.067
	x27	-.054	.063	-.100	-.020	.141	-.011	-.173	.142	.323	.043	.331	.213	.072	.015	.113
	x28	.127	.041	.119	.049	-.128	.193	.039	.113	-.092	-.229	-.120	-.043	.023	.075	-.011
	x29	.227	-.034	.074	.153	-.181	.193	.252	.025	-.002	-.115	-.119	-.047	-.068	.004	-.085
	x30	1.000	.026	.064	.090	-.049	.075	.224	.143	.003	-.155	-.031	-.014	-.123	-.027	-.006
	x31	.026	1.000	.062	.073	.051	-.130	-.021	-.030	.134	.103	.109	.153	.170	.133	.116
	x32	.064	.062	1.000	.142	.027	.124	-.015	.004	-.113	-.043	-.133	-.043	-.083	-.021	-.014
	x33	.090	.073	.142	1.000	-.100	.175	.117	-.033	-.013	-.025	-.018	.003	.046	.044	.015
	x34	-.049	.051	.027	-.100	1.000	-.173	-.108	.073	.163	.273	.314	.200	.188	.113	.138
	x35	.070	-.130	.124	.175	-.173	1.000	.129	.047	-.080	-.101	-.060	-.013	.010	.003	-.116
	x36	.224	-.021	-.015	.117	-.108	.129	1.000	.063	-.018	.003	-.076	-.029	-.124	.113	-.015
	x37	.146	-.030	.004	-.033	.078	.047	.063	1.000	.181	.043	.093	.209	.043	.193	-.029
	x38	.002	.134	-.113	-.013	.163	-.003	-.010	.101	1.000	.227	.459	.362	.176	.073	.107
	x39	-.155	.100	-.040	-.026	.270	-.161	.003	.043	.327	1.000	.350	.237	.165	.051	.159
	x40	.031	.109	.133	.018	.314	.063	.076	.093	.459	.353	1.000	.413	.228	.081	.248
	x41	.014	.153	.046	.003	.200	.013	.029	.209	.362	.237	.418	1.000	.246	.104	.150
	x42	.123	.170	.083	.046	.188	.013	.124	.043	.176	.165	.228	.245	1.000	.125	.164
	x43	-.027	.130	-.021	.044	.113	.003	.116	.195	.073	.051	.081	.104	.125	1.000	.155
	x44	-.006	.116	-.014	.015	.138	-.115	-.015	-.029	.107	.159	.248	.150	.164	.155	1.000
	x45	-.116	.127	.007	.047	.218	-.103	-.071	-.095	.215	.197	.226	.105	.138	.027	.079
	x46	.174	.000	.119	.105	-.040	.062	.148	.018	-.030	.009	-.009	-.051	.004	-.015	.022
	x47	-.066	.183	.015	-.030	.119	-.064	-.071	.089	.214	.076	.268	.243	.158	.079	.227
	x48	.079	.159	-.044	.001	.040	.063	-.048	.145	.248	-.011	.206	.213	.131	.035	.072
	x49	.156	.075	.167	.137	-.034	.145	.129	.023	-.038	-.034	-.064	-.097	-.014	.003	-.108
	x50	-.134	.086	-.173	-.172	.134	-.244	-.105	.034	.207	.140	.271	.112	.081	.005	.095

		x45	x46	x47	x48	x49	x50
相关	x1	-.078	.202	-.021	.316	.157	-.399
	x2	-.153	.014	.015	.311	.180	-.110
	x3	.157	-.024	.262	.195	.018	.136
	x4	.008	.005	-.066	.315	.027	-.371
	x5	-.129	.119	-.128	.310	.217	-.393
	x6	-.070	.009	-.119	-.122	.153	-.125
	x7	.045	.127	.053	.185	.070	-.395
	x8	.075	.024	.136	.360	-.053	.370
	x9	-.091	-.007	.014	.305	.151	-.324
	x10	.077	-.013	.007	.396	.031	-.335
	x11	.108	.101	.178	.110	.124	.178
	x12	.068	.230	.066	.389	.119	.336
	x13	-.129	.075	.002	.103	.139	-.339
	x14	.246	-.073	.156	.361	-.023	.166
	x15	-.069	.118	-.031	.324	.107	-.381
	x16	.183	.037	.084	.123	.033	.327
	x17	.014	-.063	-.102	-.345	.111	-.129
	x18	.113	.110	.016	.392	.136	-.167
	x19	.067	.112	-.060	.318	.731	-.100
	x20	.060	.147	-.063	.339	.077	-.119
	x21	.024	.123	-.039	-.311	.169	-.147
	x22	-.065	.073	-.001	.335	.171	-.348
	x23	.016	.281	-.002	-.307	.356	-.332
	x24	-.048	.211	.023	.349	.240	.301
	x25	.028	-.101	.186	.225	-.023	.115
	x26	.182	.058	.030	.347	.066	-.377
	x27	.055	-.091	.218	.233	-.075	.158
	x28	-.197	-.007	-.004	.305	-.015	-.390
	x29	-.109	.112	-.203	.337	.151	-.214
	x30	-.119	.174	-.068	.379	.156	-.134
	x31	.127	.000	.183	.159	.075	.386
	x32	.007	.119	.015	-.344	.162	-.123
	x33	.047	.105	-.030	.301	.137	-.172
	x34	.218	-.040	.119	.340	-.034	.134
	x35	-.100	.062	-.064	.363	.145	-.244
	x36	-.071	.148	-.071	-.348	.129	-.105
	x37	-.090	.018	.089	.146	.023	.309
	x38	.215	-.030	.214	.240	-.030	.207
	x39	.197	.009	.076	-.311	-.034	.140
	x40	.226	.000	.268	.206	.064	.271
	x41	.105	.051	.243	.218	.097	.112
	x42	.138	.004	.156	.131	.014	.381
	x43	.027	-.015	.079	.335	.003	.306
	x44	.079	.022	.227	.372	-.108	.395
	x45	1.000	.018	.201	.371	-.067	.139
	x46	.018	1.000	.062	-.306	.281	.319
	x47	.201	.062	1.000	.298	.038	.174
	x48	.071	-.006	.298	1.000	.021	.389
	x49	-.067	.781	.038	.371	1.000	-.389
	x50	.178	.019	.174	.389	-.089	1.000

a. 行列式 = 1.613E-006

表 9-44 给出了各主成分对应的特征值(初始特征值)、占总方差的百分比(方差的%)及累积百分比(累积%)等信息。例如，第一主成分的特征值为5.614(最大)，占总方差50的百分比为5.614/50=11.227%，即第一主成分可解释总方差中 11.227%的变异。前 17 个主成分解释了总方差中 60.31%的变异。

表 9-42　KMO 和 Bartlett 的球形度检验结果

取样足够度的 Kaiser-Meyer-Olkin 度量。		.736
Bartlett 的球形度检验	近似卡方	3237.551
	df	1225
	Sig.	.000

表 9-43　公因子方差表

	初始	提取
x1	1.000	.618
x2	1.000	.559
x3	1.000	.596
x4	1.000	.636
x5	1.000	.561
x6	1.000	.620
x7	1.000	.663
x8	1.000	.631
x9	1.000	.615
x10	1.000	.575
x11	1.000	.555
x12	1.000	.612
x13	1.000	.695
x14	1.000	.575
x15	1.000	.670
x16	1.000	.603
x17	1.000	.661
x18	1.000	.500
x19	1.000	.591
x20	1.000	.663
x21	1.000	.557
x22	1.000	.649
x23	1.000	.560
x24	1.000	.538
x25	1.000	.651
x26	1.000	.581
x27	1.000	.609
x28	1.000	.533
x29	1.000	.574
x30	1.000	.642
x31	1.000	.569
x32	1.000	.666
x33	1.000	.554
x34	1.000	.629
x35	1.000	.583
x36	1.000	.556
x37	1.000	.626
x38	1.000	.595
x39	1.000	.645
x40	1.000	.618
x41	1.000	.562
x42	1.000	.629
x43	1.000	.679
x44	1.000	.517
x45	1.000	.570
x46	1.000	.627
x47	1.000	.591
x48	1.000	.625
x49	1.000	.659
x50	1.000	.562

提取方法：主成份分析。

表 9-44　各主成分方差占总方差的百分比

成份	初始特征值			提取平方和载入		
	合计	方差的 %	累积 %	合计	方差的 %	累积 %
1	5.614	11.227	11.227	5.614	11.227	11.227
2	3.500	6.999	18.227	3.500	6.999	18.227
3	2.341	4.682	22.909	2.341	4.682	22.909
4	1.840	3.680	26.589	1.840	3.680	26.589
5	1.750	3.499	30.089	1.750	3.499	30.089
6	1.603	3.206	33.295	1.603	3.206	33.295
7	1.532	3.063	36.358	1.532	3.063	36.358
8	1.445	2.891	39.249	1.445	2.891	39.249
9	1.425	2.851	42.100	1.425	2.851	42.100
10	1.341	2.681	44.781	1.341	2.681	44.781
11	1.268	2.537	47.318	1.268	2.537	47.318
12	1.177	2.355	49.673	1.177	2.355	49.673
13	1.130	2.260	51.933	1.130	2.260	51.933
14	1.083	2.166	54.099	1.083	2.166	54.099
15	1.077	2.153	56.252	1.077	2.153	56.252
16	1.023	2.045	58.297	1.023	2.045	58.297
17	1.006	2.013	60.310	1.006	2.013	60.310
18	.967	1.933	62.243			
19	.944	1.887	64.131			
20	.888	1.776	65.907			
21	.876	1.753	67.660			
22	.842	1.683	69.343			
23	.817	1.635	70.977			
24	.787	1.574	72.551			
25	.773	1.546	74.097			
26	.757	1.515	75.612			
27	.738	1.475	77.087			
28	.727	1.455	78.542			
29	.691	1.382	79.924			
30	.680	1.359	81.283			
31	.642	1.284	82.567			
32	.629	1.258	83.825			
33	.620	1.240	85.065			
34	.592	1.184	86.249			
35	.553	1.107	87.355			
36	.546	1.092	88.447			
37	.534	1.067	89.515			
38	.524	1.047	90.562			
39	.490	.980	91.542			
40	.482	.964	92.506			
41	.470	.940	93.446			
42	.442	.883	94.330			
43	.427	.855	95.184			
44	.405	.810	95.994			
45	.397	.794	96.788			
46	.361	.722	97.510			
47	.350	.699	98.209			
48	.326	.652	98.861			
49	.289	.579	99.440			
50	.280	.560	100.000			

提取方法：主成份分析。

第 50 个主成分的特征值为 0.280，远大于 0，因此，各题项变量间共线性问题似乎在本例中不存在。

第二步，查找原因，删减题项。

50 个题项的 KMO 值为 0.736，特征值大于 1 的前 17 个主成分的累积贡献率都达不到 70%(一般要求前 3 个主成分的累积贡献率达到 70%)，究竟是什么原因造成本例如此反常的结果呢？

一般而言，如果存在高度相关题项(变量相关系数绝对值大于 0.80)，则会出现共线性问题，从而影响主成分分析的结果。

表 9-41 中共有 50 个题项，相关系数表偏大，难以看清一个题项变量与其他题项变量之间相关系数的极大值和极小值。因此，我们将表 9-41 的结果删除题项变量自相关系数 1 后，整理成 SPSS 中的数据文件，并通过分析菜单中的描述统计过程，计算得到每个题项变量与其他题项变量之间相关系数的极小值和极大值，见表 9-45。

表 9-45　相关系数的极小值和极大值表

	N	极小值	极大值
x1	49	-.137	.255
x2	49	-.255	.269
x3	49	-.128	.305
x4	49	-.319	.326
x5	49	-.221	.217
x6	49	-.125	.287
x7	49	-.132	.283
x8	49	-.109	.161
x9	49	-.23	.23
x10	49	-.187	.326
x11	49	-.241	.287
x12	49	-.170	.307
x13	49	-.353	.266
x14	49	-.137	.330
x15	49	-.108	.283
x16	49	-.109	.226
x17	49	-.204	.237
x18	49	-.167	.299
x19	49	-.244	.276
x20	49	-.137	.337
x21	49	-.142	.337
x22	49	-.224	.269
x23	49	-.196	.356
x24	49	-.212	.307
x25	49	-.197	.491
x26	49	-.108	.214
x27	49	-.244	.491
x28	49	-.23	.19
x29	49	-.214	.252
x30	49	-.155	.240
x31	49	-.130	.183
x32	49	-.133	.266
x33	49	-.172	.244
x34	49	-.353	.314
x35	49	-.244	.266
x36	49	-.20	.25
x37	49	-.096	.222
x38	49	-.184	.459
x39	49	-.23	.35
x40	49	-.26	.46
x41	49	-.223	.418
x42	49	-.319	.246
x43	49	-.099	.196
x44	49	-.190	.248
x45	49	-.153	.245
x46	49	-.101	.281
x47	49	-.203	.298
x48	49	-.122	.298
x49	49	-.108	.356
x50	49	-.244	.271
有效的 N（列表状态）	0		

从表 9-45 可见，相关系数绝对值的极大值只有 0.491，由此可以排除存在高度相关题项变量的怀疑，可以认为本例中不存在行列式值接近于 0 所提示的共线性问题。

我们知道，当各题项变量间相关性较弱时，同样是无法进行降维的，因为此时只有题项变量自己代表自己。

表 9-45 显示，有大量题项变量与其他所有题项变量间相关系数的绝对值均在 0.3 以下，因此，主成分太分散的原因很可能是题项变量间相关性太弱。

为证实这一点，并展现剔除弱相关题项变量后，主成分分析的效果不但不会变差，反而可能会更好的效果，现在将某个题项变量与其他各题项变量间相关系数的绝对值小于 0.320 的值剔除。这样，50 个题项变量只剩下符合条件的 13 个：x_{13}、x_{14}、x_{20}、x_{21}、x_{23}、x_{25}、x_{27}、x_{34}、x_{38}、x_{39}、x_{40}、x_{41}、x_{49}。

返回【因子分析】对话框，在右侧【变量】框中移出剔除题项变量。

单击【继续】按钮，返回【因子分析】对话框。

单击【确定】按钮，则在输出窗口中，得到表 9-46 至表 9-51，以及图 9-23。

表 9-46 左下方显示的行列式值为 0.112，远离了 0 值，不用再怀疑题项变量间是否存在多重共线性问题了。

表 9-46　相关系数矩阵 a

		x13	x14	x20	x21	x23	x25	x27	x34	x38	x39	x40	x41	x49
相关	x13	1.000	-.001	.127	.096	.129	.000	-.034	-.353	.003	-.198	-.108	-.046	.138
	x14	-.001	1.000	-.137	-.038	-.079	.090	.134	.190	.264	.144	.330	.275	-.023
	x20	.127	-.137	1.000	.337	.162	-.001	-.061	.007	.020	.033	-.102	.011	.077
	x21	.096	-.038	.337	1.000	.159	-.100	-.126	.026	-.123	.021	-.107	-.065	.169
	x23	.129	-.079	.162	.159	1.000	-.113	-.196	-.035	-.078	-.081	-.092	-.113	.356
	x25	.000	.090	-.001	-.100	-.113	1.000	.491	.233	.198	-.027	.309	.275	-.023
	x27	-.034	.134	-.061	-.126	-.196	.491	1.000	.141	.323	.043	.331	.313	-.075
	x34	-.353	.190	.007	.026	-.035	.233	.141	1.000	.163	.278	.314	.200	-.034
	x38	.003	.264	.020	-.123	-.078	.198	.323	.163	1.000	.327	.459	.362	-.038
	x39	-.198	.144	.033	.021	-.081	-.027	.043	.278	.327	1.000	.350	.237	-.034
	x40	-.108	.330	-.102	-.107	-.092	.309	.331	.314	.459	.350	1.000	.418	-.064
	x41	-.046	.275	.011	-.065	-.113	.275	.313	.200	.362	.237	.418	1.000	-.097
	x49	.138	-.023	.077	.169	.356	-.023	-.075	-.034	-.038	-.034	-.064	-.097	1.000

a. 行列式 = .112

表 9-47 所示为 KMO 和 Bartlett 的球形度检验结果。KMO 值为 0.720，与表 9-42 中的 0.736 相差不多，仍在 0.70 以上，题项变量数足够做主成分分析。P=0.000<0.05，说明这些题项变量之间有简单线性相关关系，可以做主成分分析。

表 9-47 KMO 和 Bartlett 检验

取样足够度的 Kaiser-Meyer-Olkin 度量。		.720
Bartlett 的球形度检验	近似卡方	670.567
	df	78
	Sig.	.000

表 9-48 所示为公因子方差，其含义与表 9-43 相同。由于题项变量做了大量剔除，所以某个题项变量与所有其他题项变量之间的复相关系数的平方值也发生了变化。

我们最关注的是表 9-49。从该表可见，现在主成分已经减少为 5 个，前 5 个主成分累积贡献率为 63.221%，与表 9-44 相比，前 5 个主成分的累积贡献率是不减反增的(表 9-44 中为 30.089%)。

表 9-48　公因子方差

	初始	提取
x13	1.000	.734
x14	1.000	.445
x20	1.000	.730
x21	1.000	.573
x23	1.000	.630
x25	1.000	.757
x27	1.000	.667
x34	1.000	.688
x38	1.000	.577
x39	1.000	.616
x40	1.000	.621
x41	1.000	.494
x49	1.000	.688

提取方法：主成份分析。

表 9-49　各主成分方差占总方差的百分比

成份	初始特征值			提取平方和载入			旋转平方和载入		
	合计	方差的 %	累积 %	合计	方差的 %	累积 %	合计	方差的 %	累积 %
1	3.004	23.107	23.107	3.004	23.107	23.107	2.284	17.567	17.567
2	1.602	12.324	35.431	1.602	12.324	35.431	1.674	12.878	30.445
3	1.394	10.725	46.156	1.394	10.725	46.156	1.470	11.308	41.753
4	1.144	8.804	54.960	1.144	8.804	54.960	1.398	10.755	52.508
5	1.074	8.261	63.221	1.074	8.261	63.221	1.393	10.713	63.221
6	.865	6.654	69.875						
7	.709	5.456	75.331						
8	.632	4.860	80.191						
9	.596	4.582	84.773						
10	.579	4.452	89.225						
11	.493	3.793	93.018						
12	.477	3.672	96.690						
13	.430	3.310	100.000						

提取方法：主成份分析。

综上可知，各题项变量之间如果存在大量低度相关的情况，则会出现本例这种主成分很多且累积贡献率不高的情形，应该对相关系数很小的题项变量进行剔除或大幅修改。当题项的文字内容没能从专业角度反映出题者的意图时，就会让被调查者产生歧义，也就会出现本例的情形。

因此，问卷调查中量表部分的成型，是个漫长的过程，题项量要适中，不是越少越好，当然更不是越多越好。一张量表需要进行多次反复测试、补充、修正，才能最终成为一把“尺子”。

图 9-23 所示为碎石图，从第 5 个主成分开始，曲线趋势开始平缓，表明 13 个题项变量分 5 个主成分是较为合适的。

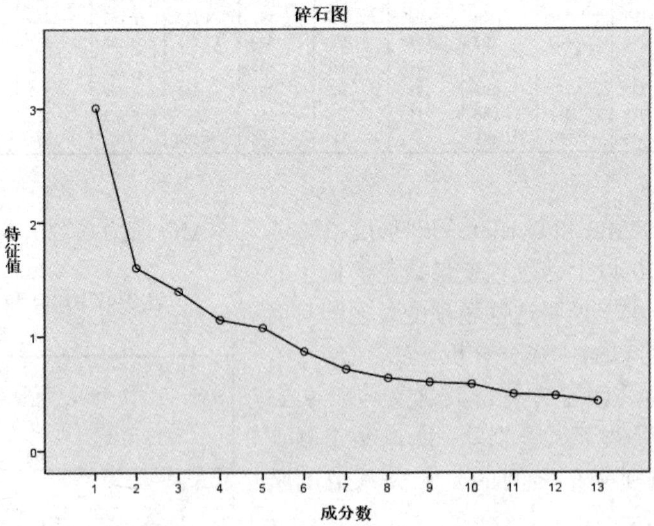

图 9-23　碎石图

表 9-50 所示为未旋转因子载荷矩阵，其中每列代表一个主成分，作为原变量线性组合的系数。同一个变量在 5 个主成分上有不同的载荷，即它与每个主成分的相关系数，相关系数越大，主成分对它的代表程度越高。

题项变量对哪个主成分起主要作用，由该题项变量在各主成分中特征向量的绝对值大小来决定。

特征向量与因子载荷之间有下述关系：

$$u_{ij}=\frac{r_{F_i x_j}}{\sqrt{\lambda_i}} \qquad (j=1,2,\cdots,p)$$

式中，$r_{F_i x_j}$ 表示因子载荷，即第 i 个变量与第 j 个主成分之间的相关系数，λ_i 为第 i 个主成分对应的特征值。

由于各主成分对应的特征值是不相同的，所以直接用载荷矩阵来确定题项变量对哪个主成分起主要作用可能不正确。因此，首先要由载荷矩阵换算得到向量矩阵，再根据对各主成分起主要作用的那些题项所代表的属性来决定对主成分的命名。

表 9-51 所示为根据上面的公式计算得到的各特征值对应的特征向量，由此，得到以下 5 个主成分：

表 9-50 未旋转因子载荷矩阵 [a]

	成分				
	1	2	3	4	5
x13	-.254	.254	.644	.306	-.312
x14	.471	.102	-.025	.459	-.019
x20	-.161	.589	.021	-.441	-.402
x21	-.244	.597	-.132	-.296	-.228
x23	-.317	.567	.015	.204	.408
x25	.520	.036	.476	-.424	.282
x27	.597	-.047	.466	-.282	.107
x34	.496	.167	-.452	-.309	.338
x38	.644	.223	.093	.248	-.206
x39	.458	.239	-.525	.146	-.227
x40	.753	.163	-.022	.160	.032
x41	.647	.167	.115	.043	-.178
x49	-.218	.556	.121	.228	.515

提取方法：主成分。

a.已提取了5个成分。

表 9-51 各特征值对应的特征向量

	第一特征向量	第二特征向量	第三特征向量	第四特征向量	第五特征向量
x13	-0.1465	0.2007	0.5454	0.2899	-0.3011
x14	0.2718	0.0806	-0.0212	0.4349	-0.0183
x20	-0.0929	0.4654	0.0178	-0.4178	-0.3879
x21	-0.1408	0.4717	-0.1118	-0.2804	-0.2200
x23	-0.1829	0.4480	0.0127	0.1933	0.3937
x25	0.3000	0.0284	0.4032	-0.4017	0.2721
x27	0.3444	-0.0371	0.3947	-0.2672	0.1032
x34	0.2862	0.1319	-0.3828	-0.2928	0.3261
x38	0.3716	0.1762	0.0788	0.2350	-0.1988
x39	0.2643	0.1888	-0.4447	0.1383	-0.2190
x40	0.4345	0.1288	-0.0186	0.1516	0.0309
x41	0.3733	0.1319	0.0974	0.0407	-0.1718
x49	-0.1258	0.4393	0.1025	0.2160	0.4969

$$\begin{aligned}F_1=&-0.1465x_{13}+0.2718x_{14}-0.0929x_{20}-0.1408x_{21}-0.1829x_{23}+0.3000x_{25}\\&+0.3444x_{27}+0.2862x_{34}+0.3716x_{38}+0.2643x_{39}+0.4345x_{40}+0.3733x_{41}\\&-0.1258x_{49}\end{aligned}$$

$$\begin{aligned}F_2=&0.2007x_{13}+0.0806x_{14}+0.4654x_{20}+0.4717x_{21}+0.4480x_{23}+0.0284x_{25}\\&-0.0371x_{27}+0.1319x_{34}+0.1762x_{38}+0.1888x_{39}+0.1288x_{40}+0.1319x_{41}\\&+0.4393x_{49}\end{aligned}$$

$$\begin{aligned}F_3=&0.5454x_{13}-0.0212x_{14}+0.0178x_{20}-0.1118x_{21}+0.0127x_{23}+0.4032x_{25}\\&+0.3947x_{27}-0.3828x_{34}+0.0788x_{38}-0.4447x_{39}-0.0186x_{40}+0.0974x_{41}\\&+0.1025x_{49}\end{aligned}$$

$$\begin{aligned}F_4=&0.2899x_{13}+0.4349x_{14}-0.4178x_{20}-0.2804x_{21}+0.1933x_{23}-0.4017x_{25}\\&-0.2672x_{27}-0.2928x_{34}+0.2350x_{38}+0.1383x_{39}+0.1516x_{40}+0.0407x_{41}\\&+0.2160x_{49}\end{aligned}$$

$$
\begin{aligned}
F_5 = &-0.3011x_{13} - 0.0183x_{14} - 0.3879x_{20} - 0.2200x_{21} + 0.3937x_{23} + 0.2721x_{25} \\
&+ 0.1032x_{27} + 0.3261x_{34} - 0.1988x_{38} - 0.2190x_{39} + 0.0309x_{40} - 0.1718x_{41} \\
&+ 0.4969x_{49}
\end{aligned}
$$

在第 1 主成分上，x_{38}，x_{40}，x_{41} 的绝对值较大，因此，可以根据这些题项内容的共性来命名第 1 主成分。

在第 2 主成分上，x_{20}，x_{21}，x_{23} 的绝对值较大，同样可以根据这些题项内容的共性来命名第 2 主成分。

在第 3 主成分上，x_{13}，x_{25}，x_{27}，x_{34}，x_{39} 的绝对值较大，可以根据这些题项内容的共性来命名第 3 主成分。

在第 4 主成分上，x_{14} 的绝对值较大，可以根据该题项内容属性来命名第 4 主成分。

在第 5 主成分上，x_{49} 的绝对值较大，可以根据该题项内容属性来命名第 5 主成分。

在第 4、5 主成分上，虽然有些题项变量的绝对值也不小，但它们在其他主成分上的绝对值更大，因此，该题项已用来解释其他主成分了，在第 4、5 主成分上就不是主要的题项变量了。

通过本例的分析可以看到，主成分分析将运动员意志品质归到 5 个主成分时，不但题项量大减，而且影响各主成分的题项本身已发生根本性变化，前 5 个特征值大于 1 的主成分的累积贡献率不到 65%，因此，这张量表需要对原相关性不高的题项做大量修改或补充新题项。

9.5 对 应 分 析

在一次计算中，同时对列变量进行 R 型主成分（因子）分析，对行变量进行 Q 型主成分（因子）分析的统计方法称为对应分析，也称为相应分析。它最早由 M.W.Richardson 和 G.F.Kuder 于 1933 年提出，随后法国统计学家 J.P.Beozecri 和日本统计学家林知己夫对对应分析的理论和方法进行了更加深入的研究，并推广应用到不同类型的数据资料中。

对应分析不但可以分析尺度变量的数据，还可以分析名义变量的数据，因此，它在问卷调查中也有广泛的应用。

9.5.1 对应分析的基本原理

两个多选一的分类（有序）题项，可以组成一个基本的二维列联表，假设题项 A 有 r 个选项，$A_1, A_2, \cdots, A_r$，题项 B 有 c 个选项，$B_1, B_2, \cdots, B_c$，n 个被调查者中既选择 A_i 又选择 B_j 的有 n_{ij} 个，则可以得到一张二维 $r \times c$ 列联表，见表 9-52。

其中，

$$n_{i+} = \sum_{j=1}^{c} n_{ij} \quad (i = 1, 2, \cdots, r)$$

$$n_{+j} = \sum_{i=1}^{r} n_{ij} \quad (j = 1, 2, \cdots, c)$$

$$n = \sum_{i=1}^{r} n_{i+} = \sum_{j=1}^{c} n_{+j}$$

由此，很容易得到与表 9-52 对应的二维概率列联表，见表 9-53。其中，p_{11} 为被调查者既选择 A_1 又选择 B_1 的概率；p_{1+} 为被调查者选择 A_1 的概率；其余类推。

表 9-52　二维 $r \times c$ 列联表

		题项 B				合计
		B_1	B_2	…	B_c	
题项 A	A_1	n_{11}	n_{12}	…	n_{1c}	n_{1+}
	A_2	n_{21}	n_{22}	…	n_{2c}	n_{2+}
	⋮	⋮	⋮	⋮	⋮	
	A_r	n_{r1}	n_{r2}	…	n_{rc}	n_{r+}
合计		n_{+1}	n_{+2}	…	n_{+c}	n

表 9-53　二维概率列联表

		题项 B				合计
		B_1	B_2	…	B_c	
题项 A	A_1	p_{11}	p_{12}	…	p_{1c}	p_{1+}
	A_2	p_{21}	p_{22}	…	p_{2c}	p_{2+}
	⋮	⋮	⋮	⋮	⋮	
	A_r	p_{r1}	p_{r2}	…	p_{rc}	p_{r+}
合计		p_{+1}	p_{+2}	…	p_{+c}	1

显然，被调查者在已知选择 A_i 的条件下，又选择 B_j 的条件概率为 p_{ij}/p_{i+}。因此，c 维的行向量为

$$\left(\frac{p_{i1}}{p_{i+}},\frac{p_{i2}}{p_{i+}},\cdots,\frac{p_{ic}}{p_{i+}}\right)$$

该 c 维行向量含有题项 A 与题项 B 的相关程度的信息。

如果引入欧氏距离来刻画题项 A 的两个选项间的相对关系，则此时题项 A 的任意两个选项点 K 和 L 之间的加权欧氏距离为

$$D^2(K,L)=\sum_{j=1}^{p}\left(\frac{p_{Kj}}{p_{k+}}-\frac{p_{Lj}}{p_{L+}}\right)^2\cdot\frac{1}{p_{+j}}=\sum_{j=1}^{p}\left(\frac{p_{Kj}}{p_{k+}\sqrt{p_{+j}}}-\frac{p_{Lj}}{p_{L+}\sqrt{p_{+j}}}\right)^2$$

这相当于坐标为

$$\left(\frac{p_{i1}}{p_{i+}\sqrt{p_{+1}}},\frac{p_{i2}}{p_{i+}\sqrt{p_{+2}}},\cdots,\frac{p_{ic}}{p_{i+}\sqrt{p_{+c}}}\right)\qquad(i=1,2,\cdots,r)$$

的 r 个点中任意两个样品点 K 和 L 之间的欧氏距离。

于是，可以构造$r \times c$阶矩阵：

$$\begin{bmatrix} \frac{p_{11}}{p_{1+}\sqrt{p_{+1}}} & \frac{p_{12}}{p_{1+}\sqrt{p_{+2}}} & \cdots & \frac{p_{1c}}{p_{1+}\sqrt{p_{+c}}} \\ \frac{p_{21}}{p_{2+}\sqrt{p_{+1}}} & \frac{p_{22}}{p_{2+}\sqrt{p_{+2}}} & \cdots & \frac{p_{2c}}{p_{2+}\sqrt{p_{+c}}} \\ \vdots & \vdots & \ddots & \vdots \\ \frac{p_{r1}}{p_{r+}\sqrt{p_{+1}}} & \frac{p_{r2}}{p_{r+}\sqrt{p_{+2}}} & \cdots & \frac{p_{rc}}{p_{r+}\sqrt{p_{+c}}} \end{bmatrix}$$

同样，将题项的c个选项看成r维空间的点，则c个选项点为$\left(\frac{p_{1j}}{p_{+j}},\frac{p_{2j}}{p_{+j}},\cdots,\frac{p_{rj}}{p_{+j}}\right)$ $(j=1,2,\cdots,c)$。此时两个选项i和j之间的加权欧氏距离为

$$D^2(i,j)=\sum_{k=1}^{n}\left(\frac{p_{ki}}{p_{+i}\sqrt{p_{k+}}}-\frac{p_{kj}}{p_{+j}\sqrt{p_{k+}}}\right)^2$$

这相当于c个点的坐标为

$$\left(\frac{p_{1j}}{p_{+j}\sqrt{p_{k+}}},\frac{p_{2j}}{p_{+j}\sqrt{p_{k+}}},\cdots,\frac{p_{rj}}{p_{+j}\sqrt{p_{k+}}}\right) \qquad (i=1,2,\cdots,c)$$

令

$$z_{\alpha i}=\frac{p_{\alpha i}-p_{+i}p_{\alpha +}}{\sqrt{p_{+i}p_{\alpha +}}} \quad (i=1,2,\cdots,c; \quad \alpha=1,2,\cdots,r)$$

则理论上可证，题项A的协差阵为$\boldsymbol{X}=\boldsymbol{ZZ'}$，题项$\boldsymbol{B}$的协差阵为$\boldsymbol{Y}=\boldsymbol{Z'Z}$，两者间明显存在简单的对应关系，并且将原始数据$n_{ij}$变成$z_{ij}$后，$z_{ij}$对于$i,j$是对称的，也就是$z_{ij}$对题项$B$和题项$A$具有对等性。

根据线性代数中的相关定理可知，$\boldsymbol{X}$与$\boldsymbol{Y}$的非零特征值相同。假定$\boldsymbol{Z'Z}$的特征向量为$\boldsymbol{U}$，那么，$\boldsymbol{ZU}$就是$\boldsymbol{ZZ'}$的特征向量。而如果$\boldsymbol{V}$是$\boldsymbol{ZZ'}$的特征向量，则$\boldsymbol{Z'V}$是$\boldsymbol{Z'Z}$的特征向量。

因此，从题项B的选项的因子分析出发，可以直接获得题项A的选项的因子分析结果，此外，它还可以把两者的坐标点同时反映在同一个因子轴所确定的平面上，从而根据接近程度，将两个题项中的选项一起考虑进行分类。

9.5.2 对应分析的实例分析

例 9.8 为了解公司员工的职位与吸烟程度之间的关系，对某公司的 181 名员工进行问卷调查，问题如下。

1. 你的职位：（ ）。

(1)秘书

(2)资浅员工(工作 10 年以下的员工)

(3)资深员工(工作 10 年及以上的员工)

(4)资浅经理(在经理岗位不到 5 年)

(5)资深经理(在经理岗位 5 年及以上)

2. 你吸烟的程度：(　　)。

(1) 不吸

(2) 轻度吸烟(每天吸烟数不超过 5 支)

(3) 中度吸烟(每天吸烟数在 5～10 支之间)

(4) 重度吸烟(每天吸烟数在 10 支及以上)

收集的问卷调查数据存放在文件 data09-02.sav 中。

在 SPSS 中进行对应分析的操作步骤如下：

在数据编辑窗口中，打开文件 data09-02.sav。

按【分析→降维→对应分析】顺序，打开【对应分析】对话框，见图 9-24。

图 9-24 【对应分析】对话框

在左侧源变量框中将变量“职位”移入右侧【行】框中，将变量“吸烟程度”移入右侧【列】框中。

单击【行】框下的【定义范围】按钮，弹出【对应分析：定义行范围】选项卡，见图 9-25。在【行变量的分类全距：职位】栏的【最小值】文本框中输入 1，在【最大值】文本框中输入 5。单击【继续】按钮，返回【对应分析】对话框。

单击【列】框下的【定义范围】按钮，弹出【对应分析：定义列范围】选项卡，见图 9-26。在【列变量的分类全距：吸烟程度】栏的【最小值】文本框中输入 1，在【最大值】文本框中输入 4。

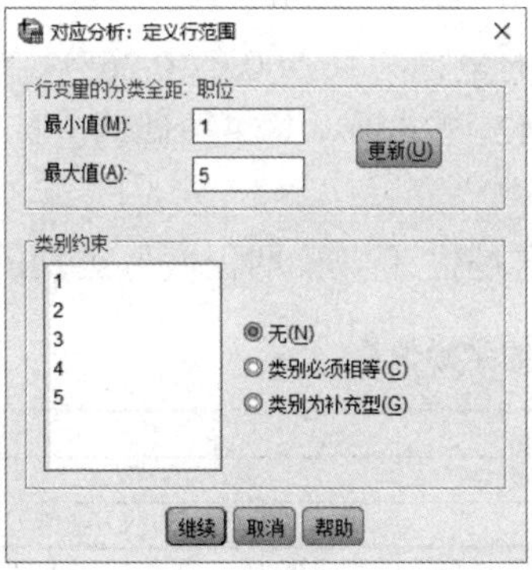

图 9-25 【对应分析：定义行范围】选项卡

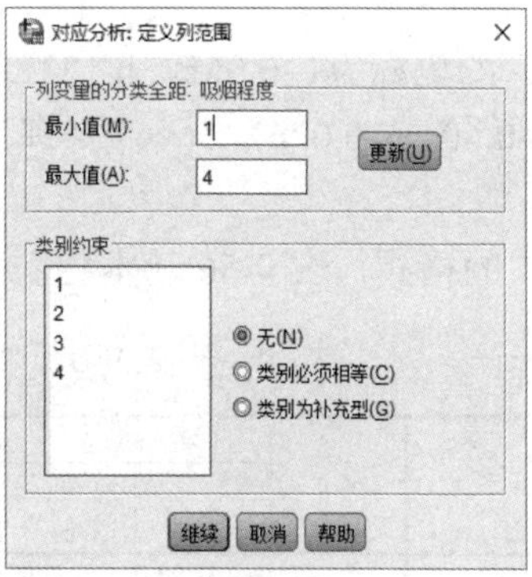

图 9-26 【对应分析：定义列范围】选项卡

单击【继续】按钮，返回【对应分析】对话框。其他保持系统默认选项即可。

单击【确定】按钮，则在输出窗口中得到表 9-54 至表 9-57，以及图 9-27。

表 9-54　对应表

职位	吸烟程度				
	不吸	轻度吸烟	中度吸烟	重度吸烟	有效边际
秘书	10	6	1	1	18
资浅员工	18	24	33	13	88
资深员工	25	10	10	4	49
资浅经理	3	3	1	6	13
资深经理	6	2	3	2	13
有效边际	62	45	48	26	181

表 9-55　汇总表

维数	奇异值	惯量	卡方	Sig.	惯量比例		置信奇异值	
					解释	累积	标准差	相关 2
1	.340	.116			.602	.602	.068	.137
2	.256	.066			.341	.944	.089	
3	.104	.011			.056	1.000		
总计		.192	34.831	.000[a]	1.000	1.000		

a. 12 自由度

表 9-54 所示为数据文件中包含的原始数据信息及其边际和(有效边际)。它可与原始资料做对比，以确认数据录入的正确性。

表 9-55 中，第一个维度的惯量值为 0.116、奇异值为 0.340；第二个维度的惯量值为 0.066、奇异值为 0.256，它们分别解释了总信息量 60.2%和 34.1%的信息，前两个维度累积解释了总信息量 94.3%的信息。因此，二维图形完全可以表示两个题项间的信息。

列联表行列独立性的卡方检验结果为 $\chi^2 = 34.831$，P=0.000<0.05，它表明列联表的行列之间有较强的相关性。

表 9-56 中，左侧第 1 列为“职位”变量的 5 个取值类别；第 2 列为其质量值，也就是被调查者在“职位”变量的每个类别所占的百分比；第 3 列为每个类别在两个维度中的坐标值；第 4 列为每个类别的惯量值；第 5 列为每个类别对各个维度的贡献，包括职位点对维度惯量的贡献和维度对职位点惯量的贡献两种。

表 9-56 “职位”类别的坐标值[a]

职位	质量	维中的得分		惯量	贡献				
					点对维惯量		维对点惯量		
		1	2		1	2	1	2	总计
秘书	.099	-.965	.123	.038	.272	.006	.832	.010	.842
资浅员工	.486	.500	-.265	.050	.357	.133	.821	.174	.995
资深员工	.271	-.601	-.076	.035	.287	.006	.939	.011	.951
资浅经理	.072	.542	1.739	.063	.062	.847	.114	.886	1.000
资深经理	.072	-.323	.170	.006	.022	.008	.430	.090	.519
有效总计	1.000			.192	1.000	1.000			

a. 对称标准化

“秘书”的坐标为(–0.965，0.123)，“资浅员工”的坐标为(0.500，–0.265)，“资深员工”的坐标为(–0.601，–0.076)，“资浅经理”的坐标为(0.542，1.739)，资深经理的坐标为(–0.323，0.170)。

表 9-57 的格式与表 9-56 基本相同，不同的是，它是描述“吸烟程度”类别的。

表 9-57 “吸烟程度”类别的坐标值[a]

吸烟程度	质量	维中的得分		惯量	贡献				
					点对维惯量		维对点惯量		
		1	2		1	2	1	2	总计
不吸	.343	-.758	.050	.068	.578	.003	.985	.003	.988
轻度吸烟	.249	.077	-.071	.009	.004	.005	.056	.036	.092
中度吸烟	.265	.556	-.579	.052	.241	.347	.534	.436	.970
重度吸烟	.144	.648	1.073	.063	.177	.645	.324	.670	.994
有效总计	1.000			.192	1.000	1.000			

a. 对称标准化

“不吸”的坐标为(–0.758，0.050)，“轻度吸烟”的坐标为(0.077，–0.071)，“中度吸烟”的坐标为(0.556，–0.579)，“重度吸烟”的坐标为(0.648，1.073)。

将上述两个题项各类别的坐标值重叠在一个平面直角坐标系中，则得到图 9-27 所示的对应分析图。

从该图中可以清晰地看到，员工可分成 4 类：不吸烟的秘书、资深员工；轻度吸烟的资深经理；中度吸烟的资浅员工；重度吸烟的资浅经理。

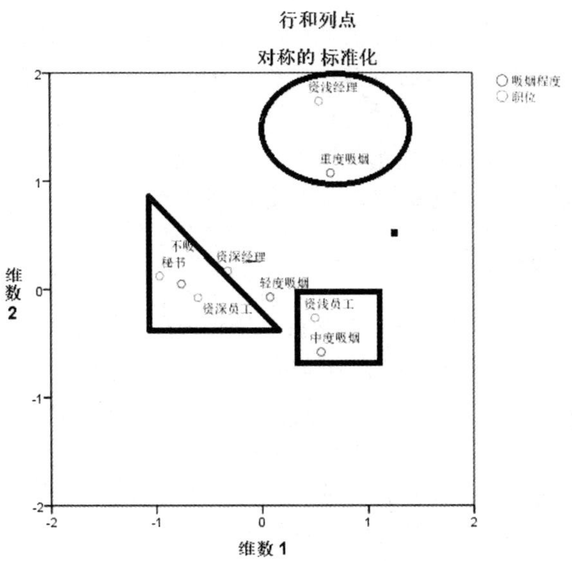

图 9-27　对应分析图

9.6　回 归 分 析

9.6.1　回归分析概述

早在 1886 年，在 Galton 有关人类遗传的文献中就出现了回归(Regression)这一术语。他发现了“高个子的先代会有高个子的后代，但后代的增高并不与先代的增高等量”这一现象，并称其为“向平常高度回归”。

这里所说的回归，已远非 Galton 的原意，它指的是确定两种或两种以上变量间相互依赖的定量关系的一种统计分析方法。所以，回归分析的目的就是寻找一组随机变量与另一组随机变量的统计依赖关系。回归分析包括线性回归分析和非线性回归分析(曲线回归)两种。

因变量和自变量都为一个的回归分析称为一元回归分析。

因变量和自变量都为多个的回归分析称为多元多重回归分析。

因变量为一个且自变量为多个的回归分析称为多元回归分析。

9.6.2　多元线性回归分析

研究因变量 y 与多个自变量 $x_1,x_2,\cdots,x_p$ 之间线性关系的回归分析称为**多元线性回归分析**。

y 关于 $x_1,x_2,\cdots,x_p$ 的 p 元线性回归模型为

$$y=\beta_0+\beta_1x_1+\beta_2x_2+\cdots+\beta_px_p$$

式中，β_0 为回归常数，$\beta_1,\beta_2,\cdots,\beta_p$ 为偏回归系数。

多元线性回归分析的基本原理和基本计算过程与一元线性回归分析的相同，最佳回归模型参数同样可以用最小二乘法来估计。

多元线性回归分析的条件：对于自变量的每个值，因变量的分布必须是正态的；对于自变量的所有值，因变量分布的方差必须是恒定的；因变量和每个自变量之间的关系应是线性的，且所有观察值应是独立的。

因变量应是从正态分布总体中随机抽取的一个等间隔或尺度变量，自变量一般应是等间隔或尺度变量，也可以是二分变量，又称为哑元变量。

9.6.3 多元线性回归分析实例

例 9.9 在数据文件 data04-03 中，以变量“乐趣测度”“能力测度”“动机测度”“性别”“父母受教育程度”为自变量来预测数学测验成绩。

在 SPSS 中的具体操作步骤如下。

在 SPSS 数据编辑窗口中，打开文件 data04-03。

按【分析→回归→线性】顺序，打开【线性回归】对话框，见图 9-28。在左侧源变量框中，选择变量“数学测验成绩”并将其移入右侧【因变量】框，选择变量“乐趣测度”“能力测度”“动机测度”“性别”“父母受教育程度”并将其移入右侧【自变量】框。

在【方法】下拉列表中选择【逐步】回归法。一般不选择系统默认的【进入】回归法，因为该法会强制性地将选择的自变量全部送入模型，但又不能保证所选择的自变量都是显著的。

目前，在多元线性回归分析中使用最多的是逐步回归法。所谓逐步回归法，是一种“有进有出”的算法，每步将进行方差分析时概率值最小且小于临界值的自变量选入回归模型，并将引入新变量后，进行方差分析时概率值大于临界值的变量移出回归模型；如果不再有变量符合选入或移出的条件，则算法终止。

单击【统计量】按钮，打开【线性回归：统计量】选项卡，见图 9-29。在【回归系数】框中选择【估计】选项，并选择【模型拟合度】和【共线性诊断】选项。

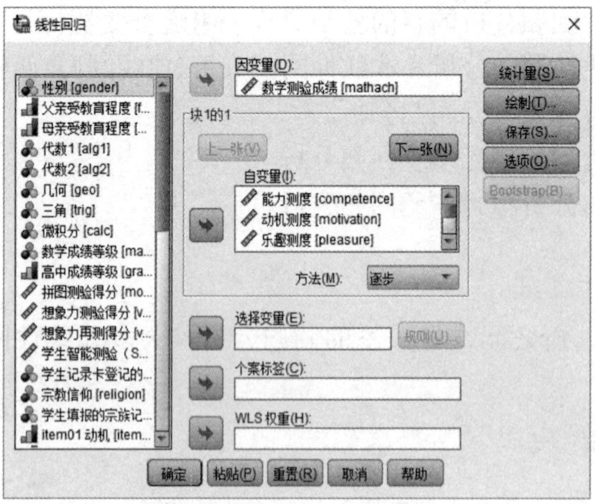

图 9-28 【线性回归】对话框

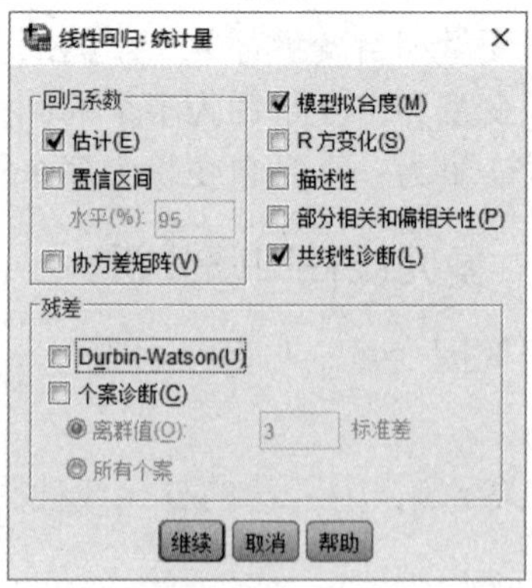

图 9-29 【线性回归：统计量】选项卡

单击【继续】按钮，返回【线性回归】对话框。

单击【确定】按钮，则在输出窗口中得到表 9-58 至表 9-61。

从表 9-58 中的“模型 4”及表下注释 d 可知，在回归模型中，自变量为“高中成绩等级”

“性别”“动机测度”“父母受教育程度”，“R 方”为 0.458，说明因变量方差的 45.8%能用自变量解释。

表 9-58 模型汇总表

模型	R	R 方	调整 R 方	标准 估计的误差
1	.502[a]	.252	.242	5.95596
2	.620[b]	.385	.367	5.44163
3	.652[c]	.424	.399	5.30299
4	.677[d]	.458	.425	5.18352

a. 预测变量: (常量), 高中成绩等级。

b. 预测变量: (常量), 高中成绩等级, 性别。

c. 预测变量: (常量), 高中成绩等级, 性别, 动机测度。

d. 预测变量: (常量), 高中成绩等级, 性别, 动机测度, 父母受教育程度。

表 9-59 方差分析表[a]

模型		平方和	df	均方	F	Sig.
1	回归	826.127	1	826.127	23.289	.000[b]
	残差	2447.667	69	35.473		
	总计	3273.794	70			
2	回归	1260.221	2	630.111	21.279	.000[c]
	残差	2013.572	68	29.611		
	总计	3273.794	70			
3	回归	1389.637	3	463.212	16.472	.000[d]
	残差	1884.157	67	28.122		
	总计	3273.794	70			
4	回归	1500.446	4	375.111	13.961	.000[e]
	残差	1773.348	66	26.869		
	总计	3273.794	70			

a. 因变量: 数学测验成绩

b. 预测变量: (常量), 高中成绩等级。

c. 预测变量: (常量), 高中成绩等级, 性别。

d. 预测变量: (常量), 高中成绩等级, 性别, 动机测度。

e. 预测变量: (常量), 高中成绩等级, 性别, 动机测度, 父母受教育程度。

从表 9-59 中的“模型 4”可见，P=0.000<0.05，说明这 4 个自变量的线性组合能显著地预测因变量“数学测验成绩”。

表 9-60 给出了各预测变量的回归系数，由于采用的是逐步回归法，所以，留在模型中的自变量的回归系数均不为 0，且有显著性意义（P 均小于 0.05）。

“共线性统计量容差”的最小值为 0.810，大于$1-R^2=1-0.458=0.542$，所以，各自变量不存在多重共线性问题。

从“标准系数试用版”（应为 β）来看，“高中成绩等级”前面的回归系数值最大，为 0.453，暗示“高中成绩等级”值越大，对预测数学成绩贡献越大。另外，“动机测度”与“父母受教育程度”值越大，对预测数学成绩贡献也越大。

表 9-61 也是用来诊断变量的多重共线性的，从“条件索引“（指数）来看，其最大值为 15.042，远小于 30，说明自变量间没有多重共线性的迹象。

表 9-60 回归系数表[a]

模型		非标准化系数		标准系数	t	Sig.	共线性统计量	
		B	标准 误差	试用版			容差	VIF
1	(常量)	.361	2.642		.137	.892		
	高中成绩等级	2.159	.447	.502	4.826	.000	1.000	1.000
2	(常量)	1.948	2.449		.795	.429		
	高中成绩等级	2.350	.412	.547	5.707	.000	.985	1.015
	性别	-4.994	1.304	-.367	-3.829	.000	.985	1.015
3	(常量)	-4.046	3.675		-1.101	.275		
	高中成绩等级	2.252	.404	.524	5.575	.000	.973	1.028
	性别	-4.372	1.304	-.321	-3.353	.001	.937	1.068
	动机测度	2.163	1.008	.205	2.145	.036	.944	1.060
4	(常量)	-5.462	3.659		-1.493	.140		
	高中成绩等级	1.947	.423	.453	4.608	.000	.849	1.177
	性别	-3.518	1.342	-.258	-2.621	.011	.845	1.184
	动机测度	2.158	.985	.204	2.190	.032	.944	1.060
	父母受教育程度	.627	.309	.204	2.031	.046	.810	1.234

a. 因变量: 数学测验成绩

表 9-61 共线性诊断表[a]

模型	维数	特征值	条件索引	方差比例				
				(常量)	高中成绩等级	性别	动机测度	父母受教育程度
1	1	1.964	1.000	.02	.02			
	2	.036	7.340	.98	.98			
2	1	2.620	1.000	.01	.01	.05		
	2	.343	2.762	.03	.03	.95		
	3	.036	8.482	.96	.96	.00		
3	1	3.528	1.000	.00	.01	.02	.00	
	2	.399	2.975	.00	.01	.87	.01	
	3	.054	8.069	.02	.83	.04	.26	
	4	.019	13.517	.98	.16	.07	.72	
4	1	4.329	1.000	.00	.00	.01	.00	.01
	2	.476	3.016	.00	.00	.65	.00	.06
	3	.126	5.861	.02	.01	.17	.09	.79
	4	.050	9.319	.01	.89	.09	.18	.13
	5	.019	15.042	.97	.10	.08	.72	.01

a. 因变量: 数学测验成绩

因此，预测模型为

$$y=-5.462+1.947\times 高中成绩等级-3.518\times 性别+2.158\times 动机测度 \\ +0.627\times 父母受教育程度$$

9.7 Logistic 回归分析

9.7.1 Logistic 回归分析概述

当用多个自变量对名义测度的因变量做回归分析时，就不能用多元线性回归方法分析了，而要用 Logistic 回归分析方法。

根据因变量类别的多少，可将Logistic回归分析分为二元Logistic回归分析和多元Logistic回归分析两种。当因变量为二分变量时，应使用二元 Logistic 回归分析；而当因变量是两类以上的分类变量时，应使用多元 Logistic 回归分析。

Logistic 回归分析的条件：观察是独立的且自变量必须与因变量的对数呈线性关系，大样本，自变量间无多重共线性。

9.7.2 二元 Logistic 回归分析

如果因变量是二分变量，那么自变量可以是尺度变量或分类变量；如果自变量是多分类变量，则要预先处理成 0-1 型的哑元变量或使用二元 Logistic 回归分析过程中的指示符进行编码(【分类】选项可对分类变量自动进行重新编码)。

1. 模型

设因变量 Y 仅分为两类，分别用 0 和 1 表示，此时所要研究的对象为 $p=P(Y=1)$。

设有 k 个因素(题项) $x_1,x_2,\cdots,x_k$ 影响 Y 的取值，则 Logistic 线性回归模型为

$$\ln\frac{p}{1-p}=\beta_0+\beta_1x_1+\cdots+\beta_kx_k$$

式中，$\beta_0,\beta_1,\cdots,\beta_k$ 是待估的未知参数。

由此可得，

$$\frac{p}{1-p}=\mathrm{e}^{\beta_0+\beta_1x_1+\cdots+\beta_kx_k}$$

式中，$\dfrac{p}{1-p}$ 称为优势比。所以，p 的计算公式为

$$p=\frac{\mathrm{e}^{\beta_0+\beta_1x_1+\cdots+\beta_kx_k}}{1+\mathrm{e}^{\beta_0+\beta_1x_1+\cdots+\beta_kx_k}}$$

在上述待估参数能估计的前提下，就可计算得到 p 的值。

2. 参数估计

设 y 是 0-1 型二分变量，$x_1,x_2,\cdots,x_k$ 是与 y 相关的可以通过问卷调查获得应答的变量(题项)，调查 n 位被调查者得到的应答数据为 $(x_{i1},x_{i2},\cdots,x_{ik};y_i)$ $(i=1,2,\cdots,n)$，则 y_i 与 $x_{i1},x_{i2},\cdots,x_{ik}$ 的关系可以表达为

$$E(y_i)=p_i=\beta_0+\beta_1x_{i1}+\cdots+\beta_kx_{ik}$$

对于 Logistic 回归模型

$$f(p_i)=\frac{e^{p_i}}{1+e^{p_i}}=\frac{e^{\beta_0+\beta_1 x_{i1}+\cdots+\beta_k x_{ik}}}{1+e^{\beta_0+\beta_1 x_{i1}+\cdots+\beta_k x_{ik}}}$$

y_i 的概率函数为

$$P(y_i)=f(p_i)^{y_i}[1-f(p_i)]^{1-y_i}$$

式中，$y_i=0,1;\ i=1,2,\cdots,n$。

那么 $y_1,y_2,\cdots,y_n$ 的似然函数为

$$l=\prod_{i=1}^{n}P(y_i)=\prod_{i=1}^{n}f(p_i)^{y_i}[1-f(p_i)]^{1-y_i}$$

故其自然对数函数为

$$L=\ln(l)=\sum_{i=1}^{n}\{y_i\ln f(p_i)+(1-y_i)\ln[1-f(p_i)]\}$$

即
$$L=\ln(l)=\sum_{i=1}^{n}\left[y_i(\beta_0+\beta_1 x_{i1}+\cdots+\beta_k x_{ik})-\ln\left(1+e^{(\beta_0+\beta_1 x_{i1}+\cdots+\beta_k x_{ik})}\right)\right]$$

在计算机上通过迭代算法，就可获得 $\beta_0,\beta_1,\cdots,\beta_k$ 的最大似然估计值 $\hat{\beta}_0,\hat{\beta}_1,\cdots,\hat{\beta}_k$。

3. 回归系数检验

一个变量若要包含在模型中，则它的回归系数应是显著的，故须对模型中变量的回归系数进行显著性检验。

检验变量回归系数的显著性时，原假设为

$$H_0:\beta_i=0\quad(i=1,2,\cdots,k)$$

备择假设为
$$H_1:\beta_i\neq 0$$

在原假设为真时，检验用的统计量为

$$\text{Wald}_i=\frac{\hat{\beta}_i^2}{\text{Var}(\hat{\beta}_i)}\sim\chi^2(k)$$

当 $P<0.05$ 时，拒绝原假设，认为该变量对预测因变量的变化是起作用的。

4. 模型显著性检验

模型的显著性检验通常采用拟合优度检验，拟合效果通常采用如表 9-62 所示的因变量分类表来反映。

表 9-62　因变量分类表

		预测值		
		0	1	正确分类比例
应答值	0	n_{00}	n_{01}	f_0
	1	n_{10}	n_{11}	f_1
	总计			f

表中，n_{ij}（$i=0,1;j=0,1$）表示样本中因变量应答值为 i 且而预测值为 j 的样本数。

正确分类的比例可用下面的公式来计算：

$$f_0=\frac{n_{00}}{n_{00}+n_{01}}\times 100\%$$

$$f_1=\frac{n_{11}}{n_{10}+n_{11}}\times 100\%$$

$$f=\frac{n_{00}+n_{11}}{n_{00}+n_{01}+n_{10}+n_{11}}\times 100\%$$

拟合优度检验的统计量为

$$\sum_{i=1}^{n}\frac{w_i(y_i-\hat{\pi}_i)^2}{\hat{\pi}_i(1-\hat{\pi}_i)}$$

式中，n 为总的样本量，w_i 为第 i 个样本的权重，y_i 为二分因变量第 i 个样本的观察值，$\hat{\pi}_i=f(p_i)$ 为第 i 个样本的 Logistic 回归分析的预测概率。

9.7.3 二元 Logistic 回归分析实例

例 9.10 为研究冠心病与高血压史、高血压家族史、吸烟、高血脂史、动物脂肪摄入量、A 型性格等之间的关系，研究人员用问卷调查的方式取得 26 名冠心病患者和 28 名非冠心病患者的调查资料，存放在数据文件 data09-03.sav 中，现用二元 Logistic 回归分析对冠心病发病率进行研究。数据文件中变量 x_1～x_7 的中文名见数据文件变量标签中的说明。

在 SPSS 中进行二元 Logistic 回归分析的操作步骤如下。

在 SPSS 的数据编辑窗口中，打开文件 data09-03.sav。

按【分析→回归→二元 Logistic】顺序，打开【Logistic 回归】对话框，见图 9-30。在左侧源变量框中，选择“冠心病”变量并将其移入右侧【因变量】框，选择“年龄”“高血压史”“高血压家族史”“吸烟”“高血脂史”“动物脂肪摄入”“性格 A”变量并将其移入右侧【协变量】框。

注意：本例中自变量均为二分变量，如果自变量中有类别超过两类的变量，则单击【分类】按钮，在弹出的【Logistic 回归：定义分类变量】对话框中（图略），将该变量从左侧【协变量】框中选中，移入右侧【分类协变量】框，其他选项保持系统默认值。在做好这一步的设定工作之后，就不需要事先对多分类变量一一设定哑元变量了，程序会自动完成这一工作，并且在输出窗口中可看到程序自动重新编码的结果。

单击【方法】按钮，在其下拉列表中选择【向后：Wald】选项，即选择逐步移出算法。将所有自变量一次性全部选入模型，根据 Wald 统计量，计算模型中各自变量的概率，将没有显著性且概率最大的自变量从模型中移去，直到模型中所有自变量均显著为止。

单击【选项】按钮，打开【Logistic 回归：选项】选项卡，见图 9-31。在【统计量和图】框中选择【exp(B)的 CI】选项。

单击【继续】按钮，返回【Logistic 回归】对话框。

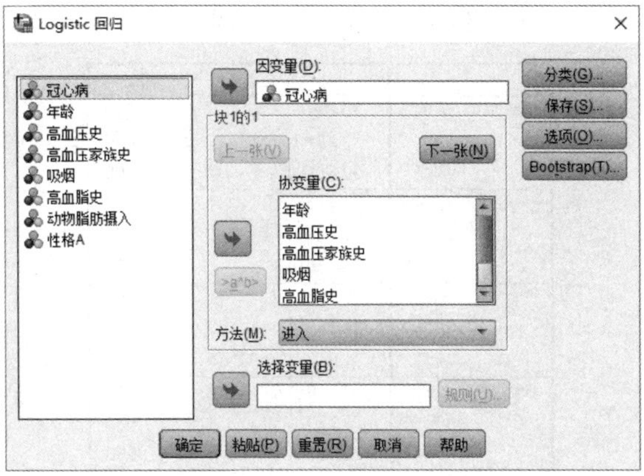

图 9-30 【Logistic 回归】对话框

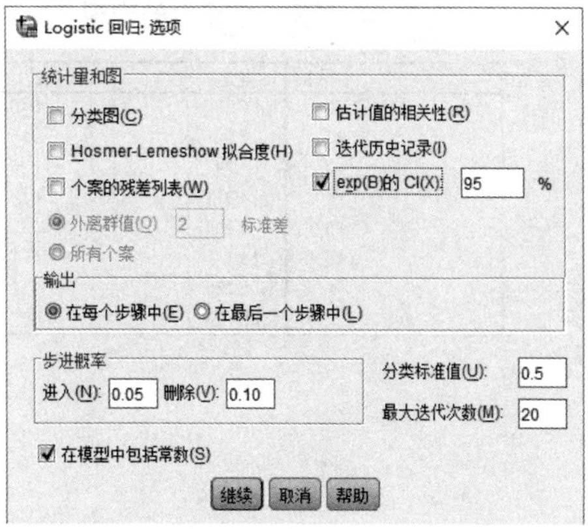

图 9-31 【Logistic 回归：选项】选项卡

单击【确定】按钮，则在输出窗口中得到 11 张表，见表 9-63 至表 9-72。

表 9-63 样品处理摘要

未加权的案例[a]		N	百分比
选定案例	包括在分析中	54	100.0
	缺失案例	0	.0
	总计	54	100.0
未选定的案例		0	.0
总计		54	100.0

a. 如果权重有效，请参见分类表以获得案例总数。

表 9-64 因变量编码

初始值	内部值
无	0
有	1

由表 9-63 可知，54 个案例都被有效地用来进行二元 Logistic 回归分析了。

表 9-64 所示为因变量的编码情况，原始值“无”被赋予初始值 0，而原始值“有”被赋予初始值 1。

表 9-65 分类表[a,b]

已观测			已预测 冠心病 无	已预测 冠心病 有	百分比校正
步骤 0	冠心病	无	28	0	100.0
		有	26	0	.0
	总计百分比				51.9

a. 模型中包括常量。

b. 切割值为 .500

表 9-66 对初始模型中参数的检验

		B	S.E,	Wald	df	Sig.	Exp (B)
步骤 0	常量	-.074	.272	.074	1	.786	.929

表 9-65 显示了在步骤 0 中的拟合情况，由此可见，对于 $y = 0$，预测的正确率为 100%；而对于 $y = 1$，预测的正确率为 0，总的预测正确率为 51.9%，也就是说，如果推测所有人都无冠心病，则正确率为 51.9%。

表 9-66 给出了步骤 0 中模型没有自变量时对其常量的估计值及其检验结果。常量为 −0.074，其标准误为 0.272，Wald 统计量为 0.074，自由度为 1，观察值的显著性水平为 0.786，说明回归模型中的常数项不显著，$e^{-0.074} = 0.929$。

表 9-67 显示了步骤 0 中最初 7 个不在方程中的变量情况，7 个变量均有显著性意义，P 值小于 0.05，这意味着，这些变量在下一步骤中将全部进入回归模型。

表 9-67　不在方程中的变量

			得分	df	Sig.
步骤 0	变量	x1	5.789	1	.016
		x2	5.968	1	.015
		x3	4.747	1	.029
		x4	4.311	1	.038
		x5	8.984	1	.003
		x6	10.117	1	.001
		x7	5.275	1	.022
	总统计量		25.774	7	.001

表 9-68　模型系数的综合检验

		卡方	df	Sig.
步骤 1	步骤	33.851	7	.000
	块	33.851	7	.000
	模型	33.851	7	.000
步骤 2[a]	步骤	-.415	1	.519
	块	33.436	6	.000
	模型	33.436	6	.000
步骤 3[a]	步骤	-1.593	1	.207
	块	31.843	5	.000
	模型	31.843	5	.000
步骤 4[a]	步骤	-2.119	1	.145
	块	29.723	4	.000
	模型	29.723	4	.000

a. 负卡方值表示卡方值已从上一步中减小。

表 9-68 中步骤 1 显示，当将 7 个自变量全部输入时整个模型显著(P=0.000)。在步骤 2 中，移去一个不显著的变量($P = 0.519$)，卡方值减少 0.415，这个被移去的变量在表 9-72 中可查到，它是 x_4(吸烟)；模型中还有 6 个剩余变量，即每个步骤中，移去一个最不显著的变量。到步骤 4，移去一个变量 x_5(高血脂史)后，模型中再没有需要移去的变量。

表 9-69　模型汇总

步骤	-2 对数似然值	Cox & Snell R 方	Nagelkerke R 方
1	40.934[a]	.466	.621
2	41.350[a]	.462	.616
3	42.943[a]	.445	.594
4	45.062[a]	.423	.565

a. 因为参数估计的更改范围小于 .001，所以估计在迭代次数 6 处终止。

表 9-70　分类表[a]

已观测			已预测 冠心病 无	冠心病 有	百分比校正
步骤 1	冠心病	无	23	5	82.1
		有	5	21	80.8
	总计百分比				81.5
步骤 2	冠心病	无	23	5	82.1
		有	5	21	80.8
	总计百分比				81.5
步骤 3	冠心病	无	24	4	85.7
		有	5	21	80.8
	总计百分比				83.3
步骤 4	冠心病	无	24	4	85.7
		有	4	22	84.6
	总计百分比				85.2

a. 切割值为 .500

表 9-69 显示了步骤 1 至步骤 4 中模型的汇总，这些值与线性回归分析中的 R^2 相似。第 3、4 列给出了用多变量预测有冠心病方差的一个粗略估计。由于 R^2 不小，故拟合效果尚可。

表 9-70 给出了各步骤中预测的分类效果，在步骤 4 中，预测无冠心病的正确率为 85.7%，预测有冠心病的正确率为 84.6%，总的预测正确率已达到 85.2%。

表 9-71 显示了各步骤模型中变量的回归系数、显著性检验、Exp(B)值及其 95%的置信区间。表中的 Exp(B)给出了各变量的优势比，它表明 x_1(年龄)每增加一个档次，冠心病发病率增加 2.780 倍；x_3(高血压家族史)每增加一个档次，冠心病发病率增加 6.382 倍；x_6(动物脂肪摄入)每增加一个档次，冠心病发病率增加 70.919 倍；x_7(性格 A)每增加一个档次，冠心病发病率增加 7.850 倍。

由此可见，影响冠心病发病率的最主要因素是动物脂肪摄入量，然后依次为 A 型性格、高血压家族史、年龄。

表 9-72 显示了各步骤中被模型剔除变量的得分及其显著性检验的概率值。

表 9-71　各步骤模型中的变量情况

		B	S.E,	Wald	df	Sig.	Exp (B)	EXP(B) 的 95% C.I.	
								下限	上限
步骤 1[a]	x1	.743	.514	2.086	1	.149	2.101	.767	5.756
	x2	.995	.835	1.420	1	.233	2.706	.526	13.908
	x3	1.294	.936	1.910	1	.167	3.647	.582	22.844
	x4	.779	1.216	.410	1	.522	2.179	.201	23.616
	x5	1.009	.870	1.345	1	.246	2.742	.499	15.082
	x6	4.224	1.567	7.266	1	.007	68.283	3.166	1472.656
	x7	1.911	.933	4.199	1	.040	6.762	1.087	42.071
	常量	-5.915	2.004	8.714	1	.003	.003		
步骤 2[a]	x1	.821	.504	2.649	1	.104	2.272	.846	6.103
	x2	1.043	.834	1.566	1	.211	2.838	.554	14.537
	x3	1.212	.915	1.756	1	.185	3.362	.559	20.202
	x5	1.116	.851	1.721	1	.190	3.054	.576	16.190
	x6	4.381	1.576	7.723	1	.005	79.918	3.637	1756.100
	x7	1.935	.930	4.333	1	.037	6.925	1.120	42.827
	常量	-5.500	1.812	9.214	1	.002	.004		
步骤 3[a]	x1	.943	.491	3.683	1	.055	2.568	.980	6.726
	x3	1.326	.897	2.186	1	.139	3.765	.649	21.826
	x5	1.202	.832	2.083	1	.149	3.325	.650	17.000
	x6	4.096	1.484	7.621	1	.006	60.088	3.280	1100.666
	x7	1.891	.899	4.420	1	.036	6.625	1.137	38.609
	常量	-5.412	1.732	9.765	1	.002	.004		
步骤 4[a]	x1	1.022	.470	4.725	1	.030	2.780	1.106	6.987
	x3	1.853	.818	5.128	1	.024	6.382	1.283	31.743
	x6	4.262	1.484	8.242	1	.004	70.919	3.866	1300.963
	x7	2.061	.868	5.630	1	.018	7.850	1.431	43.058
	常量	-5.453	1.678	10.558	1	.001	.004		

a. 在步骤 1 中输入的变量: x1, x2, x3, x4, x5, x6, x7.

表 9-72　各步骤中移出模型的变量

			得分	df	Sig.
步骤 2[a]	变量	x4	.418	1	.518
	总统计量		.418	1	.518
步骤 3[b]	变量	x2	1.619	1	.203
		x4	.563	1	.453
	总统计量		1.981	2	.371
步骤 4[c]	变量	x2	2.013	1	.156
		x4	1.155	1	.282
		x5	2.171	1	.141
	总统计量		3.949	3	.267

a. 在步骤 2 中移去的变量: x4.

b. 在步骤 3 中移去的变量: x2.

c. 在步骤 4 中移去的变量: x5.

表 9-71 的步骤 4 中显示了最终在模型中的变量及其对应回归系数和检验结果。

从 Wald 统计量的检验结果来看，常数项($P=0.001$)，x_1，x_3，x_6，x_7的回归系数(P均小于 0.05)都是显著的，因此，可得冠心病发病率的预测模型：

$$\hat{p}=\frac{\mathrm{e}^{-5.453+1.022x_1+1.853x_3+4.262x_6+2.061x_7}}{1+\mathrm{e}^{-5.453+1.022x_1+1.853x_3+4.262x_6+2.061x_7}}$$

9.8　有序变量 Logistic 回归分析

9.8.1　有序变量 Logistic 回归分析概述

按属性的不同程度进行分类得到的资料，称为有序资料。由有序单选题得到的被调查者的应答资料就是有序资料。存放有序资料的变量称为有序变量。

当因变量从分类变量变为有序变量，要对有序变量进行预测时，回归方法也要进行相应改变，此时就应该采用有序变量 Logistic 回归分析方法。

在 SPSS 中，有序变量 Logistic 回归分析过程基于 McCullagh 提出的方法，其数学模型为

$$\eta_{ij}[\pi_{ij}(Y\leqslant j)]=\frac{\alpha_j-(\beta_1X_{i1}+\beta_2X_{i2}+\cdots+\beta_pX_{ip})}{\sigma_i}\quad\begin{pmatrix}i=1,2,\cdots,m\\ j=1,2,\cdots,J-1\end{pmatrix}$$

式中，$i(i=1,2,\cdots,m)$为分组数(自变量向量的行数)；$j(j=1,2,\cdots,J)$为因变量Y的分类数；β_k为回归系数$(k=1,2,\cdots,p)$，p为自变量$(X_1,X_2,\cdots,X_p)$的个数；α_j为常数项$(j=1,2,\cdots,J-1)$；σ_i为尺度参数(默认值为 1)；$\pi_{ij}(Y\leqslant j)=\pi_{i1}+\pi_{i2}+\cdots+\pi_{ij}$为因变量 $Y\leqslant j$ 的累积概率；

$\eta_{ij}[\pi_{ij}(Y \leqslant j)]$ 为关于累积概率 $\pi_{ij}(Y \leqslant j)$ 的链接函数，它是累积概率的转换形式，用于模型估计。

在 SPSS 中有以下 5 种链接函数，见表 9-73。

表 9-73　5 种链接函数

函　数	形　式	典型应用
Logit 链接函数	$\log(\xi/(1-\xi))$	均匀分布类别
补对数-对数链接函数	$\log(-\log(1-\xi))$	类别越高，可能性越大
负对数-对数链接函数	$-\log(-\log(\xi))$	类别越低，可能性越大
概率链接函数	$\Phi^{-1}(\xi)$	潜在变量为正态分布
Cauchit 链接函数	$\tan(\pi(\xi-0.5))$	潜在变量有多个极值

在 SPSS 中，系统默认的链接函数为 Logit 链接函数，之所以要将其设为系统默认的链接函数，是因为有序变量的 Logistic 回归中最常用的模型是比例优势模型，即

$$\ln\left(\frac{\pi_{ij}(Y \leqslant j)}{1-\pi_{ij}(Y \leqslant j)}\right)=\ln\left(\frac{\pi_{i1}+\pi_{i2}+\cdots+\pi_{ij}}{\pi_{i(j+1)}+\pi_{i(j+2)}+\cdots+\pi_{iJ}}\right)$$

$$=\alpha_j-(\beta_1X_{i1}+\beta_2X_{i2}+\cdots+\beta_pX_{ip})\quad\begin{pmatrix}i=1,2,\cdots,m\\ j=1,2,\cdots,J-1\end{pmatrix}$$

由此可得累加 Logit 的 $J-1$ 个预测概率模型：

$$\pi_{ij}(Y \leqslant j)=\frac{\exp(\alpha_j-(\beta_1X_{i1}+\beta_2X_{i2}+\cdots+\beta_pX_{ip}))}{1+\exp(\alpha_j-(\beta_1X_{i1}+\beta_2X_{i2}+\cdots+\beta_pX_{ip}))}\quad\begin{pmatrix}i=1,2,\cdots,m\\ j=1,2,\cdots,J-1\end{pmatrix}$$

累积概率具有以下两个性质：

(1) $\pi(Y \leqslant 1) \leqslant \pi(Y \leqslant 2) \leqslant \cdots \leqslant \pi(Y \leqslant J)$；

(2) $\pi(Y \leqslant J)=1$。

在有序变量 Logistic 回归分析中，因变量须为有序变量，因子变量须为分类变量，协变量须为尺度变量。注意：如果使用多个尺度型协变量，则创建的单元概率表会非常大。

有序变量 Logistic 回归分析模型中参数的意义、解释及模型的假设检验、拟合优度评价方法等与二项 Logistic 回归分析相似，这里不再赘述。

9.8.2　有序变量 Logistic 回归分析实例

例 9.11　在数据文件 data04-03.sav 中，对于尺度变量“数学测验成绩”，将 18～25 分转换成等级 3，将 8～17.9 分转换成等级 2，将 8 分以下的其他分值转换成等级 1，即将其转换成“数学测验等级”有序变量，那么，可否将“想象力测验得分(visual)”与选修“代数 2(alg2)”变量作为预测变量，建立起以“数学测验等级”有序变量为因变量的有序变量 Logistic 回归模型？

在 SPSS 中，尺度变量转换成有序变量及建立有序变量 Logistic 回归模型的步骤如下。

在 SPSS 的数据编辑窗口中，打开数据文件 data04-03.sav。

按【转换→重新编码为不同变量】顺序，打开【重新编码为其他变量】对话框，见图 9-32。

在左侧源变量框中，将 mathach(数学测验成绩)移入【数字变量→输出变量】框，在【输出变量】栏的【名称】文本框中输入“mathachgr”，在【标签】文本框中输入“数学测验等

级”。单击【更改】按钮，则在【数字变量→输出变量】框中出现“mathach→mathachgr”，完成变量转换的名称设置。

单击【旧值和新值】按钮，打开【重新编码到其他变量：旧值和新值】对话框，见图 9-33。

在【旧值】栏中选择【范围】选项，在其文本框中输入“15”，在【到】文本框中输入“25”，在【新值】栏中选择【值】选项，并在其文本框中输入“3”，单击【添加】按钮，则在【旧→新】框中添加了“18 thru 25→3”的转换方式。

用同样的方式在【旧→新】框中添加“8 thru 17.9→2”的转换方式。

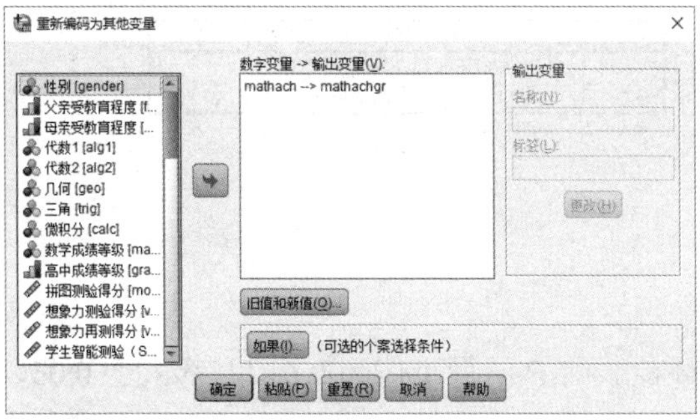

图 9-32 【重新编码为其他变量】对话框

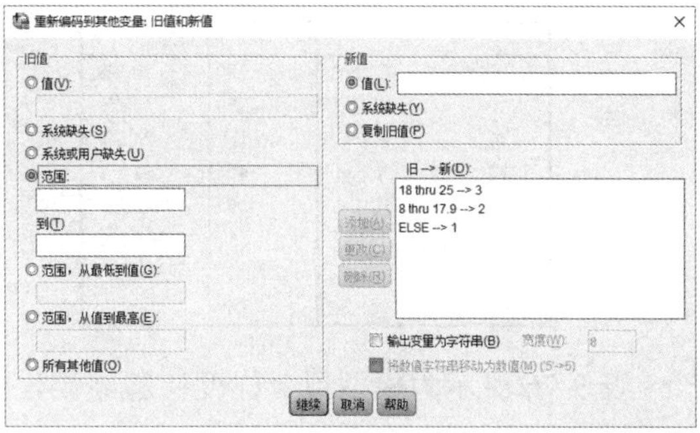

图 9-33 【重新编码到其他变量：旧值和新值】对话框

在【旧值】栏中选择【所有其他值】选项，在【新值】栏中选择【值】选项，并在其文本框中输入“1”，单击【添加】按钮，则在【旧→新】框中添加了“ELSE→1”的转换方式。

在数据编辑窗口的数据文件中，新增一列，将 mathach（数学测验成绩）尺度变量转换成等级的“数学测验等级（mathachgr）”有序变量，并将数据文件另存为 data09-04.sav。

现在，可以进行以变量“想象力测验得分（visual）”和“代数 2（alg2）”为预测变量，以变量“数学测验等级（mathachgr）”为因变量的有序变量 Logistic 回归分析了。

按【分析→回归→有序】顺序，打开【Ordinal 回归】对话框，见图 9-34。在左侧源变量框中，选择变量“数学测验等级（mathachgr）”并将其移入右侧【因变量】框中，选择变量“代数 2（alg2）”并将其移入右侧【因子】框中，选择变量“想象力测验得分（visual）”并将其移入右侧【协变量】框中。

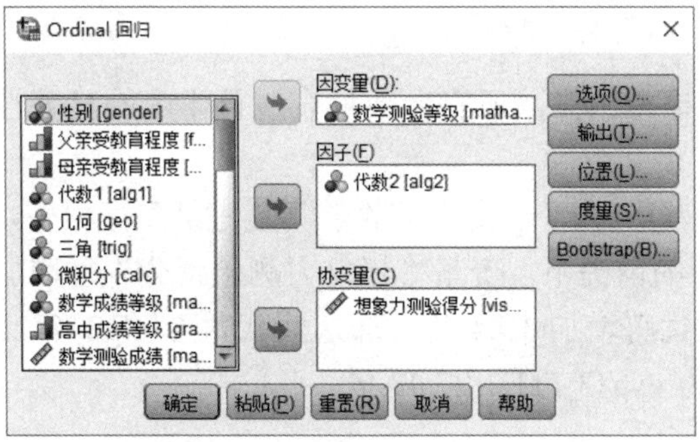

图 9-34 【Ordinal 回归】对话框

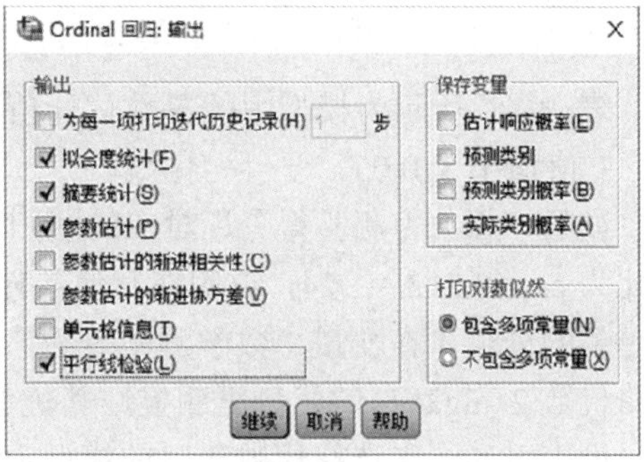

图 9-35 【Ordinal 回归：输出】选项卡

单击【输出】按钮，打开【Ordinal 回归：输出】选项卡，见图 9-35。在【输出】框中选择【拟合度统计】、【摘要统计】、【参数估计】和【平行线检验】选项。

注意：要在数据文件中保存变量，可以选择【保存变量】栏中的相关选项。

单击【继续】按钮，返回【Ordinal 回归】对话框。

单击【确定】按钮，则在输出窗口中得到 6 张表，见表 9-74 至表 9-79。

表 9-74 所示为分类变量各类汇总情况，即模型中涉及的有序变量与分类变量每一类别的频数及其构成比。

表 9-75 所示为模型拟合信息，由于 $P=0.000<0.05$，模型有显著性意义。

表 9-74　分类变量各类汇总情况

		N	边际百分比
数学测验等级	低分	22	29.3%
	中等分	35	46.7%
	高分	18	24.0%
代数2	未选修	40	53.3%
	选修	35	46.7%
有效		75	100.0%
缺失		0	
合计		75	

表 9-75　模型拟合信息

模型	-2 对数似然值	卡方	df	显著性
仅截距	122.879			
最终	74.022	48.857	2	.000

联接函数：Logit。

表 9-76 所示为模型拟合优度检验结果，两种检验的 P 的最小值为 0.612，都大于 0.05，说明模型拟合效果很好。

表 9-76　模型拟合优度检验结果

	卡方	df	显著性
Pearson	49.623	58	.775
偏差	54.349	58	.612

联接函数：Logit。

表 9-77　伪 R 方

Cox 和 Snell	.479
Nagelkerke	.544
McFadden	.308

联接函数：Logit。

表 9-77 所示为三种伪 R 方(决定系数)值，其中两个值大于 0.45，因此，模型拟合效果尚可。

表 9-78　参数估计值及其检验结果

		估计	标准误	Wald	df	显著性	95% 置信区间	
							下限	上限
阈值	[mathachgr = 1.00]	-2.438	.832	8.594	1	.003	-4.067	-.808
	[mathachgr = 2.00]	1.489	.619	5.780	1	.016	.275	2.703
位置	visual	.212	.073	8.372	1	.004	.068	.356
	[alg2=0]	-3.311	.802	17.052	1	.000	-4.883	-1.740
	[alg2=1]	0[a]	.	.	0	.	.	.

联接函数：Logit

因为该参数为冗余的，所以将其置为零

表 9-79　平行线检验[a]

模型	-2 对数似然值	卡方	df	显著性
零假设	74.022			
广义	69.284	4.738	2	.094

零假设规定位置参数（斜率系数）在各响应类别中都是相同的。

a. 联接函数：Logit。

表 9-78 所示为模型中的参数估计值及其检验结果，所有参数均有统计学上的显著性意义，P 值均小于 0.05。

变量“想象力测验得分”对应的回归系数为 0.212，与变量“数学测验等级”正相关，优势比为 exp(0.212)=1.24，说明在其他条件不变的前提下，变量“想象力测验得分”每增加一个单位的分值，在变量“数学测验等级”上的优势增加 1.24 倍。而选修代数 2(alg2=0)比未选修代数 2(alg2=1)的优势更明显，其优势比为 exp(3.311)=27.47 倍。

由上可知，未选修代数 2 时的模型为

$$P(\text{数学测验等级} \leqslant 1) = \frac{\exp(-2.438 - 0.212 \times \text{visual} + 3.311)}{1 + \exp(-2.438 - 0.212 \times \text{visual} + 3.311)}$$

$$P(\text{数学测验等级} \leqslant 2) = \frac{\exp(1.489 - 0.212 \times \text{visual} + 3.311)}{1 + \exp(1.489 - 0.212 \times \text{visual} + 3.311)}$$

$$P(\text{数学测验等级} = 1) = P\left(\text{数学测验等级} \leqslant 1\right)$$

$$P(\text{数学测验等级} = 2) = P(\text{数学测验等级} \leqslant 2) - P(\text{数学测验等级} \leqslant 1)$$

$$P(\text{数学测验等级} = 3) = 1 - P(\text{数学测验等级} \leqslant 2)$$

而选修代数 2 时的模型为

$$P(\text{数学测验等级} \leqslant 1) = \frac{\exp(-2.438 - 0.212 \times \text{visual})}{1 + \exp(-2.438 - 0.212 \times \text{visual})}$$

$$P(\text{数学测验等级} \leqslant 2) = \frac{\exp(1.489 - 0.212 \times \text{visual})}{1 + \exp(1.489 - 0.212 \times \text{visual})}$$

$$P(\text{数学测验等级} = 1) = P(\text{数学测验等级} \leqslant 1)$$

$$P(\text{数学测验等级} = 2) = P(\text{数学测验等级} \leqslant 2) - P(\text{数学测验等级} \leqslant 1)$$

$$P(\text{数学测验等级} = 3) = 1 - P(\text{数学测验等级} \leqslant 2)$$

通过以上模型，可以计算得到“数学测验等级”变量中各等级的预测概率。

表 9-79 给出了有序回归分析中比例优势模型假定条件的检验结果。由于 P=0.094>0.05，所以，没有足够的证据去拒绝本例的比例优势假定，即可以使用本例中系统默认的链接函数来构建有序回归分析模型。

9.9 判别分析

9.9.1 判别分析概述

当要预测被调查者可能出现在哪个组时，判别分析是一个合适的方法。

判别分析是根据已知类别的事物性质来建立预测变量线性组合的判别函数，然后据此对未知类别的新事物进行判别，将其归入已知类别中的一种统计分析方法。

判别分析和前面介绍过的聚类分析一样，都是用来进行分类的一种统计方法，但不同的是，在做判别分析时，已经获得各类的一批已知样品观测数据，然后根据某些准则建立起判别式(函数)，再对未知类别的待判样品进行判别分类。而在进行聚类分析之前，样品的分类情况可以是未知的，只是利用未知类别的样品间的相似性或接近性，再根据一定的准则将它们分类，故两种分析方法的用途间是有很大区别的。

判别分析往往与聚类分析联合起来进行应用分析，当总体的分类不清楚时，可以先通过聚类分析进行分类，然后再用判别分析建立判别函数，从而对新样品进行判别。

在判别分析中，因变量是分类变量，预测变量可以是尺度变量，也可以是分类变量或有序变量。名义自变量必须重新编码为哑元变量或对比变量。

此外应该注意，各种方法对连续性尺度自变量的分布有不同的要求。这里推荐使用 Fisher(费歇)判别法，该方法由 Fisher 于 1936 年首先提出，推荐它的原因在于，该方法对总体的分布和方差等都没有特殊要求。在理论上可以证明，Fisher 判别法与典型相关分析等价，故也称为典型判别或典则判别。

Fisher 判别法的基本思想是，首先提取出第一典型变量(与各组有最大可能多重相关的变量的线性组合)，然后再提取第二典型变量、第三典型变量等。

Fisher 判别法一般提取到二至三个典型变量即可，再用典型变量计算出各类别在低维空间中的重心坐标，并给出判别式，用它来计算各样品的坐标值，最后根据各观测点与各类重心的距离做出样品所属类别的判断。

9.9.2 判别分析实例

例 9.12 仍以例 9.10 为例，以数据文件 data09-03.sav 中的变量“高血压史”“高血压家族史”“吸烟”“高血脂史”“动物脂肪摄入”“性格 A”为预测变量，对“冠心病”因变量做 Fisher 判别分析。

在 SPSS 中进行二元 Logistic 回归分析的操作步骤如下。

在 SPSS 数据编辑窗口中，打开数据文件 data09-03.sav。

按【分析→分类→判别】顺序，打开【判别分析】对话框，见图 9-36。在左侧源变量框中选择变量“冠心病”并将其移入右侧【分组变量】框。

单击【定义范围】按钮，打开【判别分析：定义范围】选项卡，见图 9-37。在【最小值】框中输入“0”，在【最大】框中输入“1”。以此定义因变量的类别为两类。

单击【继续】按钮，返回【判别分析】对话框。

选择变量“年龄”“高血压史”“高血压家族史”“吸烟”“高血脂史”“动物脂肪摄入”“性格 A”并将其移入右侧【自变量】框。

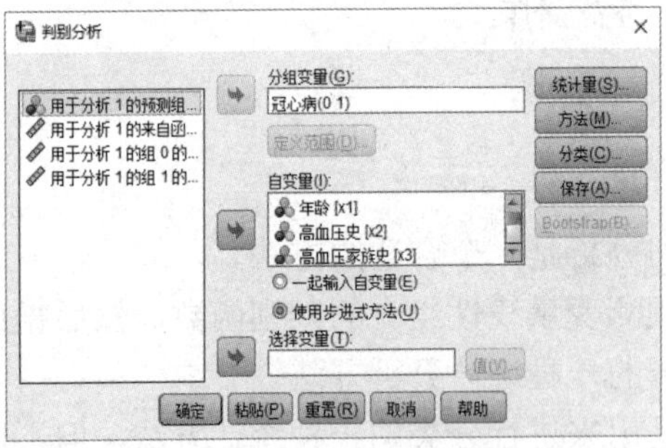

图 9-36 【判别分析】对话框

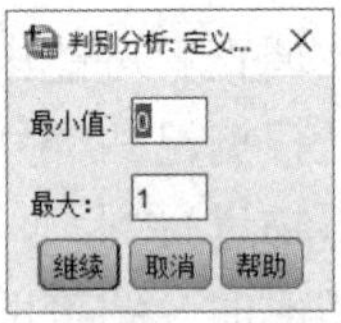

图 9-37 【判别分析：定义范围】选项卡

单击【统计量】按钮，打开【判别分析：统计量】选项卡，见图 9-38。在【函数系数】框中选择【Fisher】和【未标准化】选项。

单击【继续】按钮，返回【判别分析】对话框。

在主对话框中，选择【使用步进式方法】选项。单击【方法】按钮，弹出【判别分析：步进法】选项卡，见图 9-39。选择【最小 F 值】选项。其他保持系统默认选项。

单击【继续】按钮，返回【判别分析】对话框。

单击【分类】按钮，打开【判别分析：分类】选项卡，见图 9-40。在【先验概率】框中选择【根据组大小计算】选项，在【输出】框中选择【摘要表】【不考虑该个案时的分类】选项。其他保持系统默认选项。

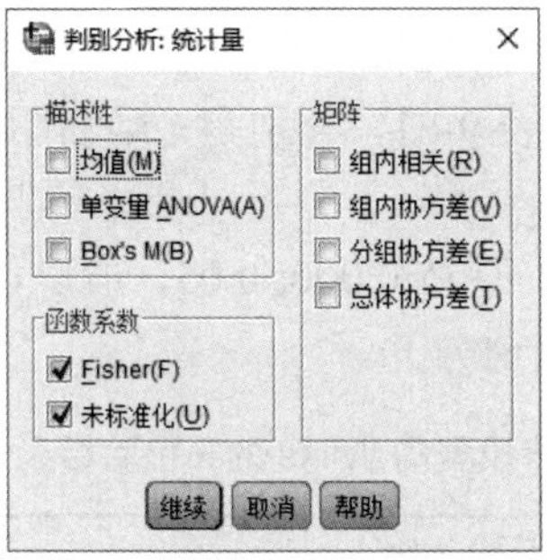

图 9-38 【判别分析：统计量】选项卡

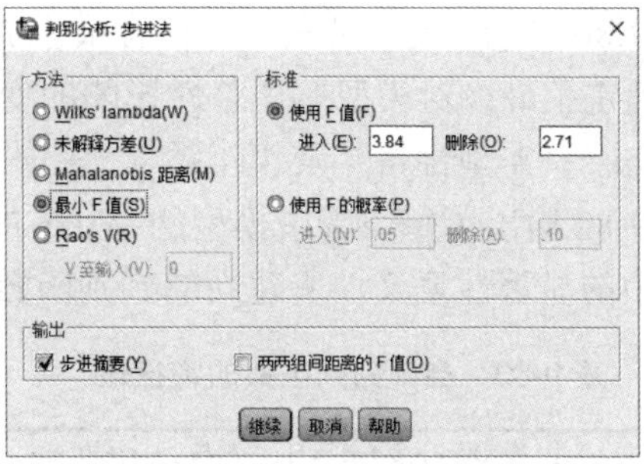

图 9-39 【判别分析：步进法】选项卡

单击【继续】按钮，返回【判别分析】对话框。

单击【保存】按钮，打开【判别分析：保存】选项卡，见图 9-41。选择【预测组成员】、【判别得分】和【组成员概率】选项，在当前工作窗口的数据文件中保存这些预测的结果。

单击【继续】按钮，返回【判别分析】对话框。

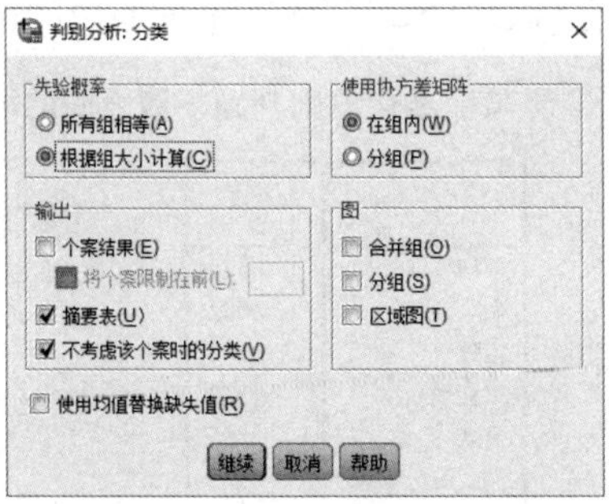

图 9-40 【判别分析：分类】选项卡

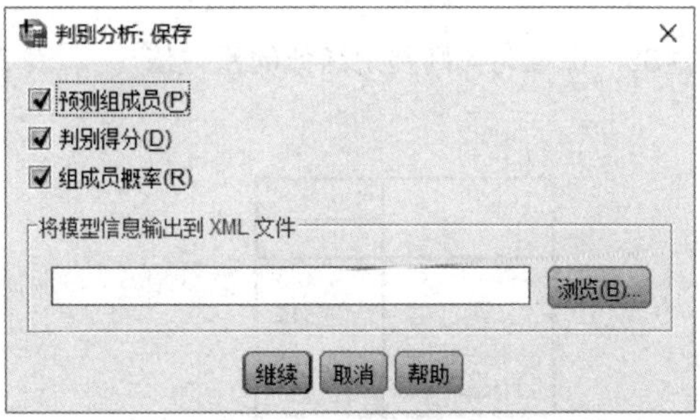

图 9-41 【判别分析：保存】选项卡

单击【确定】按钮，提交运行。则在输出窗口中得到多张表，下面只对其中与结论关系密切的统计表进行说明，参见表 9-80 至表 9-89。

表 9-80 每步进入模型的变量 a,b,c,d

步骤	输入的	最小 F				
		统计量	df1	df2	Sig.	组之间
1	动物脂肪摄入	11.989	1	52.000	.001	无 和 有
2	高血脂史	12.984	2	51.000	2.768E-005	无 和 有
3	A型性格	10.661	3	50.000	1.574E-005	无 和 有
4	年龄	9.510	4	49.000	9.018E-006	无 和 有

在每个步骤中，处输入最大化成对组之间最小 F 比的变量。

a. 步骤的最大数目是 14。

b. 要输入的最小偏 F 是 3.84。

c. 要删除的最大偏 F 是 2.71。

d. F 级、容差或 VIN 不足以进行进一步计算。

表 9-81 各步骤在模型中的变量

步骤		容差	要删除的 F	最小 F	组之间
1	动物脂肪摄入	1.000	11.989		
2	动物脂肪摄入	.976	13.163	10.377	无 和 有
	高血脂史	.976	11.547	11.989	无 和 有
3	动物脂肪摄入	.963	13.754	7.291	无 和 有
	高血脂史	.972	9.180	9.826	无 和 有
	A型性格	.980	4.324	12.984	无 和 有
4	动物脂肪摄入	.960	13.062	6.708	无 和 有
	高血脂史	.963	6.844	9.310	无 和 有
	A型性格	.966	4.915	10.240	无 和 有
	年龄	.976	4.084	10.661	无 和 有

表 9-82 每步骤中模型的 Wilks 的 λ 检验结果

步骤	变量数目	Lambda	df1	df2	df3	精确 F			
						统计量	df1	df2	Sig.
1	1	.813	1	1	52	11.989	1	52.000	.001
2	2	.663	2	1	52	12.984	2	51.000	.000
3	3	.610	3	1	52	10.661	3	50.000	.000
4	4	.563	4	1	52	9.510	4	49.000	.000

表 9-80 显示了每个步骤中，符合最小 F 准则的进入模型的变量名称。进行 4 个步骤的计算后，确定了最终对模型有显著性影响的变量，共 4 个，见表 9-81，分别是“动物脂肪摄入”“高血脂史”“A 型性格”及“年龄”。

表 9-82 给出了每步骤中模型的 Wilks 的 λ 检验结果。由于 P=0.000<0.05，所以，模型有统计学中的显著性意义，所建立的判别函数可以将两类很好地分开。

表 9-83　典则判别函数的特征值

函数	特征值	方差的 %	累积 %	正则相关性
1	.776[a]	100.0	100.0	.661

a. 分析中使用了前 1 个典型判别式函数。

表 9-84　最终模型的 Wilks 的 λ 检验结果

函数检验	Wilks 的 Lambda	卡方	df	Sig.
1	.563	28.728	4	.000

模型中变量的数目与表 9-81 各步骤中的变量是一一对应的。

表 9-83 给出了典则判别函数的特征值。只有一个典则函数，其特征值为 0.776，“方差的%”及其“累积%”值都达到了 100%。正则相关性中给出的是典则相关系数，它是组间平方和与总平方和之比的算术平方根，也就是由组间差异解释的总变异的比例。

表 9-84 所示是最终模型的 Wilks 的 λ 检验结果，它与表 9-82 中的步骤 4 是相同的。

表 9-85　标准化典则判别函数的系数值

	函数
	1
年龄	.425
高血脂史	.540
动物脂肪摄入	.708
A型性格	.465

表 9-86　自变量与标准化典则判别函数之间的相关系数

	函数
	1
动物脂肪摄入	.545
高血脂史	.507
年龄	.393
A型性格	.373
吸烟[a]	.185
高血压史[a]	.110
高血压家族史[a]	.083

判别变量和标准化典型判别式函数之间的汇聚组间相关性
按函数内相关性的绝对大小排序的变量。

a. 该变量不在分析中使用。

表 9-85 是数据资料标准化处理后得到的标准化典则判别函数的系数值。由此表中各变量的系数可以得到标准化典则判别函数，但由于计算标准化的典则判别函数的值，需要事先对各自变量的观察值进行标准化处理，这在实际应用中，无疑加大了计算的工作量，因此，很少这样使用。

表 9-86 给出的是各自变量与标准化典则判别函数之间的相关系数。表 9-85 和表 9-86 在论文中一般不用给出。

表 9-87　一般典则判别函数的系数值

	函数
	1
年龄	.566
高血脂史	1.180
动物脂肪摄入	1.914
A型性格	.985
(常量)	-2.824

非标准化系数

表 9-88　一般典则判别函数的类中心值

	函数
冠心病	1
无	-.833
有	.897

在组均值处评估的非标准化典型判别式函数

表 9-87 给出了未经标准化处理的一般典则判别函数的系数值。判别函数的计算公式通常根据本表中的系数给出。由此可得判别函数：

$$y = -2.824 + 0.566 \times \text{年龄} + 1.180 \times \text{高血脂史} + 1.914 \times \text{动物脂肪摄入} + 0.985 \times \text{A型性格}$$

表 9-88 给出了一般典则判别函数的类中心值。无冠心病的类中心值为–0.833，有冠心病的类中心值为 0.897。因此，将某被调查者的 4 个变量的应答结果代入上面的判别式，如果计算结果为正值，则判定其有冠心病；如果为负值，则判定其无冠心病。

表 9-89　Fisher 判别函数的系数值

	冠心病	
	无	有
年龄	3.998	4.977
高血脂史	.316	2.359
动物脂肪摄入	1.167	4.478
A型性格	2.844	4.548
(常量)	-5.655	-10.671

Fisher 的线性判别式函数

表 9-90　分类结果 [a,c]

		冠心病	预测组成员 无	预测组成员 有	合计
初始	计数	无	24	4	28
		有	5	21	26
	%	无	85.7	14.3	100.0
		有	19.2	80.8	100.0
交叉验证[b]	计数	无	22	6	28
		有	7	19	26
	%	无	78.6	21.4	100.0
		有	26.9	73.1	100.0

a. 已对初始分组案例中的 83.3% 个进行了正确分类。

b. 仅对分析中的案例进行交叉验证。在交叉验证中，每个案例都是按照从该案例以外的所有其他案例派生的函数来分类的。

c. 已对交叉验证分组案例中的 75.9% 个进行了正确分类。

表 9-89 给出的是 Fisher 判别函数的系数值，由此可得无冠心病的 Fisher 判别函数：

$$y_{无} = -5.655 + 3.998 \times \text{年龄} + 0.316 \times \text{高血脂史} + 1.167 \times \text{动物脂肪摄入} + 2.844 \times \text{A型性格}$$

有冠心病的 Fisher 判别函数：

$$y_{有} = -10.671 + 4.977 \times \text{年龄} + 2.359 \times \text{高血脂史} + 4.478 \times \text{动物脂肪摄入} + 4.548 \times \text{A型性格}$$

例如，数据文件中第一个被调查者，其“年龄”值为“2”，“高血脂史”值为“0”，“动物脂肪摄入”值为“1”，“A 型性格”值为“1”。由此可计算得到，$y_{无} = 6.352$，$y_{有} = 8.309$，根据两者中的最大值，该对象应判定为有冠心病。

表 9-90 为根据判别函数得到的分类结果。在初始分组案例中分组的正确率为 83.3%，在交叉验证中分组的正确率为 75.9%。

在当前工作窗口中的数据文件中新增 4 列变量，分别为：Dis_1，预测的类别；Dis1_1，预测的得分；Dis1_2，预测为第一类 0 的概率，Dis2_2，预测为第二类 1 的概率。

9.10　非线性典型相关分析

9.10.1　非线性典型相关分析概述

典型相关分析是用来寻找两组定量变量线性组合的系数，使得这两个由线性组合生成的新的综合变量之间的相关系数最大化的一种方法。实际上，标准典型相关分析是多重回归分析的扩展，只是其第二个变量集中不再是单个响应变量，而是多个响应变量。典型相关分析的目的是，在低维度空间中尽可能多地解释两个变量集之间关系中的方差。

非线性典型相关分析是相对于典型相关分析而言的，其英文缩写为 OVERALS，它对应于使用最优尺度的分类变量的典型相关分析，主要用来研究两个或多个变量集与另一个变量集的相似程度。例如，要研究变量集“工作类别”和“受教育年限”与另一变量集“居住地区”和“性别”之间的关系时，最优尺度的分类变量的典型相关分析是最佳选择。

与线性典型相关分析不同，非线性典型相关分析进一步拓展了标准典型相关分析，它不需要假定变量的测度类型是等间隔的或变量之间的关系是线性的。非线性典型相关分析对参与相关分析的变量的测度类型没有任何限制，单名义、多重名义、有序或数值型变量均可，因此，它可以分析变量间的非线性关系，变量集也从两组拓展至多组。

如果每个变量集中都只包含一个变量，那么非线性典型相关分析等价于使用最优尺度的主成分分析；如果所有变量都是多重名义变量，则非线性典型相关分析对应于多重对应分析；如果涉及两个变量集，并且其中一个仅包含一个变量，则非线性典型相关分析等同于使用最优尺度的分类回归分析。

9.10.2 分类变量的量化过程

可从下面提供的方法中选择一种来对变量进行离散化处理。

(1)乘法

首先，对原始变量进行标准化处理。然后，将标准化值乘以 10，并四舍五入取整，再加上一个值，使得最小值为 1。

(2)赋秩法

对原始变量根据其字母值按升序赋秩。

(3)分组法

① 将个案分到指定数量且服从正态分布的类别中

首先，对原始变量进行标准化处理。然后，使用由 Max (1960)定义的间距将个案分到各类别中。

② 将个案分到指定数量且服从均匀分布的类别中

首先，除以指定的类别数，四舍五入取整，计算得到目标频数。然后将个案分到新划分的类别中，如此以使新类别中的频数尽可能接近目标频数。

③ 将个案分到指定的等间距的类别中

首先将间距定义为“最小值+间距”，“最小值+2 倍间距”，等等。然后，将具有第 K 个间距值的个案分到第 K 个类别中。

通过离散化处理，可将变量值变成近似服从正态分布的类别值，并自动对小数值变量进行分类，而变量字符值按其字母升序赋秩转换为正整数。

9.10.3 缺失值的插补

当含有缺失值的变量被指定为有效(用众数或额外类别插补)处理时，首先在剔除之前，将这些变量用 k_j(变量 j 的分类数)来计算；然后取最大的加权次数(众数，如果存在多个众数，则取最小的众数)作为其分类标志，或用 k_j+1(额外划分的类别)来插补。如果适用，则使用剔除法。于是 k_j 得到调整。

9.10.4 非线性典型相关分析实例

例 9.13 使用 Verdegaal 调查研究①(Verdegaal, 1985)中关于被调查者基本情况的部分数据，见表 9-91。

---

① Verdegaal, R. 1985. Meer sets analyse voor kwalitatieve gegevens (in Dutch). Leiden: Department of Data Theory, University of Leiden.

表 9-91 被调查者的基本情况

对　象	年　龄	婚姻状况	拥有的宠物	最常阅读的报纸	喜好的音乐	首选居住地
1	1	2	2	3	3	3
2	2	1	1	3	2	1
3	2	1	2	3	3	1
4	2	1	5	3	3	3
5	2	1	3	2	2	1
6	4	1	1	3	3	1
7	1	1	1	4	2	1
8	2	2	2	2	5	3
9	1	1	1	2	3	2
10	10	2	1	2	3	1
11	9	3	2	2	5	2
12	8	3	1	4	1	1
13	10	2	1	2	5	2
14	5	2	2	3	1	1
15	8	2	1	4	1	3

表中：“年龄”列中的数字 1 至 10 分别代表“20～25”“26～30”“31～35”“36～40”“41～45”“46～50”“51～55”“56～60”“61～65”和“66～70”这 10 个年龄段；“婚姻状况”列中的数字 1 至 3 分别代表“单身”“已婚”和“其他”；“拥有的宠物”列中的数字 1 至 5 分别代表“没有”“猫”“狗”“除猫和狗以外的其他宠物”和“各种家畜”；“最常阅读的报纸”列中的数字 1 至 5 分别代表“没有”“电讯报”“人民报”“商务日报”和“其他”；“喜好的音乐”列中的数字 1 至 5 分别代表“古典音乐”“新浪潮音乐”“流行音乐”“各种音乐”和“不喜欢音乐”；“首选居住地”列中的数字 1 至 3 分别代表“城镇”“村庄”和“农村”。现将“年龄”与“婚姻状况”归为第一变量集，“拥有的宠物”与“最常阅读的报纸”归为第二变量集，“喜好的音乐”与“首选居住地”归为第三变量集，试用非线性典型相关分析法来分析这些变量集及变量之间的关联关系。

首先，将表中的数据整理成 SPSS 数据文件。

“对象(object)”“婚姻状况(marital)”“拥有的宠物(pet)”“最常阅读的报纸(news)”“喜好的音乐(music)”和“首选居住地(live)”为名义变量，“年龄(age)”为有序变量。这些变量对应的值标签的定义与题目中的一样。建成的数据文件为 data09-05.sav。

在 SPSS 中进行非线性典型相关分析的操作步骤如下：

在 SPSS 数据编辑窗口打开文件 data09-05.sav。

按【分析→降维→最优尺度】顺序，打开如图 9-42 所示的【最佳尺度】选项卡。

在【最佳度量水平】中选择【所有变量均为多重标称】选项，并在【变量集的数目】栏中选择【多个集合】选项，此时，【选定分析】栏中的【非线性典型相关性】(即非线性典型相关分析)项处在激活状态。

单击【最佳尺度】对话框中的【定义】按钮，打开如图 9-43 所示的【非线性正态协变量分析(OVERALS)】(即典型相关分析)对话框。

在左侧源变量框中，选择“年龄”和“婚姻状况”变量，作为第一变量集，并将其移入【变量】框中。

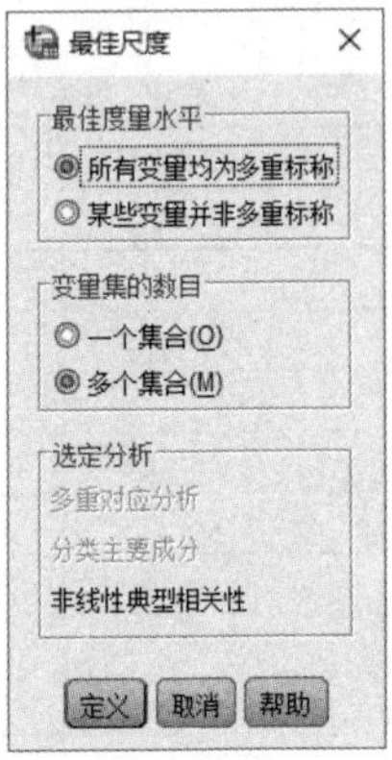

图 9-42 【最佳尺度】选项卡

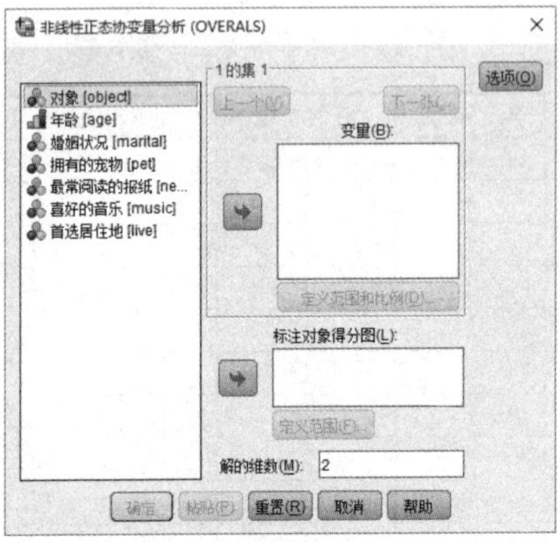

图 9-43 【非线性正态协变量分析(OVERALS)】对话框

选择【变量】框中的“年龄”变量，单击【定义范围和比例】按钮，打开如图 9-44 所示的【OVERALS：定义范围和比例】选项卡。在【最大值】框中输入 10，在【度量标度】栏中选择【序数】选项，单击【继续】按钮，返回【非线性正态协变量分析(OVERALS)】对话框。

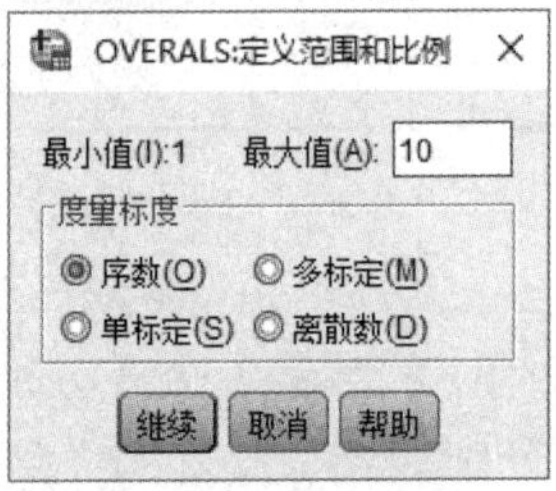

图 9-44 【OVERALS：定义范围和比例】选项卡

选择【变量】框中的“婚姻状况”变量，单击【定义范围和比例】按钮，打开【OVERALS：定义范围和比例】选项卡。在【最大值】框中输入 3，在【度量标度】栏中选择【单标定】选项，单击【继续】按钮，返回【非线性正态协变量分析(OVERALS)】对话框。

单击【下一个】按钮，在左侧源变量框中，选择“拥有的宠物”和“最常阅读的报纸”变量，作为第二变量集，并将其移入【变量】框中。

选择【变量】框中“拥有的宠物”变量，单击【定义范围和比例】按钮，打开【OVERALS：定义范围和比例】选项卡。在【最大值】框中输入 5，在【度量标度】栏中选择【多标定】选项，单击【继续】按钮，返回【非线性正态协变量分析(OVERALS)】对话框。

选择【变量】框中的“最常阅读的报纸”变量，单击【定义范围和比例】按钮，打开【OVERALS：定义范围和比例】选项卡。在【最大值】框中输入 5，在【度量标度】栏中选择【单标定】选项，单击【继续】按钮，返回【非线性正态协变量分析(OVERALS)】对话框。

单击【下一个】按钮，在左侧源变量框中，选择“喜好的音乐”和“首选居住地”变量，作为第三变量集，并将其移入【变量】框中。

选择【变量】框中的“喜好的音乐”变量，单击【定义范围和比例】按钮，打开【OVERALS：定义范围和比例】选项卡。在【最大值】框中输入 5，在【度量标度】栏中选择【单标定】选项，单击【继续】按钮，返回【非线性正态协变量分析(OVERALS)】对话框。

选择【变量】框中的“首选居住地”变量，单击【定义范围和比例】按钮，打开【OVERALS：定义范围和比例】选项卡。在【最大值】框中输入 3，在【度量标度】栏中选择【单标定】选项，单击【继续】按钮，返回【非线性正态协变量分析】对话框。

在左侧源变量框中，选择“对象”变量，作为【标注对象得分图】的变量，并将其移入【标注对象得分图】框中。单击其下面的【定义范围】按钮，打开如图 9-45 所示的定义标注变量范围的【OVERALS：OV…】选项卡。在【最大】框中输入 15。单击【继续】按钮，返回【非线性正态协变量分析(OVERALS)】对话框。

单击【选项】按钮，打开如图 9-46 所示的【OVERALS：选项】选项卡。

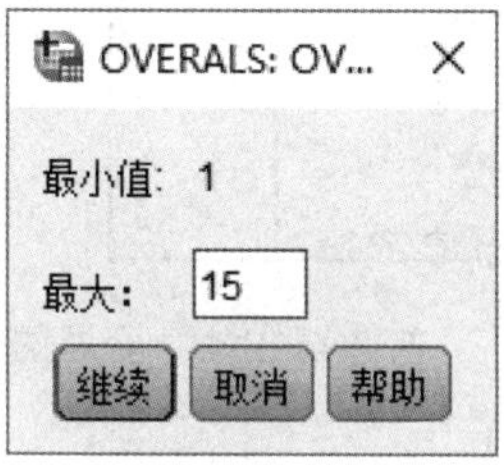

图 9-45 【OVERALS：OV】选项卡

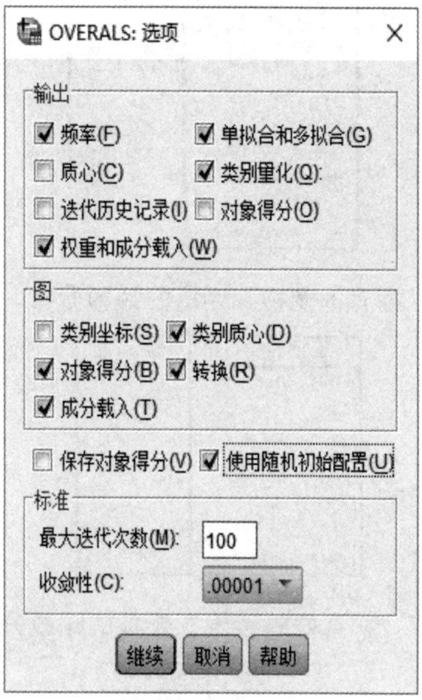

图 9-46 【OVERALS：选项】选项卡

在【输出】栏中，选择【频率】、【权重和成分载入】、【单拟合和多拟合】和【类别量化】选项。

在【图】栏中，选择【对象得分】、【成分载入(荷)】、【类别质心】和【转换】选项。

此外，选择【使用随机初始配置】选项。

单击【继续】按钮，返回【非线性正态协变量分析(OVERALS)】对话框。

单击【确定】按钮，则在输出窗口中得到分析结果。

表 9-92 显示了参与分析变量的基本情况，共 3 组变量集，6 个变量。此外，还显示了每个变量的类别数，及其量化过程中使用的最佳刻度水平。

首先检查一下在表 9-92 之后输出的几张各变量、各类别的频数分布表，见表 9-93 至表 9-98，重点关注这些表中的缺失值情况。由于空缺的类别更可能对维度的解有决定性影响，故检查含有缺失值数据的表就显得特别重要。

表 9-93 和表 9-94 显示了第一变量集中两个变量各类别的频数分布情况。

表 9-92 参与分析变量的基本情况

集合		类别数	最佳刻度水平
1	年龄	10	序数
	婚姻状况	3	单定类
2	拥有的宠物	5	多个标称
	最常阅读的报纸	5	单定类
3	喜好的音乐	5	单定类
	首选居住地	3	单定类

表 9-95 和表 9-96 显示了第二变量集中两个变量各类别的频数分布情况。

表 9-97 和表 9-98 显示了第三变量集中两个变量各类别的频数分布情况。

检查结果表明，这 6 张表中均不存在缺失值数据。因此，在本例中不用担心变量类别中的缺失值情况了。

表 9-93 “年龄”变量的频数分布

	边际频率
20-25 岁	3
26-30 岁	5
31-35 岁	0
36-40 岁	1
41-45 岁	1
46-50 岁	0
51-55 岁	0
56-60 岁	2
61-65 岁	1
66-70 岁	2
缺失	0
集合内的缺失值	0

表 9-94 “婚姻状况”变量的频数分布

	边际频率
单身	7
已婚	6
其他	2
缺失	0
集合内的缺失值	0

表 9-95 “拥有的宠物”变量的频数分布

	边际频率
没有	8
猫	5
狗	1
除猫和狗以外	0
各种家畜	1
缺失	0
集合内的缺失值	0

表 9-96 “最常阅读的报纸”变量的频数分布

	边际频率
无	0
电讯报	6
人民报	6
商务日报	3
其他	0
缺失	0
集合内的缺失值	0

表 9-97 “喜好的音乐”变量的频数分布

	边际频率
古典音乐	3
新浪潮音乐	3
流行音乐	6
各种音乐	0
不喜欢音乐	3
缺失	0
集合内的缺失值	0

表 9-98 “首选居住地”变量的频数分布

	边际频率
城镇	8
村庄	3
农村	4
缺失	0
集合内的缺失值	0

第二个需要用对象得分图来初步检查异常值。异常值与其他对象有不同的量化值，它们处在图形的边缘处，影响一个或多个维度。如果发现异常值，则可用两种方式之一来处理，一种是从数据中将它们删除，然后重新运行非线性典型相关分析过程；另一种是尝试通过压缩(合并)某些类别，重新编码边远对象的极端响应。

在本例中，得到的用对象标注的对象得分图如图 9-47 所示。从该图可见，本例中没有异常值。

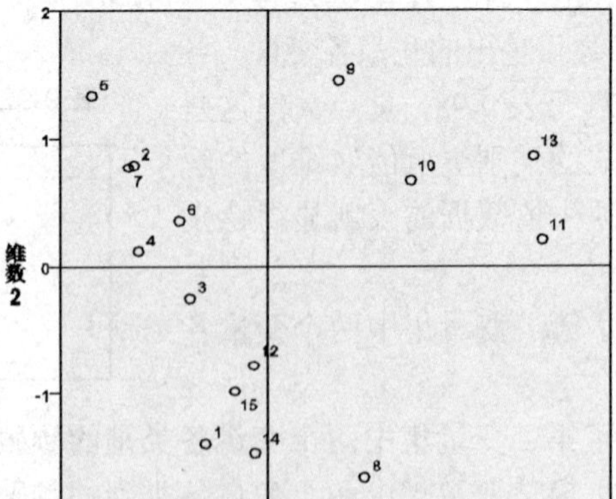

图 9-47 用对象标注的对象得分图

在非线性典型相关分析中有几种方法可以用来测度变量集之间的关联，后面将在单独的表或一组表中对各种方法进行详细的介绍。

表 9-99 显示了迭代历史记录，总共经过 35 次迭代运算，达到收敛标准，完成迭代过程。关于数据集之间的关联，“拟合”和“损失”数据显示了非线性典型相关分析的解在多大程度上拟合了最优尺度量化数据。

表 9-100 显示的是分析摘要。该表显示了本例中拟合值、损失值及特征值的计算结果。从表中可见，损失值被分解到指定的维度和数据集中。对于每个维度和数据集而言，损失值表示了不能由该数据集的加权变量组合解释对象得分上的变异的比例。表中的均值是损失值的平均值。本例三个数据集的平均损失值为(0.423+0.593+0.376)/3=0.464。从表中可见，在第二维度(维数 2)上出现的损失值比第一维度(维数 1)上更多(0.265>0.199)。

表 9-99　迭代历史记录

	损失	拟合	与上次迭代之间的差值
0[a]	1.502254	.497746	
37[b]	.463627	1.536373	.000005

a. 迭代次数为 0 时的损耗就是所有被当作数字的单变量的解损耗（损耗误差为 0.0001，最大迭代次数为 50）。

b. 因为获得收敛的检验值，所以迭代过程停止。

表 9-100　分析摘要

		维数		和
		1	2	
损失	集合 1	.240	.183	.423
	集合 2	.184	.409	.593
	集合 3	.172	.203	.376
	均值	.199	.265	.464
特征值		.801	.735	
拟合				1.536

每个维度的特征值等于 1 减去该维度上的平均损失值。每个维度上显示的特征值指出了关系的密切程度。特征值相加得到总的特征值，显示在表的“和”列中。本例中，第一维度解释了实际拟合中 0.801/1.536 ≈ 52%的信息。

最大拟合值等于维度数，如果能得到这样的拟合值，则表明存在极度关联。所有数据集以及所有维度上的平均损失值显示了最大拟合值与实际拟合值之间的差异。拟合值加上损失值等于维度数。除非数据中不重要的因素掺杂到计算中，否则很难出现极度关联。

另一个在两个变量集中广泛使用的统计量为典型相关系数。由于典型相关系数与特征值有关，所以它不提供附加信息。在非线性典型相关分析的输出中不包括典型相关系数。对两个变量集而言，每个维度的典型相关系数可用下面的公式计算得到：

$$\rho_d = 2 \times E_d - 1$$

式中，d 为维度编号，E 为特征值。

由此可得，在两个以上变量集中计算典型相关系数的公式为

$$\rho_d = (KE_d - 1)/(K - 1)$$

式中，d 为维度编号，K 为变量集数量，E 为特征值。

在本例中，变量集与第一维度的典型相关系数为

$$\rho_1 = \frac{3 \times 0.801 - 1}{3 - 1} \approx 0.702$$

变量集与第二维度的典型相关系数为

$$\rho_2 = \frac{3 \times 0.735 - 1}{3 - 1} \approx 0.603$$

另一个测度关联的统计量是由每个变量集和对象得分构成的线性组合之间的复相关系

数。如果在数据集中没有变量为多重名义变量，那么可以用权重系数乘以该变量集中每个变量的成分载荷，将这些乘积累加求得总和，再计算总和的算术平方根，得到复相关系数。

表 9-101 及表 9-102 中的数据给出了本例中变量的权重和成分载荷。对于第一变量集的最优尺度变量（“年龄”和“婚姻状况”）的加权和与第一维度的对象得分的复相关系数 R 按下式计算：

$$R=\sqrt{0.680\times0.834+0.296\times0.651}=\sqrt{0.5673+0.1926}=0.872$$

表 9-101　权重[a]

集合		维数 1	维数 2
1	年龄	.680	.789
	婚姻状况	.296	-1.016
2	最常阅读的报纸	-.845	-.361
3	喜好的音乐	.631	-.749
	首选居住地	-.484	-.780

a. 在该表中未包括多定类变量。

表 9-102　成分载荷

集合				维数 1	维数 2
1	年龄[a,b]			.834	.259
	婚姻状况[b,c]			.651	-.604
2	拥有的宠物[d,e]	维数	1	.397	-.431
			2	-.277	.680
	最常阅读的报纸[b,c]			-.667	-.391
3	喜好的音乐[b,c]			.786	-.500
	首选居住地[b,c]			-.687	-.540

a. 最佳刻度水平:序数

b. 对象空间中单一量化变量的投影

c. 最佳刻度水平:单定类

d. 最佳刻度水平:多个标称

e. 对象空间中多个量化变量的投影

对于每个维度，1−损失值=R。例如，由分析摘要表可得，1−0.240=0.760，它约是 0.872 的平方(外加一些舍入误差)。因此，较小的损失值表明在最优尺度变量的加权和与维度之间有较大的复相关系数。多重名义变量的权重不是唯一的，使用“1−每个变量集的损失值”来计算 R。

每个变量集的损失值是用非典型相关分析的几种方法来分解的。表 9-103 的拟合结果显示了多重拟合值(多拟合度)、单拟合值(单一拟合度)及单拟合损失值(单一损耗)。可见，多重拟合值减去单拟合值等于单拟合损失值。

表 9-103　拟合结果

集合		多拟合度 维数 1	多拟合度 维数 2	多拟合度 和	单一拟合度 维数 1	单一拟合度 维数 2	单一拟合度 和	单一损耗 维数 1	单一损耗 维数 2	单一损耗 和
1	年龄[a]	.494	.676	1.170	.462	.622	1.085	.032	.054	.085
	婚姻状况[b]	.089	1.033	1.122	.088	1.033	1.120	.001	.000	.001
2	拥有的宠物[c]	.402	.439	.841						
	最常阅读的报纸[b]	.724	.187	.911	.714	.130	.844	.010	.057	.067
3	喜好的音乐[b]	.421	.577	.998	.398	.561	.960	.022	.016	.039
	首选居住地[b]	.234	.609	.843	.234	.608	.843	.000	.000	.000

a. 最佳刻度水平:序数

b. 最佳刻度水平:单定类

c. 最佳刻度水平:多个标称

单拟合损失值表明损失是由限制变量为一个量化集(即单名义、有序或名义)产生的。如果单拟合损失值很大，则最好将它作为多重名义处理。不过，在本例中，单拟合值和多重拟合值非常相近，这意味着多重坐标几乎在一条由权重给定方向的直线上。

多重拟合值等于每个变量多重类别坐标的方差。这些测度值类似于同质性分析中的判别测度值。查多重拟合表可知哪个变量区分度最好。例如，查拟合结果表中的“婚姻状况”和“最常阅读的报纸”两个变量在两个维度上的拟合值总和，“婚姻状况”为 1.122，最常阅读的报纸为 0.911。这说明，“婚姻状况”要比“最常阅读的报纸”区分度更好。

单拟合值相当于每个变量的权重平方值，并且等于单类别坐标的方差。因此，权重等于单类别坐标的标准差。通过单拟合值在整个维度上的分解情况，可以看到“最常阅读的报纸”变量区分值主要在第一维度上，而且“婚姻状况”变量区分值几乎都在第二维度上。换言之，“最常阅读的报纸”变量的类别在第一维度上比第二维度上分得更开，而“婚姻状况”变量的模式则正相反。相比之下，“年龄”变量的区分值分散在两个维度上，因此，其类别在两个维度上的离散度是基本相同的。

图 9-48 所示为成分载荷图。在没有缺失值数据时，成分载荷等价于定量变量和对象得分之间的 Pearson 相关系数。

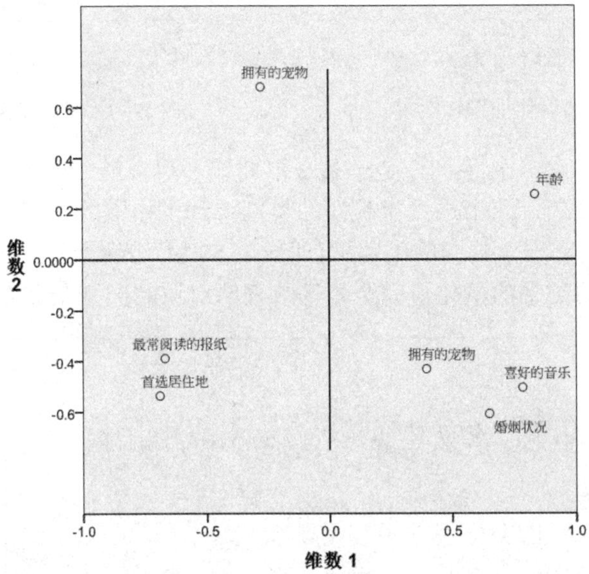

图 9-48　成分载荷图

原点到每个变量点之间的距离近似于该变量的重要性值。

图中没有标出典型变量，但它可以使用通过原点的横轴和纵轴表现出来。

变量之间的关系是显而易见的，在横轴和纵轴两个方向上不会同时出现，一个方向由“年龄”“最常阅读的报纸”和“首选居住地”变量决定；另一个方向由“婚姻状况”“喜好的音乐”和“拥有的宠物”变量定义。“拥有的宠物”变量是多重名义变量，因此，为它画了两个点，每个量化值作为一个单变量。

在输出窗口中显示了 6 张转换图。通过对量化处理施加约束，每个变量的不同类别就能尺度化。转换图说明了由选取的最优尺度标准所引起的量化类别和原始类别之间的关系。

图 9-49 所示为“首选居住地”转换图，是一条 V 形曲线，其中中间类别得到最低的量化值，两端类别得到相似的量化值。这个图案体现出了原始变量和转换变量之间的二次多项式关系。对于“首选居住地”变量，不建议使用其他最优尺度标准。

相比之下，在对于“最常阅读的报纸”的量化中(如图 9-50 所示)，从观察到的情况来看，三个类别存在增长趋势。第一个类别得到最低的量化值，第二个类别得到一个较大的量化值，而第三个类别得到最大的量化值。虽然变量按名义标准被尺度化，但类别顺序在量化过程中得到了恢复。

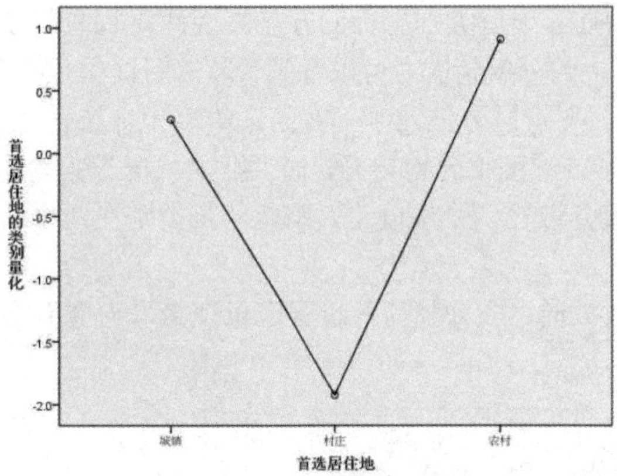

图 9-49　“首选居住地”转换图

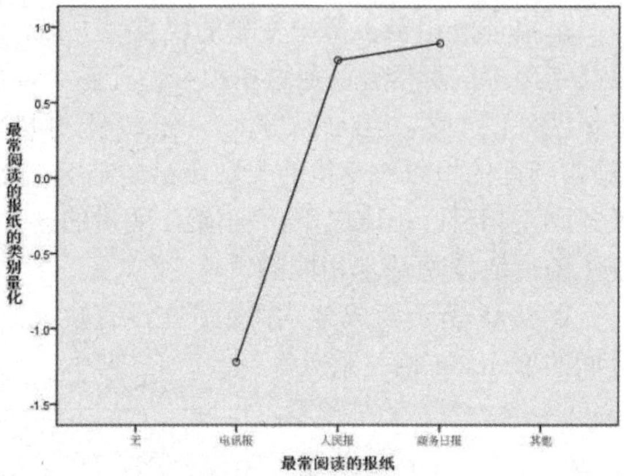

图 9-50　“最常阅读的报纸”转换图

图 9-51 所示为“年龄”转换图，是一条 S 形曲线。四个最“年轻”的观测类别都得到了相同的负的量化值，反之，两个最“年长”的类别得到了相似的正值。因此，可尝试把所有较“年轻”的类别压缩在一个共同的类别里(即低于 50 岁)，两个最“年长”的类别压缩成一个类别。较“年轻”的类别的量化值完全相等，表明对原始类别限制量化顺序可能不合适。

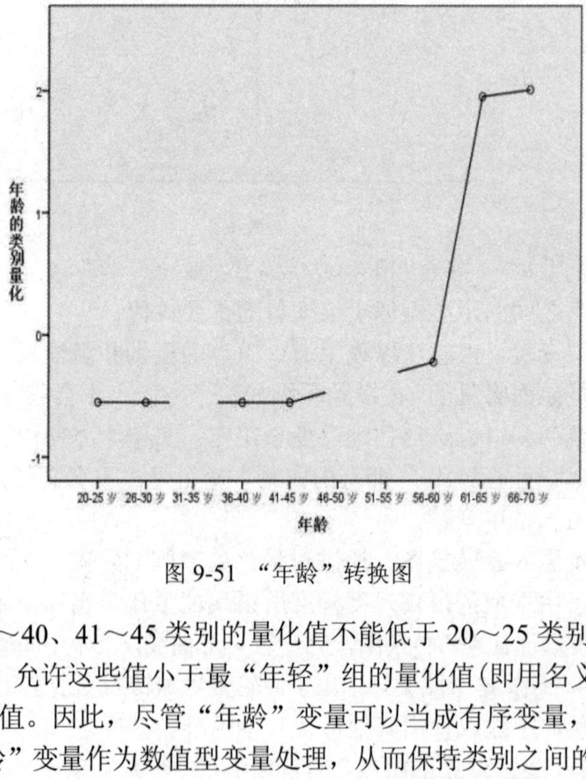

图 9-51　“年龄”转换图

由于 26～30、36～40、41～45 类别的量化值不能低于 20～25 类别的量化值，故这些值被设置为等于临界值。允许这些值小于最“年轻”组的量化值(即用名义标准处理“年龄”变量)，这可以改善拟合值。因此，尽管“年龄”变量可以当成有序变量，但在本例中这样处理不太合适，而将“年龄”变量作为数值型变量处理，从而保持类别之间的距离，可以充分减少拟合值。

对于每个按单名义、有序或数值型最优尺度标准量化的变量，都会输出一张包括最终量化值、单一类别坐标、多类别坐标的表，如表 9-104 所示的“年龄”量化结果表。

表 9-104　年龄[a] 量化结果

	边际频率	量化	单一类别坐标		多类别坐标	
			维数		维数	
			1	2	1	2
20-25 岁	3	-.554	-.377	-.437	-.192	-.139
26-30 岁	5	-.554	-.377	-.437	-.404	-.623
31-35 岁	0	.000				
36-40 岁	1	-.554	-.377	-.437	-.318	-.733
41-45 岁	1	-.554	-.377	-.437	-.356	-.534
46-50 岁	0	.000				
51-55 岁	0	.000				
56-60 岁	2	-.209	-.142	-.165	-.435	.087
61-65 岁	1	1.947	1.324	1.536	1.710	1.204
66-70 岁	2	2.006	1.364	1.583	1.215	1.711
缺失	0					

a. 最佳刻度水平序数

对于没有个案记录的每个类别，得到的量化值为 0。对“年龄”变量来说，这样的结果包括 31～35、46～50 及 51～55 三个类别。这些类别不受其他类别顺序的限制，也不影响任何计算。

对于多重名义变量，每个类别在每个维度上得到不同的量化值。对于所有其他转换的类型，不管解的维度是多少，一个类别只有一个量化值。每组单类别坐标代表对象空间中类别在直线上的位置。一个给定类别的坐标等于量化值乘以变量的维度权重。例如，在“年龄”量化结果表中，20～25 类别的单类别坐标为(–0.377，–0.437)，是量化值(–0.554)乘以维度权重(0.680，0.789)的结果。

按单名义、有序或数字型最优尺度标准量化处理的变量的多重类别坐标，代表在使用有序或线性约束之前对象空间里的类别坐标，这些值不受损失值极小化的约束。对于多重名义变量，这些坐标值代表类别的量化值。

约束对类别之间关系及其量化值的影响通过比较单类别坐标和多重类别坐标而得以显现。“年龄”变量的多重类别坐标值，在第一维度上，从类别 2 开始到类别 7 为止逐渐减少，而在类别 9 这个点显著增加；在第二维度上佐证了相似的模式。在单类别坐标中，这些关系被消除，而使用了顺序约束，在两个维度上，坐标值没有减少。两组坐标值的不同结构暗示用名义标准处理可能更合适。

图 9-52 所示为质心和投影质心图。用变量标识的质心图，应用与同质性分析中类别量化图或非线性主成分分析中多重类别坐标图相同的方式进行解释。这类图显示了变量在多大程度上分开了对象群(质心在对象的重心上)。

注意，“年龄”类别没能很清晰地分开。越是“年轻”的“年龄”类别，越集中在图形的左侧。正如前面所暗示的，把有序尺度标准施加给“年龄”变量或许太严格了。

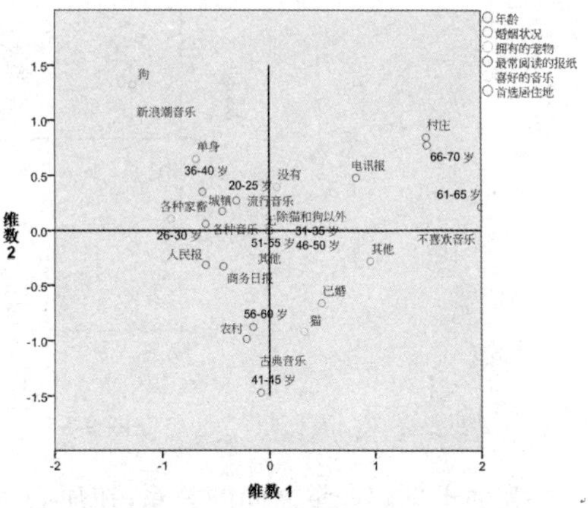

图 9-52　质心和投影质心图

在要求输出质心图后，在输出窗口中还能得到用变量值标识的每个变量的单独的质心图，如图 9-54 所示。投影质心在对象空间的一条直线上。

实际质心被投影到由成分载荷定义的矢量上。这些矢量已经加到质心图上，以帮助区分投影质心与实际质心。投影质心落入由延伸两条经过原点的垂直基准线形成的 4 个象限之一中。单名义、有序或数字型变量方向的解释可从投影质心的位置获取。例如，“最常阅读的报纸”变量被指定为单名义标准变量，投影质心显示人民报、商务日报与电讯报形成鲜明对照。

图 9-54 所示是“年龄”质心图，年龄问题是显而易见的。将“年龄”变量用有序尺度标准处理，意味着年龄组的顺序必须保留。为满足这个限制条件，所有 45 岁以下的年龄组被投影到相同的点上。在由“年龄”“最常阅读的报纸”及“首选居住地”（见图 9-56）所定义的方向上，较“年轻”的年龄组没有分开。这样的研究结果暗示可将变量用名义标准处理。

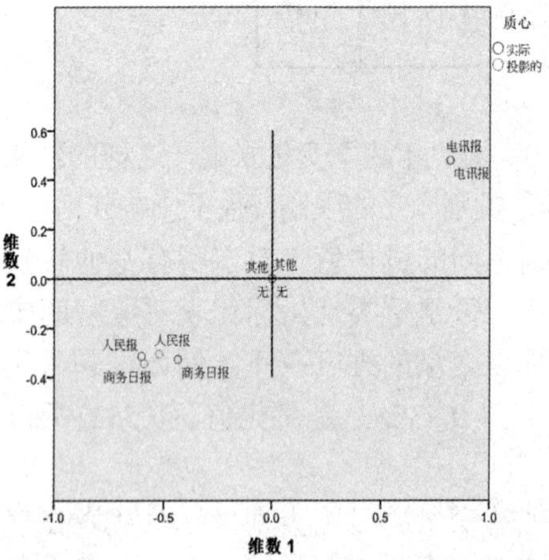

图 9-53 “最常阅读的报纸”质心图

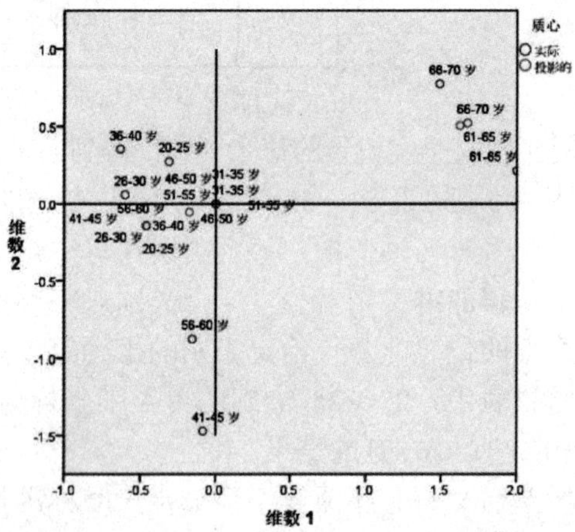

图 9-54 “年龄”质心图

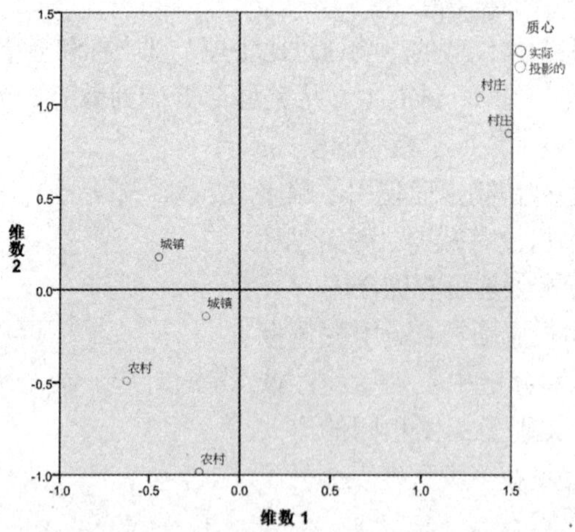

图 9-55 “首选居住地”质心图

为便于理解变量之间的关系，在质心图中查明成为类别群的具体的类别（值）。“年龄”“最常阅读的报纸”及“首选居住地”之间的关系，可以通过查看其质心图的右上方和左下方来描述。右上方为老年被调查者，他们读电讯报且更喜欢居住在村庄；左下角为较年轻至中年被调查者，他们读人民报或商务日报且希望居住在农村或城镇。不过，很难将较年轻的这些组别区分开。

通过关注质心图的左上方和右下方，对其他方向（“喜好的音乐”“婚姻状况”及“拥有的宠物”）也可做出同样的解释。由质心图的左上方可以看到，单身者倾向于养狗并喜欢新潮音乐，而其他类别的人倾向于养猫；已婚者喜欢古典音乐，而其他类别的人不喜欢音乐。

分析结果暗示，将“年龄”变量用有序尺度标准处理不合适。虽然“年龄”变量是用有序水平测度的，但它与其他变量的关系不是单调的。为探究将最优尺度标准变为单名义标准后的影响，可以重新进行非线性典型相关分析。

现在重新回到【非线性正态协变量分析(OVERALS)】对话框中，选择【变量】框中的“年龄”变量，单击【定义范围和比例】按钮，打开【OVERALS：定义范围和比例】选项卡。在【最大值】框中输入 10，在【度量标度】栏中选择【单标定】选项，单击【继续】按钮，返回【非线性正态协变量分析(OVERALS)】对话框。

其他保持原先的设定。

单击【确定】按钮运行，则在输出窗口中得到新的计算结果。现对与年龄有关的一些主要变化做简要分析。

表 9-105 所示为将“年龄”变量的最优尺度标准变为单名义后的分析摘要表。从中可见，两个维度解的特征值分别为 0.806 和 0.757，总的拟合值为 1.564。原为 1.536，有明显提高。

表 9-106 给出了新的多重拟合值(多拟合度)、单拟合值(单一拟合度)和单损失值(单一损耗)结果。由多重拟合值和单拟合值可知，“年龄”变量仍为具有高区分度的变量，这可用多重拟合值总和来加以佐证。不过，与前面的结果相比，单拟合值显示区分值几乎全部在第二维度上。

表 9-105　分析摘要表

		维数		和
		1	2	
损失	集合 1	.249	.115	.363
	集合 2	.176	.408	.584
	集合 3	.157	.205	.363
	均值	.194	.243	.436
特征值		.806	.757	
拟合				1.564

表 9-106　拟合值

		多拟合度			单一拟合度			单一损耗		
		维数			维数			维数		
集合		1	2	和	1	2	和	1	2	和
1	年龄[a]	.246	1.197	1.443	.195	1.188	1.384	.051	.008	.059
	婚姻状况[a]	.273	1.136	1.409	.272	1.135	1.407	.001	.000	.002
2	拥有的宠物[b]	.530	.392	.921						
	最常阅读的报纸[a]	.639	.185	.824	.631	.149	.780	.008	.036	.044
3	喜好的音乐[a]	.604	.438	1.041	.603	.437	1.040	.000	.001	.001
	首选居住地[a]	.075	.822	.897	.075	.822	.897	.000	.000	.000

a. 最佳测度水平:单定类

b. 最佳测度水平:多个标称

从图 9-57 所示“年龄”转换图中可以看到，由于名义变量的量化是不受限制的，所以，“年龄”变量作为有序变量处理时的非递减趋势不再出现。在 40 岁以前有一个递减的趋势，之后有递增趋势，与 V 形相一致。两个较“年长”的类别仍有相似的得分，随后的分析涉及组合这两个类别。

图 9-57 是“首选居住地”转换图，对比前面的转换图可见，在将“年龄”变量作为名义变量处理后，对“首选居住地”的量化没有任何显著影响。“首选居住地”的中间类别得到最小的负量化值，两端类别得到较大的正量化值。

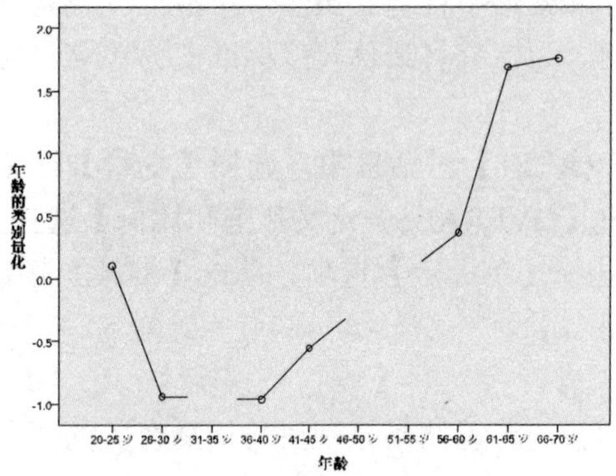

图 9-56　“年龄”转换图

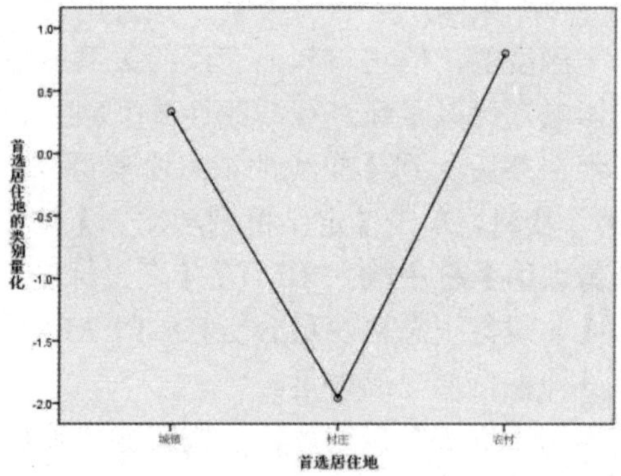

图 9-57　“首选居住地”转换图

在图 9-58 所示“最常阅读的报纸”转换图中，可以发现有变化。在前面的图 9-51 中量化值出现递增趋势，可能暗示对这个变量作有序处理。不过，对“年龄”作名义处理后，新的量化处理已经消除了这种趋势。

图 9-59 所示为“年龄”质心图。注意，“类别”没有按时间顺序分布在连接投影质心的直线上。20～25 岁类别位于中间而非一端。与图 9-54 中的分布相比，“类别”的离散性有了很大改善。

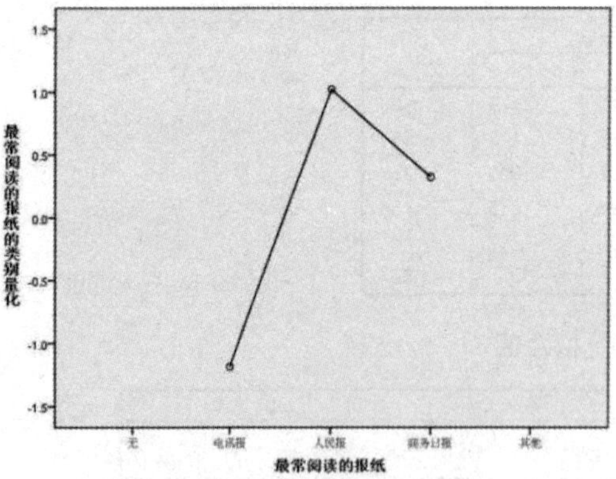

图 9-58　“最常阅读的报纸”转换图

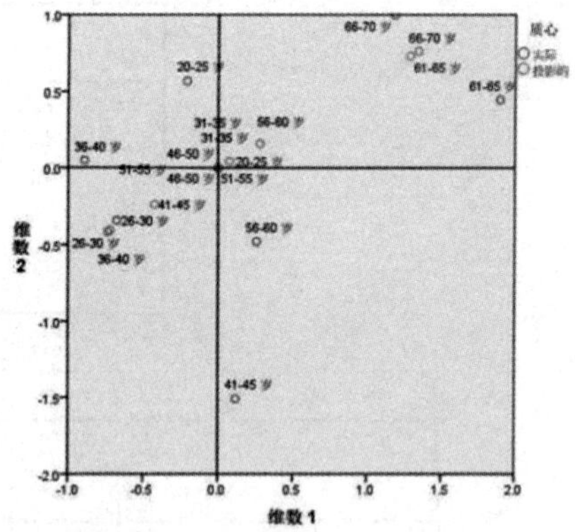

图 9-59 “年龄”质心图

现在可用质心图对较年轻的年龄组进行解释。与前面的分析(见图 9-53)相比，现在人民报和商务日报类别分得更远(见图 9-60)，可以对每个类别做单独解释。26～45 岁年龄组最常阅读人民报并更喜欢在农村居住；20～25 岁和 56～60 岁年龄组阅读商务日报，前者喜欢在城镇居住，而后者喜欢在农村居住；老年组最常阅读电讯报并喜欢在农村居住。

图 9-61 所示为“喜好的音乐”质心图，与前面相比没有不同之处。

其他方向(“喜好的音乐”“婚姻状况”和“拥有的宠物”)的解释与前面的分析基本没有区别。唯一有明显不同的是，“婚姻状况”为“其他”类别的人群要么有猫，要么没有宠物。

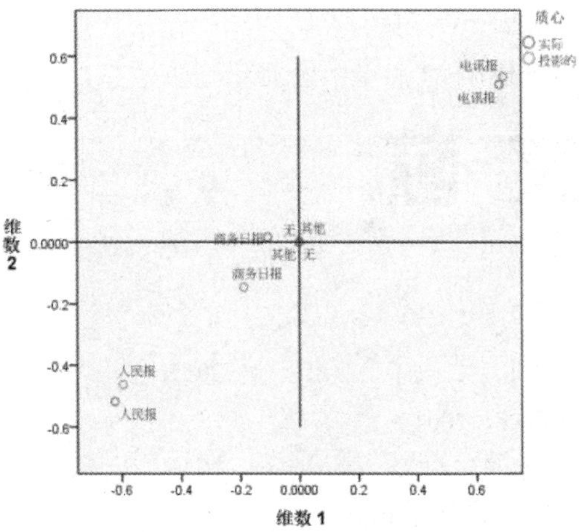

图 9-60 “最常阅读的报纸”质心图

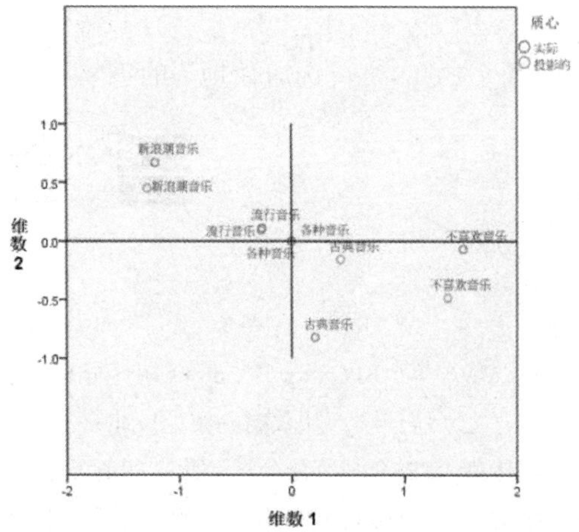

图 9-61 “喜好的音乐”质心图

初始结果不一定完全符合分析的初衷，可能要通过改变非线性相关分析中的一些指令来改善，下面列出一些构建分析的技巧：

- 尽可能建立多个变量集。把要预测的重要变量安排在它自己组成的一个单独的变量集中。
- 把预测变量放在一个变量集中；如果有很多个预测量，则将它们分到几个变量集中。
- 把每个多重名义变量安排在它自己组成的一个单独的变量集中。
- 如果变量之间高度相关，并且不希望这些关系支配解，则把这些变量安排在相同的变量集中。

思 考 题

1．如果工资收入服从正态分布，那么在分析 4 个不同地区、3 个不同职业的职工在工资收入方面是否有差异时，你会选择何种统计分析方法？

2．对问卷中多个尺度变量进行分类分析时，在 SPSS 中你会选择何种分析方法？

3．在用多个尺度变量对问卷调查中的被调查对象进行分类时，在 SPSS 中你会选择何种分析方法？

4．简述典型相关分析适用的条件及作用。

5．简述主成分分析在问卷分析中的作用。

6．举例说明你在讨论问卷调查中哪些问题的关联时可以用到对应分析。

7．简述回归分析的适用条件。

8．举例说明你在讨论问卷调查中的哪些问题时，可以使用 Logistic 回归分析。

9．简述有序变量 Logistic 回归分析的适用条件。

10．简述在什么情况下可以使用判别分析。

11．简述在什么情况下可以使用非线性典型相关分析。

参考文献

[1] 卢纹岱，等. SPSS for Windows 统计分析（第 5 版）. 北京：电子工业出版社，2015.

[2] 吴喜之. 统计学：从数据到结论. 北京：中国统计出版社，2004.

[3] 宇传华. SPSS 与统计分析. 北京：电子工业出版社，2007.

[4] 张文彤. SPSS 11 统计分析教程. 北京：北京希望电子出版社，2002.

[5] Alan Agresti，Barbara Finlay. Statistical Methods for the Social Sciences（Fourth Edition）. Prentice Hall, Inc. 2009.

[6] 王静龙，梁小筠. 非参数统计分析. 北京：高等教育出版社，2006.

[7] 王静龙，梁小筠. 定性数据统计分析. 北京：中国统计出版社，2008.

[8] 吴喜之. 非参数统计. 北京：中国统计出版社，1999.

[9] 于秀林，任雪松. 多元统计分析. 北京：中国统计出版社，1998.

[10] Nancy L.Leech, Karen C.Barrett, George A.Morgan. SPSS 统计应用与解析（第 3 版）. 何丽娟，朱红兵，译. 北京：电子工业出版社，2009.

[11] 孙山，译. 抽样调查. 北京：北京大学出版社，2004.

[12] 金益. 试验设计与统计分析. 北京：中国农业出版社，2007.

[13] 吴诚欧，等. 近代实用多元统计分析. 北京：气象出版社，2007.

[14] 杨振海，张忠占. 应用数量统计. 北京：北京工业大学出版社，2005.

[15] 王岩，等. 数理统计与 MATLAB 工程数据分析. 北京：清华大学出版社，2006.

[16] 胡良平. 统计学三型理论在实验设计中的应用. 北京：人民军医出版社，2006.

[17] 付强. 数据处理方法及其农业应用. 北京：科学出版社，2006.

[18] 徐国祥. 统计预测和决策. 上海：上海财经大学出版社，1998.

[19] Frank R.Giordano，Maurice D.Weir，William P.Fox. 数学建模（原书第 3 版）. 叶其孝，姜启源，等译. 北京：机械工业出版社，2007.

[20] 李志辉，等. SPSS for Windows 统计分析教程（第 2 版）. 北京：电子工业出版社，2006.